大数据背景下的财务管理研究

赵云芳　著

中国商业出版社

图书在版编目（CIP）数据

大数据背景下的财务管理研究 / 赵云芳著. -- 北京：中国商业出版社，2023.12

ISBN 978-7-5208-2709-6

Ⅰ. ①大… Ⅱ. ①赵… Ⅲ. ①财务管理-研究Ⅳ. ①F275

中国国家版本馆 CIP 数据核字(2023)第 218495 号

责任编辑：石胜利

策划编辑：王　彦

中国商业出版社出版发行

（www.zgsycb.com　100053　北京广安门内报国寺 1 号）

总编室：010-63180647　编辑室：010-63033100

发行部：010-83120835/8286

新华书店经销

北京宝莲鸿图科技有限公司印刷

*

787 毫米×1092 毫米　16 开　12.25 印张　240 千字

2023 年 12 月第 1 版　2023 年 12 月第 1 次印刷

定价 58.00 元

前　言

大数据是我国经济新常态下创新驱动的发动机和产业转型的助推器，带动了技术研发体系创新、管理方式改革、商业模式创新和产业价值链体系重构，推动了跨领域、跨行业的数据融合和协同创新。企业可持续发展的关键是获得竞争优势，而财务战略作为企业总体战略的核心，实施有效的财务管理是企业经营和发展的基础。作为现代企业管理的重要组成部分，财务管理工作必须积极适应信息化发展步伐，在各方面作出调整。为应对大数据带来的挑战，抓住大数据带来的机遇，企业决策者以及相关的财务管理专业人员，需要重新审视和思考财务管理工作，全面提升进行财务决策时统筹各种数据的技能，提高应对环境变化的决策水平。

本书是一本关于大数据背景下的财务管理方面研究的著作。全书首先对大数据财务管理理论基础进行简要概述，介绍了财务管理工作的基本理论，大数据的含义、使用及价值分析等；其次对大数据背景下财务管理实践的相关问题进行梳理和分析，包括大数据对会计工作及财务管理的影响、大数据背景下企业财务基础体系构建、大数据背景下企业投资管理、大数据背景下财务的风险及危机管理、大数据时代网络财务管理等多个方面；最后对大数据背景下的会计人才培养的创新与改革也进行了一些探讨。本书论述严谨，结构合理，条理清晰，且能为大数据背景下财务管理相关理论的深入研究提供借鉴。

本书参考了大量的相关文献资料，借鉴、引用了许多专家、学者和教师的研究成果，得到了很多领导与学者的支持和帮助，在此深表谢意。由于能力有限，时间仓促，虽经多次修改，仍难免有不妥与遗漏之处，恳请专家和读者指正。

编　者

2023 年 8 月

目 录

第一章 大数据财务管理理论基础

第一节 财务管理基本理论

一、财务管理的内涵

（一）企业的财务活动

企业的财务活动主要包括资金的筹集、资金的投放、资金的日常收支、财务成果的分配等。

1. 资金的筹集

拥有一定的资金是企业进行生产经营的前提，因此企业需要从各种渠道筹集资金。企业筹集资金，必须选择恰当的筹资方式，确定合理的资金结构。企业筹集资金的结果形成两种不同性质的资金来源：一种是通过吸收直接投资、发行股票、企业内部留存盈余等方式从投资者处取得的自有资金；另一种是通过向银行借款、发行债券、各项应付款项等方式从债权人处取得的债务资金。企业筹集资金形成企业资金的流入，同时企业取得、使用资金也要为此付出代价，代价便是各项筹资费用，如手续费、发行费用、利息费用、股利等。由此可见，企业资金的筹集活动，主要涉及筹资规模的确定、筹资方式的选择、筹资活动的实施以及各项筹资费用的支付。

2. 资金的投放

企业只有将取得的资金投入生产经营，纳入资金运动，才会实现收益，因此企业需要进行各种形式的投资活动。企业的资金可以用于购买固定资产、无形资产或流动资产等，形成企业内部的投资；企业的资金也可以用于购买其他企业的股票、债券或与其他企业联合经营，形成企业的对外投资。企业投资活动的结果形成不同的资金占用形式，并由此产生各种投资收入。因此，企业资金投放活动，主要涉及投资项目的选择、投资活动的实施及各项投资收入的实现。

3. 资金的日常收支

企业在运转过程中，会发生各种形式的资金收支，包括销售实现的资金收入，购买材料、支付工资、支付各项费用等发生的资金流出等。企业日常资金收支活动，主要涉及企业的各项营运资金的增减变化活动。

4. 财务成果的分配

企业生产经营的财务成果，要在不同的投资者间进行分配，并由此形成资金的流出。企业财务成果的分配活动，主要包括相关股利政策的选择、实际支付方式和时间的选择与具体操作活动。

（二）企业的财务关系

企业的财务关系包括企业与政府之间的关系、企业与投资者之间的关系、企业与债权人之间的关系、企业与债务人之间的关系、企业内部的各种关系等。

1. 企业与政府之间的关系

企业与政府之间的关系，表现为两种不同性质的关系：一种是政府作为社会管理者发生的与企业之间的关系；另一种是政府作为投资者发生的与企业之间的关系。政府作为社会管理者发生的与企业之间的关系，主要包括企业生产经营过程中应当按照国家及各级政府的要求缴纳各种税费，如所得税、流转税及其他税费等。政府作为投资者发生的与企业之间的关系，主要是指国家通过有权代表其投资的部门或机构以国有资产的方式对企业进行投资所形成的财务关系。国家或各级政府作为投资者，有权参与企业的经营决策、企业的利润分配等。

2. 企业与投资者之间的关系

企业的投资者向企业投资后，成为企业的所有者，有权参与企业的经营决策、企业的利润分配等，从而形成与企业之间的经济关系。企业的所有者有义务按照投资合同、协议、章程出资以形成企业的资本金，并应当按照所有者的出资比例或协议进行利润分配、财产分配。

3. 企业与债权人之间的关系

企业向债权人借入资金，从而形成了与债权人之间的债权债务关系，如按照借款合同企业还本、付息，债权人提供资金等。

4. 企业与债务人之间的关系

企业向债务人提供资金，从而形成了与债务人之间的债权债务关系，如企业作为债权人有权要求债务人按照合同支付本金、利息等。

5. 企业内部的各种关系

由于企业的分权管理、企业各职能部门间的分工协作等方面的原因，企业内部的各单位间会形成各种经济关系，如资金的调拨、相互提供产品或劳务等形成的内部资金结算等。

企业内部存在的另一种经济关系，是企业与职工之间的关系。企业与职工之间的财务关系主要包括核算并向职工支付各种形式的工资和津贴。

（三）财务管理的内涵

财务管理作为企业管理的一部分，是组织企业财务活动、处理企业财务关系的一项综合性经济管理活动。财务管理作为企业管理的重要构成部分，与企业其他管理活动相比，其特征主要表现为：①财务管理以价值管理为核心。企业的财务管理首先是利用各种价值指标来安排各项经济活动。②财务管理作为企业管理的一部分，具有管理活动所具备的计划、组织、控制、指挥与协调的职能，但侧重于各项财务决策和财务控制，如筹资决策、投资决策、资金控制等。

财务管理学也称财务学，又称为理财学，是一门研究财务管理理论和方法的学科体系。由于财务的本质是资金及其运动规律，所以财务管理学是研究资金及其运动规律的科学，具体包括财务基本理论、基本方法以及财务管理的应用理论与方法。

（四）财务管理的主要内容

1. 筹资决策

筹资是指企业取得所需资金的行为，筹资决策是企业财务管理活动中一项基本而重要的内容。在市场经济条件下，企业筹集和使用资金需要付出相应的代价，即要承担资金成本。资金成本的高低，是企业选择筹资方式及确定资本结构时必须考虑的问题。筹资决策的内容主要包括筹资方式的选择、资金成本的确定、资本结构的确定及杠杆效应的分析。

2. 投资决策

企业通过资金的投放来获得收益，企业的投资决策是影响企业财务成果的关键。企业的投资可以按照不同标准来划分，如按照投资时期的长短划分为短期投资与长期投资；按照投资对象划分为直接投资与间接投资。投资决策的内容主要是对投资方案风险、收益评价及最优投资方案的选择。

3. 营运资金管理

(1)营运资金政策的选择

营运资金政策包括营运资金持有政策和营运资金筹集政策，它们分别研究如何确定营运资金持有量和如何筹集营运资金两个方面的问题。

(2)短期融资决策

短期融资决策包括短期借款、商业信用等短期融资项目的管理决策。

(3)流动资金的日常管理

流动资金的日常管理包括现金、有价证券、应收账款、存货等流动资金项目的管理。

4. 股利政策

股利分配是企业重要的财务活动之一，股利政策是企业进行股利分配所采取的策略，股利政策的合理与否对企业的价值、股票价格、筹资及再投资都有重要的影响，其核心在于如何选择股利与留存收益之间的比例关系。

5. 企业重组

企业重组是出资者或授权经营者以企业战略目标为导向、以长期资产和资源为对象、以控制权的转移为核心进行的资源重新组合和优化配置行为。重组按照内容可以划分为产权重组、产业重组、组织结构重组、管理重组和债务重组五类。按照重组方式可以划分为资本扩张、资本收缩、资本重整和表外资本经营四类。企业重组的内容主要包括兼并与收购、剥离与分立、财务重整和清算。

6. 财务分析

财务分析是以财务报表和其他资料为依据和起点，采用专门方法，对企业的经营成果、财务状况及其变动进行系统分析和评价，反映企业在运营过程中的利弊得失、发展趋势，从而为改进企业财务管理工作和优化经济决策提供重要的财务信息。财务分析既是已完成的财务活动的总结，又是财务预测的前提，在财务管理的循环中起着承上启下的作用。因此，财务分析在企业的财务管理过程中具有重要的作用。

二、财务管理目标

（一）企业目标

企业目标基本可以分为企业的生存目标与发展目标，由于企业发展的前提条件是企业的生存，所以习惯上所指的企业目标是企业的发展目标。一直以来，对企业目标的定义存在一定的争议，主要的观点有利润最大化、股东财富最大化、经济效益最大化、企业价值最大化、社会责任等。衡量一下各种企业目标的优点和缺陷，就会发现企业价值最大化是一个综合性的目标。

企业目标是一个多元化的复合体，它必须反映投资者、债权人、经营者以及有关利害的集团和个人的意愿，才能使企业在处理内外环境产生的各种内外变量中达到协调和均衡；同时，企业作为各种契约的集合，所有者和经营者、经营者和管理者、债权人和企业之间普遍存在着委托代理关系。信息的不对称和利益效用函数的差异，使得委托者需要对代理者进行监督和激励，但考虑到代理成本递增的特点，在委托者对经营者进行监督和激励的同时，必须协调各方的利益效用函数的差异。所以，必须有一种共同的目标即企业目标，把各方面的有利害关系的人联系在一起就是企业价值最大化目标。

企业价值最大化目标是指通过企业的合理经营，采取最优的经营策略和财务政策，充分考虑货币时间价值和风险与报酬的关系，在保证企业采取稳定发展的基础上使企业总价值达到最大化。从理论上讲，各个利益集团的目标都可以折中为企业长期稳定的发展和企业价值的不断增长，各个利益集团都可以通过此目标达到其最终目的。

（二）财务管理的目标

企业财务管理的目标是企业财务管理活动要达到的最终目的，主要在于为企业筹划财务管理策略，以追求不同表现形式的最大效益与效率。由于最大效益与效率是过于笼统的目标，所以需要对企业财务管理目标进一步层次化、具体化。

1. 财务管理的一般目标

（1）利润最大化

企业利润最大化是西方古典经济理论的基础，以利润最大化作为企业财务管理的目标，其理论基础就是古典经济理论。按照这一观点，企业的利润代表了企业的整体经营成果，反映了企业经营的效益与效率，企业的利润越大越好，企业的财务管理活动应当以使企业利润达到最大化为出发点。利润最大化作为企业财务管理的目标，优点是直观、明确、容易计算、便于分解落实。正是由于上述优点的存在，利润最大化观点在实践中得到普遍的关注。但是，以利润最大化作为企业财务管理的目标，其缺点也是显而易见的。

（2）每股盈余或资本利润率最大化

每股盈余或资本利润率最大化作为企业财务管理目标观点的提出，主要是为了避免以利润最大化为财务管理目标而没有考虑投入与产出之间关系的缺陷。以每股盈余或资本利润率最大化为企业财务管理的目标，可以对不同规模的企业、企业的不同期间、企业不同投资规模的项目等进行比较分析，以作出相应的决策。

每股盈余或资本利润率最大化作为企业财务管理的目标，其优点除了直观、明确、容易理解，还考虑了投入与产出之间的关系。但是，每股盈余或资本利润率最大化作为企业财务管理的目标，仍然没有考虑时间因素的影响，没有考虑风险因素的影响。

（3）股东财富最大化

以上市公司为例，股东的财富由其持有的股份数量和每股股价来决定，当股东持有的股份数量一定时，股票价格成为决定股东财富的关键因素，因此，股东财富最大化目标有时被描述为股票价格最大化。

以股东财富最大化或股票价格最大化为财务管理的目标，考虑了多方面因素的影响，包括企业的盈利能力、时间因素、风险因素等，同时避免了以利润最大化为基础的各项目标造成的企业短期行为。但是，以股东财富最大化或股票价格最大化作为财务管理的目标，也存在其固有的缺陷。

（4）企业价值最大化

企业价值最大化目标是指通过企业的合理经营，采取最优的经营策略，充分考虑货币时间价值和风险与报酬的关系，在保证企业长期稳定发展的基础上使企业总价值达到最大化。

由于企业价值的决定因素很多，因此以企业价值最大化为企业财务管理的目标，其优点是综合考虑了各方面的因素，包括企业的未来获利能力、货币的时间价值、风险因素等。另外，在这一观点下，还充分考虑了利益相关者的要求和影响，从而使各方利益相协调，并最终实现各方契约者的利益目标。但是，企业价值的确定是一个复杂的问题，非公开上市的企业需要进行专门的评估，而评估标准和方法都会影响评估结果；上市公司虽然可以通过股票价格来确定，但股票价格又受到多种因素的影响，其中包括不可控的因素。因此，企业价值最大化成为一个过于抽象的目标。

2. 财务管理的具体目标

在企业的实际运转过程中，按照财务管理的具体内容，企业财务管理的总体目标被进一步具体化，如企业筹资管理目标、企业投资管理目标、企业营运资金管理目标等。另外，财务管理的目标也具有层次性的特点，在总体目标下又表现为不同经营节点的目标，如收入中心的收入最大化目标、成本中心的成本最小化目标、人为利润中心的虚拟利润最大化目标等。

三、财务管理原则

（一）财务管理原则的含义与特征

财务管理的原则也称为理财原则，是指人们对财务活动的共同认识。财务管理的原则是企业财务管理工作必须遵循的准则，它是从企业理财实践中抽象出来的并在实践中证明是正确的行为规范，它反映着理财活动的内在要求。企业财务管理原则具有以下特征。

1. 财务管理原则必须符合大量观察和事实，被多数人接受

财务理论有不同的流派和争论，甚至存在完全相反的理论，而财务管理原则却不同，它们被现实反复证明并被多数人接受，具有共同认识的特征。

2. 财务管理原则是财务交易和财务决策的基础

财务管理实务是应用性的，“应用”是指理财原则的应用。各种财务管理程序和方法，是根据理财原则建立的。

3. 财务管理原则为解决新的问题提供指引

已经开发出来的被广泛应用的程序和方法，只能解决常规问题，当问题不符合任何既定程序和方法时，财务管理原则为解决新问题提供预先的感性认识，

指导人们寻找解决问题的方法。

4. 财务管理原则并非在任何情况下都绝对正确，这与应用环境有关

财务管理原则在一般情况下是正确的，而在特殊情况下不一定正确。

（二）财务管理原则的种类及其内容

1. 有关竞争环境的原则

有关竞争环境的原则是对资本市场中人的行为规律的基本认识。

（1）自利行为原则

自利行为原则是指人们在进行决策时按照自己的财务利益行事，在其他条件相同的情况下人们会选择自身经济利益最大的行动。

自利行为原则的依据是理性经济人假设。该假设认为，人们对每一项交易都会衡量其代价和利益，并且会选择对自己最有利的方案来行动。自利行为原则假设企业决策人对企业目标具有合理的认知程度，并且对如何达到目标具有合理的理解。在这种假设情况下，企业会采取对自己最有利的行动。问题在于商业交易的目的是获利，在从事商业交易时人们总是为了自身的利益作出选择和决定，否则他们就不必从事商业交易。自利行为原则并不认为钱是任何人生活中最重要的东西，或者说钱可以代表一切，而是说在“其他条件都相同时”，所有财务交易参与者都会选择对自己经济利益最大的行动。

自利行为原则的一个重要应用是委托代理理论。根据该理论，应当把企业看成是各种自利的人的集合。如果企业只有业主一个人，他的行为将十分明确和统一。如果企业是一个大型公司，情况就变得非常复杂，因为这些利益相关者之间存在利益冲突。一个公司涉及的利益相关者包括普通股股东、优先股股东、债券持有者、银行、短期债权人、政府、社会公众、经理人员、员工、客户、供应商、社区等。这些人或集团都是按自利行为原则行事的。企业和各种利益相关者之间的关系，大部分属于委托代理关系。这种既相互依赖又相互冲突的利益关系，需要通过“契约”来协调。因此，有人主张把“委托代理关系”单独作为一条理财原则，可见其重要性。

自利行为原则的另一个应用是机会成本的概念。当一个人采取某个行动时，就取消了其他可能的行动。因此，他必然要用这个行动与其他可能的行动进行相比，看该行动是否对自己最有利。采用一个方案而放弃另一个方案时，被放弃方案的收益是被采用方案的机会成本，也称为择机代价。尽管人们对机会成本的概念有分歧，它们的计算也经常会遇到困难，但是人们都不否定机会成本是决策时不能不考虑的重要问题之一。

（2）双方交易原则

双方交易原则是指每一项交易都至少存在两方，在一方根据自己的经济利益作出决策时，另一方也会按照自己的经济利益采取行动，并且对方和你一样

聪明、勤奋和富有创造力。因此，一方在作出决策时要正确预见对方的反应。

双方交易原则要求在理解财务交易时不能“以我为中心”，在谋求自身利益的同时要注意到对方的存在以及对方也在遵循自利行为原则行事。双方交易原则要求我们不要总是“自以为是”，错误地认为自己优于对手。双方交易原则还要求在理解财务交易时要注意税收的影响。税收的存在，主要是利息的税前扣除，使得一些交易表现为“非零和博弈”。政府是不请自来的交易第三方。凡是交易，政府都要从中收取税金。减少政府的税收，交易双方都可以受益。避税就是寻求减少政府税收的合法交易形式。

（3）信号传递原则

信号传递原则是指行动可以传递信息，并且比公司的声明更有说服力。

信号传递原则是自利行为原则的延伸。由于人们或公司是遵循自利行为原则的，所以，一项资产的买进能暗示该资产“物有所值”，买进的行为提供了有关决策者对未来的预期或计划的信息。例如，一个公司决定进入一个新领域，反映出管理者对自己公司的实力以及新领域的前景充满信心。

信号传递原则要求根据公司的行为判断它未来的收益状况。信号传递原则还要求公司在决策时不仅要考虑行动方案本身，还要考虑该项行动可能给人们传达的信息。在资本市场上，每个人都在利用他人交易的信息，自己交易的信息也会被别人利用。因此，应考虑交易的信息效应。例如，当把一件商品的价格降至令人难以置信的程度时，人们就会认为它的质量不好，它本来就不值钱。又如，一家会计师事务所从简陋的办公室迁入豪华的写字楼时，会向客户传达收费高、服务质量高、值得信赖的信息。在决定降价或迁址时，不仅要考虑决策本身的收益和成本，还要考虑信息效应的收益和成本。

（4）引导原则

引导原则是指当所有办法都失败时，寻找一个可以信赖的榜样作为自己的引导。所谓“当所有办法都失败”，是指我们的理解力存在局限性，不知道如何做对自己有利；或者寻找最准确答案的成本过高，以至于不值得把问题完全搞清楚。在这种情况下，不要继续坚持采用正式的决策分析程序，包括收集信息、建立备选方案、采用模型评价方案等，而是直接模仿成功榜样或者大多数人的做法。例如，你在一个自己从未到过的城市寻找一个就餐的饭馆，不值得或者没时间调查每个饭馆的信息，你应当找一个顾客较多的饭馆去就餐，而不要去顾客很少的地方，那里不是价格昂贵就是服务很差。

引导原则是信号传递原则的一种应用。很多人去这家饭馆就餐的事实，意味着很多人对它的评价不错。承认行动传递信号，就必然承认引导原则。

不要把引导原则混同于“盲目模仿”。它只在两种情况下适用：一是理解存在局限性，认识能力有限，找不到最优的解决办法；二是寻找最优方案的成本过高。在这种情况下，跟随值得信任的人或者大多数人才是有利的。引导原则不会帮你找到最好的方案，却常常可以使你避免采取最差的行动。它是一个次优化原则，最好的结果是得出近似最优的结论，最差的结果是模仿了别人的错误。这一原则虽然存在潜在的问题，但是我们经常会遇到理解力、成本或信息受到限制的情况，无法找到最优方案，需要采用引导原则解决问题。

引导原则的一个重要应用是行业标准概念。例如，资本结构的选择问题，理论不能提供公司最优资本结构的实用化模型。观察本行业成功企业的资本结构或者多数企业的资本结构，不要与它们的水平偏离太远，就成了资本结构决策的一种简便、有效的方法。又如，对一项房地产的估价，如果系统的估价方法成本过高，就不如观察一下近期类似房地产的成交价格。

2. 有关创造价值的原则

(1)有价值的创意原则

有价值的创意原则是指创意能获得额外报酬。

竞争理论认为，企业的竞争优势主要来源于产品(或服务)差异化和成本领先两方面。产品差异化是指产品本身、销售交货、营销渠道等客户广泛重视的方面在产业内独树一帜。任何独树一帜都来源于新的创意。创造和保持产品差异化的企业，如果其产品溢价超过了为产品的独特性而附加的成本，它就能获得高于平均水平的利润。正是许多新产品的发明，使得发明人和生产企业变得非常富有。

有价值的创意原则主要应用于直接投资项目。一个项目依靠什么取得正的净现值？它必须是一个有创意的投资项目。重复过去的投资项目或者别人的已有做法，最多只能取得平均报酬率，维持而不是增加股东财富。新的创意迟早要被别人效仿，失去原有的优势。因此，创新的优势都是暂时的。企业长期的竞争优势，只有通过一系列的短期优势才能维持。只有不断创新，才能维持产品的差异化，不断增加股东财富。

该项原则还应用于经营和销售活动。例如，连锁经营方式的创意使麦当劳的投资人变得非常富有。

(2)比较优势原则

比较优势原则是指专长能创造价值。

在市场上，大家都想赚钱，而你凭什么能赚到钱？你必须在某一方面比别人强，并依靠你的强项来赚钱。迈克尔·乔丹的专长是打篮球，他改行去打棒球就违背了比较优势原则。没有比较优势的人，很难取得超出平均水平的收入；没有比较优势的企业，很难增加股东财富。

比较优势原则的依据是分工理论。让每一个人做最适合他做的工作，让每一个企业生产最适合它生产的产品，社会的经济效率才会提高。

比较优势原则的一个应用是“人尽其才，物尽其用”。在有效的市场中，不必要求什么都能做得最好，但要知道谁能做得最好。对于某一件事情，如果有人比自己做得更好，就支付报酬让别人去做。同时，你去做比别人做得更好的事情，让别人给你支付报酬。如果每个人都去做能够做得最好的事情，每项工作就找到了最称职的人，就会产生经济效益。每个企业做自己能做得最好的事情，一个国家的效率就提高了。国际贸易的基础，就是每个国家生产它最能有效生产的产品和劳务，这样可以使每个国家都受益。

比较优势原则的另一个应用是优势互补。合资、合并、收购等都是基于优势互补的理念。一方有某种优势，如独特的生产技术，另一方有其他优势，如杰出的销售网络，二者结合可以使各自的优势快速融合，并形成新的优势。

比较优势原则要求企业把主要精力放在自己的比较优势上，而不是日常运行上。建立和维护自己的比较优势，是企业长期获利的根本。

(3)期权原则

期权是指不附带义务的权利，它是有经济价值的。期权原则是指在估价时要考虑期权的价值。

期权概念最早产生于金融期权交易，它是指所有者(期权购买者)能够要求出票人(期权出售者)履行期权合同上载明的交易，而出票人不能要求所有者去做任何事情。在财务上，一个明确的期权合约经常是指按照预先约定的价格买卖一项资产的权利。

广义上的期权不限于金融合约，任何不附带义务的权利都属于期权。许多资产都存在隐含的期权。例如，一个企业可以决定某个资产出售或者不出售，如果价格不尽如人意就不出售，如果价格令人满意就出售，这种选择权是广泛存在的。一个投资项目，本来预期有正的净现值，因此被采纳并实施，上马以后发现它并没有原来设想的那么好。此时，决策人不会让事情按原计划一直发展下去，而会决定方案下马或者修改方案，使损失减少到最低。这种后续的选择是有价值的，它增加了项目的净现值。在评价项目时就应考虑到后续选择权是否存在以及它的价值有多大。有时一项资产附带的期权比该资产本身更有价值。

(4)净增效益原则

净增效益原则是指财务决策建立在净增效益的基础上，一项决策的价值取决于它和替代方案相比所增加的净收益。

一项决策的优劣，是与其他可替代方案(包括维持现状而不采取行动)相比较而言的。如果一个方案的净收益大于替代方案，我们就认为它是一个比替代方案更好的决策，其价值是增加的净收益。在财务决策中，净收益通常用现金流量计量，一个方案的净收益是指该方案现金流入减去现金流出的差额，也称为现金流量净额，一个方案的现金流入是指该方案引起的现金流入量的增加额；一个方案的现金流出是指该方案引起的现金流出量的增加额。“方案引起的增加额”是指这些现金流量依存于特定方案，如果不采纳该方案就不会发生这些现金流入和流出。

净增效益原则的应用领域之一是差额分析法，也就是说，在分析投资方案时只分析它们有不同的部分，而省略其相同的部分。净增效益原则初看似乎很容易理解，但实际贯彻起来需要非常清醒的头脑，需要周密考察方案对企业现金流量总额的直接和间接影响。例如，一项新产品投产的决策引起的现金流量，不仅包括新设备投资，还包括动用企业现有非货币资产对现金流量的影响；不仅包括固定资产投资，还包括需要追加的营运资本；不仅包括新产品的销售收入，还包括对现有产品销售的积极或消极影响；不仅包括产品直接引起的现金流入和流出，还包括对公司税务负担的影响等。

净增效益原则的另一个应用是沉没成本概念。沉没成本是指已经发生、不会被以后的决策改变的成本。沉没成本与将要采纳的决策无关。因此，在分析决策方案时应将其排除。

3. 有关财务交易的原则

（1）风险—报酬权衡原则

风险—报酬权衡原则是指风险和报酬之间存在一个权衡关系，投资人必须对报酬和风险作出权衡，为追求较高报酬而承担较大风险，或者为减少风险而接受较低的报酬。所谓“权衡关系”，是指高收益的投资机会必然伴随巨大风险，风险小的投资机会必然只有较低的收益。

在财务交易中，当其他一切条件相同时人们倾向于高报酬和低风险。如果两个投资机会除了报酬不同，其他条件（包括风险）都相同，人们会选择报酬较高的投资机会，这是由自利行为原则所决定的。如果两个投资机会除了风险不同，其他条件（包括报酬）都相同，人们会选择风险小的投资机会，这是风险反感决定的。“风险反感”是指人们普遍对风险有反感，认为风险是不利的事情。肯定的1元钱，其经济价值要大于不肯定的1元钱。

如果人们都倾向于高报酬和低风险，而且都在按照他们自己的经济利益行事，那么竞争结果就产生了风险和报酬之间的权衡。你不可能在低风险的同时获取高报酬，尽管这是每个人都想得到的。即使你最先发现了这样的机会并率先行动，别人也会迅速跟进，竞争会使报酬率降至与风险相当的水平。因此，现实的市场中只有高报酬伴随高风险和低报酬伴随低风险的投资机会。

如果你想有一个获得巨大收益的机会，你就必须冒可能遭受巨大损失的风险，每一个市场参与者都在他的风险和报酬之间做权衡。有的人偏好高风险高报酬，有的人偏好低风险低报酬，但是每个人都要求风险与报酬对等，不会去冒没有价值的风险。

(2)投资分散化原则

投资分散化原则是指不要把全部财富投资于一个项目，而要分散投资。

投资分散化原则的理论依据是投资组合理论。马科维茨的投资组合理论认为，若干种股票组成的投资组合，其收益是这些股票收益的加权平均数，但其风险要小于这些股票的加权平均风险，所以投资组合能降低风险。

如果一个人把他的全部财富投资于一个公司，这个公司破产了，他就失去了全部财富。如果他投资于10个公司，只有10个公司全部破产，他才会失去全部财富。10个公司全部破产的概率，比一个公司破产的概率要小得多，所以投资分散化可以降低风险。

投资分散化原则具有普遍意义，不仅仅适用于证券投资，公司各项决策都应注意分散化原则。不应当把公司的全部投资集中于个别项目或个别产品；不应当把销售集中于少数客户；不应当使资源供应集中于个别供应商。重要的事情不要依赖一个人完成，重要的决策不要由一个人作出。凡是有风险的事项，都要贯彻分散化原则，以降低风险。

(3)资本市场有效原则

资本市场是指证券买卖的市场。资本市场有效原则，是指在资本市场上频繁交易的金融资产的市场价格反映了所有可获得的信息，而且面对新信息完全能迅速地作出调整。

资本市场有效原则要求理财时要重视市场对企业的估价。资本市场既是企业的一面镜子，又是企业行为的校正器。股价可以综合反映公司的业绩，弄虚作假、人为改变会计方法对于企业价值的提高毫无作用。一些公司把巨大的精力和智慧放在报告信息的操纵上，通过“创造性会计处理”来提高报告利润，企图用财务报表给使用人制造幻觉，这在有效市场中是无济于事的。用资产置换、关联交易操纵利润，只能得逞于一时，最终会付出代价，甚至导致公司破产。

资本市场有效原则要求理财时慎重使用金融工具。如果资本市场是完全有效的，购买或出售金融工具的交易的净现值就为零。公司作为从资本市场上取得资金的一方，很难通过筹资获取正的净现值(增加股东财富)。公司的生产经营性投资带来的竞争，是在少数公司之间展开的，竞争不充分。一个公司因为有专利权、专有技术、良好的商誉、较大的市场份额等比较优势，可以在某些直接投资中取得正的净现值。资本市场与商品市场不同，其竞争程度高、交易规模大、交易费用低、资产具有同质性，使得其有效性比商品市场要高得多。所有需要资本的公司都在寻找资本成本低的资金来源，大家都平起平坐。机会均等的竞争，使财务交易基本上是公平交易。在有效资本市场上，只获得与投资风险相称的报酬，也就是与资本成本相同的报酬，很难增加股东财富。

(4)货币时间价值原则

货币时间价值原则是指在进行财务计量时要考虑货币时间价值因素。“货币的时间价值”是指货币在经过一定时间的投资和再投资后所增加的价值。

货币具有时间价值的依据是货币投入市场后其数额会随着时间的延续而不断增加。这是一种普遍的客观经济现象。要想让投资人把钱拿出来，市场必须给他们一定的报酬。

货币时间价值原则的首要应用是现值概念。现在的1元货币比将来的1元货币经济价值大，不同时间的货币价值不能直接加减运算，需要进行折算。通常，要把不同时间的货币价值折算到“现在”时点，然后进行运算或比较。把不同时点的货币折算为“现在”时点的过程称为“折现”，折现使用的百分率称为“折现率”，折现后的价值称为“现值”。财务估价中，广泛使用现值计量资产的价值。

货币时间价值原则的另一个重要应用是“早收晚付”观念。对于不附带利息的货币收支，与其晚收不如早收，与其早付不如晚付。货币在自己手上，可以立即用于消费而不必等待将来消费，可以投资获利而无损于原来的价值，可以用于预料不到的支付，因此“早收晚付”在经济上是有利的。

第二节 大数据的含义、使用及价值分析

一、大数据的定义、特点

(一)大数据的定义

随着社会化网络的兴起以及云计算、移动互联网和物联网等新一代信息技术的广泛应用，全球数据量呈现出前所未有的爆发增长态势。大数据带来的信息风暴正在逐渐改变我们的生活环境、工作习惯和思维方式。我们看到，在商业、经济、医药卫生及其他领域中决策正日益基于数据和分析而作出，而并非仅仅基于经验和直觉。大数据是近年来科学研究的核心所在，其已成为信息时代新阶段的标志，是大型信息系统和互联网发展的产物，是实现创新驱动发展战略的重要机遇。大数据的发展与应用，将对社会的组织结构、国家治理模式、企业的决策机构、商业的业务策略以及个人的生活方式产生深刻的影响。

对于“大数据”(Big data)，研究机构Gartner给出了这样的定义：大数据(Big Data，Mega Data)是指那些需要利用新处理方法才能通过数据体现出更强决策力、洞察力和流程优化能力的海量、高增长率和多样化的信息资产。

传统哲学认识论是以人为主体，而在大数据背景下的认识论主体发生了分化，即认识论主体的意向方和实施方分离，意向方仍然是人类，而实施方则由人类变成了机器，意向方和实施方各自承担着自己的需求职责，认识的动机和目的发生了相应的变化，任何人只关注对自己有用的信息，而机器提供可视化分析，形成大数据认知外包的特性。

大数据通过海量数据来发现事物之间的相互关系，通过数据挖掘从海量数据中寻找蕴藏其中的数据规律，并利用数据之间的相互关系来解释过去、预测未来，从而实现新的数据规律对传统因果规律的补充。大数据能预测未来，但作为认识论主体意向方的人类只关注预测的结果，而忽视了预测的解释，这就造成了预测能力强、解释能力弱的局面。

大数据模型与统计建模有本质的区别。就科学研究中的地位来说，统计建模经常是经验研究和理论研究的配角和检验者；而在大数据的科学研究中，数据模型就是主角，模型承担了科学理论的角色。就数据类型来说，统计建模的数据通常是精心设计的实验数据，具有较高的质量；而大数据中则是海量数据，往往类型繁多，质量参差不齐。就确立模型的过程来说，统计建模的模型是根据研究问题而确定的，目标变量预先已经确定好；大数据中的模型则是通过海量数据确定的，且部分情况下目标变量并不明确。就建模驱动不同来说，统计建模是验证驱动，强调的是先有设计再通过数据验证设计模型的合理性；而大数据模型是数据驱动，强调的是建模过程以及模型的可更新性。

大数据思维是指一种意识，认为公开的数据一旦处理得当就能为千百万人急需解决的问题提供答案。量化思维：大数据是直觉主义到量化思维的变革，在大数据量化思维中一切皆是可量化的，大数据技术通过智能终端、物联网、云计算等技术手段来“量化世界”，从而将自然、社会、人类的一切状态和行为都记录并存储下来，形成与物理足迹相对应的数据足迹。全局思维：是指大数据关注全数据样本，大数据研究的对象是所有样本，而非抽样数据，关注样本中的主流，而非个别，这表征大数据的全局和大局思维。开放共享、数据分享、信息公开在分享资源的同时，也在释放善意，取得互信，在数据交换的基础上产生合作关系，这将打破传统封闭与垄断，形成开放、共享、包容、合作思维。大数据不仅关注数据的因果关系，更多的是相关性，提高数据采集频度，而放宽了数据的精确度，容错率提高，用概率看待问题，使人们的包容思维得以强化。关联思维、轨迹思维：每一天，我们的身后都拖着一条由个人信息组成的长长的“尾巴”。我们点击网页、切换电视频道、驾车穿过自动收费站、用信用卡购物、使用手机等行为一些过去完全被忽略的信息——都通过各种方式被数据化地记录下来，全程实时追踪数据轨迹，管理数据生命周期，保证可靠的数据源头、畅通的数据传递、精准的数据分析、友好可读的数据呈现。预测思维：预测既是大数据的核心，也是大数据的目标。

从技术上理解，大数据是一次技术革新，对大数据的整合、存储、挖掘、检索、决策生成都是传统的数据处理技术无法顺利完成的，新技术的发展和成熟加速了大数据时代的来临，如果将数据比作肉体，那么技术就是灵魂。大数据时代，数据、技术、思维三足鼎立。维克托认为，大数据使我们真正拥有了决定性的价值资源，它是新的黄金。这里值得注意的是，大数据的意义不在于掌握海量的数据，而是通过数据挖掘等手段对其进行专业的分析来实现数据的“增值”。

大数据可分为大数据技术、大数据工程、大数据科学和大数据应用等领域。目前人们谈论最多的是大数据技术和大数据应用。大数据工程和大数据科学问题尚未被重视。大数据工程指大数据的规划建设、运营管理的系统工程；大数据科学关注大数据网络发展和运营过程中发现和验证大数据的规律，以及其与自然和社会活动之间的关系。

物联网、云计算、移动互联网、车联网、手机、平板电脑以及遍布地球各个角落的各种各样的传感器，无一不是数据来源或者承载的方式。

核心价值在于对于海量数据进行存储和分析。相比现有的其他技术而言，大数据的“廉价、迅速、优化”这三个方面的综合成本是最优的。大数据必将是一场新的技术信息革命，我们有理由相信未来人类的生活、工作也将随大数据革命而产生革命性的变化。

（二）大数据的特点

数据分析需要从纷繁复杂的数据中发现规律并提取新的知识，是大数据价值挖掘的关键。经过数据的计算和处理，所得的数据便成为数据分析的原始数据，根据所需数据的应用需求对数据进行进一步的处理和分析，最终找到数据内部隐藏的规律或知识，从而体现数据的真正价值。大数据的分析技术必须紧密围绕大数据的特点开展，只有这样才能确保从海量、冗杂的数据中得到有价值的信息。

维克托·迈尔·舍恩伯格及肯尼斯·库克耶编写的《大数据时代》中，大数据一般具有4V特点：Volume（大量）、Velocity（高速）、Variety（多样）、Value（价值）。具体来讲，大数据具有如下特点。

1. 数据体量巨大

大数据通常指10TB（1TB=1024GB）规模以上的数据量，产生如此巨大的数据量的原因：一是由于各种仪器的使用，用户能够感知到更多的事物，从而这些事物的部分甚至全部数据就可以被存储下来；二是由于通信工具的使用，人们能够全时段地联系，机器—机器(M2M)方式的出现，使得交流的数据量成倍增长；三是由于集成电路价格降低，很多电子设备都拥有了智能模块，因而这些智能模块的使用过程中依赖或产生大量的数据存储。

2. 流动速度快

数据流动速度一般是指数据的获取、存储以及挖掘有效信息的速度。计算机的数据处理规模已从 TB 级上升到 PB 级，数据是快速动态变化的，形成流式数据是大数据的重要特征，数据流动的速度快到难以用传统的系统去处理。

3. 数据种类繁多

随着传感器种类的增多以及智能设备、社交网络等的流行，数据类型也变得更加复杂，不仅包括传统的关系数据类型，也包括以网页、视频、音频、E-mail、文档等形式存在的未加工的、半结构化的和非结构化的数据。

4. 价值密度低

数据量呈指数增长的同时，隐藏在海量数据中的有用信息却没有以相应比例增长，反而使获取有用信息的难度加大。以视频为例，连续的监控过程中，可能有用的数据仅有一两秒。大数据“4V”特征表明其不仅仅是数据海量，对于大数据的分析将更加复杂，更追求速度，更注重实效。

二、大数据在财务管理中的应用对策

（一）建立与“大数据”概念相融合的财务管理观念

这要求财务管理人员将“大数据”概念融入财务管理观念，以适应大数据时代对财务管理的挑战。其一，正确认识到大数据时代下转变传统财务管理观念的重要性，在激烈的竞争环境中，订单管理、客户信用评价、供应商信息、税务部门信息等与企业生产销售息息相关，这些重要信息均来自数据分析，因此可以说企业的生存与发展离不开大数据思想。其二，将大数据的理念与技术融入日常财务管理活动中，形成科学有效的管理方式，最大限度地规避企业财务风险，防止短期行为，从动态平衡的角度追求企业长期的价值最大化，树立集人本、共赢、风险、信息、战略于一体的财务管理观念。

（二）提高财务管理人员的综合素质

在大数据发展趋势下，数据的丰富多样性要求财务管理人员不仅是一个具备扎实财务处理能力的专业人士，满足核算反映监督的职能，同时应当具备管理会计知识与实践经验，在短时间内通过对数据的加工分析出有价值的信息。熟悉企业的流程和业务，从企业的整个价值链角度谋求企业价值最大化，是大数据时代下财务管理人员综合素质的发展目标。实现这一目标需要从以下三个方面作出努力：①在客户与业务方面，需要财务人员对客户的资金流程进行再造，最大限度发挥财务的参谋作用，以实现产品、客户资源的最优化配置；②在战略方面，需要对财务管理进行创新，以价值提升为理念，运用产业价值链、商业模式等管理知识分析，积极构建企业整体战略；③在运营方面，需要财务人员集中管理财务，减少管理层级，增强企业管理力度。

（三）推进企业财务信息管理一体化

避免“信息孤岛”现象的有效途径是推进企业信息管理平台一体化。一体化的意义在于连接企业所有的价值链，包括基本活动和辅助活动。任何部门的日常活动都离不开资金的使用，财务信息管理一体化使企业能够多层次、全面地进行财务查询与反馈，而非人为地将各个部门的财务信息汇总，避免了财务漏洞的出现。建设大数据资源储备与共享体系，使财务管理能够及时有效地掌握连续、精准的企业运作信息，进行统一的财务核算、资源分配以及资本管理，实现财务资源的高效运转。同时，企业财务信息管理一体化建设，要求企业对资金进行统一高效的管理，这使得企业财务管理的内容、责任传递到各个具体的部门和人员中间，达到责任、权利、利益三者的平衡，有利于加强企业深化改革、优化财务管理人员结构、规范现代企业制度的国家宏观战略目标。

（四）防范财务管理信息安全隐患

互联网大数据时代，经济生活的方方面面都离不开网络的支持，信息存储交换，数据处理分析，网络的安全问题是头等大事。没有安全的网络环境，就不会有健康的经济秩序和经济发展。相关部门要提高网络安全的技术水平，不断开发新的防范措施。企业应当增强网络安全意识，防范财务管理信息安全隐患。建立用户身份安全验证和访问控制机制，防止对数据系统的恶意攻击；开发以政府为主导、各服务商参与的财务管理信息系统，为企业提供数据处理服务；建立以企业为单元的会计信息安全管理系统，保证大数据采集的安全和完整。

（五）加强财务控制能力，增强风险意识

市场经济竞争激烈，存在各种经营风险。企业要借助大数据和云计算手段，进行市场分析；利用财务杠杆的作用，加强财务控制能力，化解风险，保持稳定发展；开发新产品，要充分调研市场状况，理性分析，避免盲目上马；注意财务评价指标的动向，关注资产负债率、流动比率、速动比率是否在正常范围内，避免财务风险的出现。进行投资活动，要有充分的论证过程，在认真分析市场状况、投资风险、投资回报、资金成本的基础上进行决策。企业经营要有长远意识，不能存在走一步看一步的情况。

总之，大数据时代下的财务管理不再是简单的记账核算工作，财务人员的工作将聚焦于价值管理和创造，其角色也将变为提供决策支持的管理者、企业变革的领导者和可咨询相关业务的合作伙伴。

三、大数据的价值

（一）数据的五大价值

在大数据时代，无论是个人、企业还是政府，都面临着如何管理和利用信息的难题。与此同时，随着数据数量的汇集，数据的管理和分析工作变得格外重要。数据的价值正在成为企业成长的重要动力，它不仅提供了更多的商业机会，也是企业运营情况及财务状况的重要分析依据。如果我们平时做一个有心人，也不难从各种看似不起眼的数据中发现数据的价值，获得数据的价值。

在实际运用中，需要认清数据到底能够产生什么价值：有时候，同一组数据可能会在不同场合产生完全不一样的价值；有时候，单一的数据没有什么特别的价值，需要组合起来才能产生价值……那么，数据的价值主要体现在哪里呢？在这里，我们总结了数据的五大价值。

1. 识别与串联价值

顾名思义，识别的价值，肯定是唯一能够锁定目标的数据。最有价值的如身份证、信用卡，还有E-mail、手机号码等，这些都是识别和串联价值很高的数据。京东和当当网站识别“你”的方法就是你的登录账号。千万不要小看这个账号，如果没有这个账号，网站就只能知道有一些商品被用户浏览了，但是却无法知道是被哪个用户浏览了，更不可能还原出用户的购买行为特点。

当然，识别用户的方法不只是登录账号一种，对用户进行识别的传统方法还包括Cookie。所谓的Cookie就是你浏览器里面的一串字符，对于一个互联网公司来说，这就是用户身份的一个标记，所以你会发现你在搜索引擎上搜索过一个词语，在很多网站都能看到相关的资讯或者商品的推荐，就是通过Cookie来实现的。很多互联网公司都非常依赖Cookie，所以会采用各种Cookie来记录不同的用户类别，单一的Cookie没有价值，将用户登录不同页面的行为串联起来才产生了核心价值——串联价值。

如果你想知道日常生活中哪些是很有价值的识别和串联数据，那么可以回想一下你的银行卡丢失后，你打电话到银行时对方会问你的问题。一般来说，当你忘记密码后，对方会问你“你哪天发工资”“你家里的固定电话号码是什么”等类似问题，而这一系列问题就是在把你的个人数据做一个识别和串联。因为在银行怀疑某个人是不是你的时候，生日、固定电话号码是有权重的。有可能在有了2～3个这样的数据后，即使你没有密码，银行还是会相信你，为你重新办卡。

所以，千万不要小看识别数据的价值，经验告诉我们，能够辨别关系和身份的数据是最重要的。这些数据应该是有多少存多少，永远不要放弃。在大数据时代，越能够还原用户真实身份和真实行为的数据，就越能够让企业在大数据竞争中保持战略优势。

2. 描述价值

在通常情况下，描述数据是以一种标签的形式存在的，它们是通过初步加工的一些数据，这也是数据从业者在日常生活中最为基础的工作。一家公司一年的营业收入、利润、净资产等数据都是描述性的数据。在电商平台类企业日常经营的状况下，描述业务的数据就包括成交额、成交用户数、网站的流量、成交的卖家数等，我们可以通过数据对业务的描述来观察交易活动是否正常。

对于企业来说，数据的描述价值与业务目标的实现并不成正比关系，也就是说，描述数据不是越多越好，而是应该收集和业务紧密相关的数据。比如，一家兼有 PC 平台和无线平台业务的电子商务公司，在 PC 上可能更多地关注成交额，而在无线平台上更多关注的应该是活跃用户数。

描述数据对具体的业务人员来说，使其更好地了解业务发展的状况，让他们对日常业务有更加清楚的认知；对于管理层来说，经常关注业务数据也能够让其对企业发展有更好的了解，以作出明智的决策。

用来描述数据最好的一种方式就是分析数据的框架，在复杂的数据中抽象出核心的点，让使用者能够在极短的时间里看到经营状况，同样，又能够让使用者看到更多他想看的细节数据。分析数据的框架是对一个数据分析师的基本要求，通过对数据的理解，对数据进行分类和有逻辑的展示。通常，优秀的数据分析师都具备非常好的数据框架分析能力。

3. 时间价值

如果你不是第一次在京东上买东西，你的历史购买行为，就会呈现出时间价值。这些数据已经不仅是在描述之前买过的物品了，还展示出在这一时间轴上你曾经买过什么，以便让网站对你将要买什么作出最佳预测。

在考虑时间维度之后，数据会产生更大的价值。对于时间的分析，在数据分析中是一个非常重要，但往往也是比较有难度的部分。

大数据一个非常重要的作用就是，能够基于大量历史数据进行分析，而时间则是代表历史的一个必然维度。数据的时间价值是大数据运用最直接的体现，通过对时间的分析，能够很好地归纳出一个用户对于一种场景的偏好。知道用户的偏好，企业对用户作出的商品推荐也就能够更加精准。

时间价值除了体现历史的数据，还有一个价值是“即时”——互联网广告领域的实时竞价，它是基于即时的一种运用。实时竞价就是当用户进入某一个场景后，各家需求方平台就会来进行竞价，对用户进行数据推送。比如，用户正在浏览一个和化妆品有关的页面或者正在商场逛街，在这个场景中就会出现和化妆品有关的信息。这个化妆品的广告不是预先设置好的，而是在这个具体的场景中通过实时竞价出现的。

4. 预测价值

数据的预测价值可分成两部分。第一部分是对某一个单品进行预测，比如在电子商务中，凡是能够产生数据、能够用于推荐的，都会产生预测价值。预测价值的第二部分就是数据对于经营状况的预测，即对公司的整体经营进行预测，并能够用预测的结论指导公司的经营策略。在今天的电商中，无线是一个重要的部门，对于新的无线业务来说，核心指标之一就是每天的活跃用户数，而且这个指标也是对无线团队进行考核的重要依据。作为无线团队的负责人，到底怎么判断现在的经营状况和目标之间存在着多大的差距，这就需要对数据进行预测。通过预测，将活跃用户分成新增和留存两个指标，进而分析对目标的贡献度分别是多少，并分别对两个指标制定出相应的产品策略，然后分解目标，进行日常监控。这种类型的数据能够对公司整体的经营策略产生非常大的影响。

5. 产出数据的价值

从数据的价值来说，很多数据本身并没有特别的含义，但是把几个数据组合在一起或者对部分数据进行整合之后就产生了新的价值。比如，在电子商务开始初期，很多人都关注诚信问题，那么如何才能评价诚信呢？于是就产生了两个衍生指标：一个是好评率；另一个是累积好评数。这两个指标，就是目前在电商平台的页面上经常看到的卖家的好评率和星钻级别，用户能够基于此了解这个卖家的历史经营状况和诚信状况。

仅以这两个指标来对卖家进行评价，会显得有些单薄，因为它们无法精确地衡量出卖家的服务水平。于是，又衍生出更多的指标，比如与描述相符、物流速度等，这些指标最终变成了一个新的指标——店铺评分系统，可以用它来综合评价这个卖家的服务水平。

当然，某个单一的商品在电商网站上可能会出现几千条评价，而评价中又是用户站在自己的立场描述的，但是针对某个用户，每次买一样东西都要阅读几千条评价显然是不太可能的，因此就需要把这些评价进行重新定位，以产生新的能够帮助用户作出明智购买决策的数据，这些数据就是关键概念的抽取。

在认识数据的价值后，我们就能更好地识别出哪些是我们想要的核心数据，就能够更好地发挥数据的作用。精细的数据分类、严格的数据生产加工过程，将让我们在使用数据时游刃有余。

（二）大数据价值的具体分析

1. 大数据不一定有大价值

不可否认，很多互联网企业掌握着庞大的数据，如果没有对其进行数据分析，这些大数据就是一个沉重的负担。前面说过，光是采集和储存这些数据就要耗费很多人力资源和时间成本，而采集到的数据不经分析就无法给企业带来利润，企业在这一过程中就只有支出没有收入。

大数据带来大价值，但是大数据不等于大价值，就像一座未开发的金矿不等于黄金万两一样。金矿只有通过开发成为金砖并放到交易市场上之后才能产生价值，而数据只有通过技术和分析工具显现在大家面前，使得数据变成信息，然后分离出有用的信息，才能产生价值。大数据也是一样，无非就是数据的量不同。

大数据就像一座庞大的冰山，大量的数据都隐藏在海面之下，显现出来的只有一点点。如何将这些数据挖掘出价值，这和 IT 技术进步相关。现在，计算机的硬件和软件计算能力都越来越强大，使得我们从大量数据中提取有用信息的速度也越来越快，很多以前我们无法计算的问题现在都能够得到解决。大数据不等于大价值，但大数据分析做好后，就会带来大价值。随着大数据技术的发展，一些现在将大数据视为负担的企业将越来越多地感受到大数据分析带来的甜头。

2. 大数据也会有价值遗憾

因为数据给人带来的实际用途是优劣并存的，所以大数据的价值到底有多大，目前没有谁能给出准确的计量。

在大数据时代，数据就是金矿，而创造数据的用户便是产生金矿的原材料。脸谱的主要产品是社交网络，而造就一个良好社交网络的最重要因素是它的内容。为脸谱提供内容的，正是一个个用户。用户提供的内容使网站变得美好，而他们的个人信息使得网站变得有价值。

如今，大数据能在各行各业发挥其他工具完全无法代替的作用，但大数据并不是万能的，并不是任何时候、任何场合都适用。大数据本身也有局限性，在大数据成为一个热门话题的今天，我们不能盲目相信大数据，而是需要弄清楚状况，知道什么时候需要使用大数据，什么时候需要使用其他工具。

大数据在解决很多领域的重大问题方面也有局限。一个公司可以做一个随机对照试验来判断到底是哪一封促销邮件勾起了用户的购买欲，但一个政府不能用同样的办法来刺激萧条的经济，因为没有另外一个做对照。怎样能够刺激经济增长，这个问题经济学家和政府官员都很关心，也引发过很多争论。关于这个问题，我们有堆积如山的数据可用，但是没有哪位参与争论的人会被数据说服。

而且，大数据分析更偏向分析潮流和趋势，对一些突出的、特异的个例则毫无办法。当大量个体对某种文化产品迅速产生兴趣时，大数据分析可以敏锐地侦测到这种趋势，但其中一些可能非常杰出的东西从一开始就被数据摒弃了，因为它们的特异之处并不为人所知。

另外，数据本身也有局限。纽约大学教授丽莎·吉特曼的著作《原始数据只是一种修辞》中指出，数据从来都不可能是原始存在的，因为它不是自然的产物，而是依照一个人的倾向和价值观念被构建出来的。我们最初定下的采集数据的办法已经决定数据将以何种面貌呈现出来。数据分析的结果看似客观公正，但其实价值选择贯穿了价值选择贯穿于人构建到解读的全过程。数据会掩盖价值，没有任何数据是原始的，往往是根据人的倾向和价值观构建起来的。最终的结果看起来很无私，但实际上从构建到演绎的整个过程。

这并不是说大数据就没什么了不起的，而是说数据和其他工具一样，在一方面有价值，而在另一方面则存在着遗憾。

3. 旧数据也会有新用途

企业、政府乃至个人都积累了不少各方面的数据，这些数据有些是几十年前的，甚至有数百年的历史。那么这些数据除了偶尔被历史学家考证使用，还能派上其他用场吗？答案是肯定的。

人们在看待数据时，常常会犯一个常见的错误：他们喜欢新的数据，认为新的数据更及时、更全面，而那些陈旧的数据似乎没什么用处。但事实远非如此。很多旧的大数据里，也蕴含着不少我们没有发掘的金矿。这些数据被整理分析后，一样能得到非常有用的信息。

有的数据可能以某一种方式来分析是无用的，而通过另一种分析方式就能得出有价值的信息；有的数据现在可能没什么分析价值，但这不代表它以后也不会有分析价值。大数据时代，没有不能分析的数据，也没有毫无价值的数据。无论是陈旧的大数据还是新的大数据，都有派上用场的地方。

第二章　大数据对会计工作的影响及对策

第一节　大数据对会计基本认识的影响

一、大数据时代对会计世界认知方式的影响

人类活动纷繁复杂、多种多样，但人类活动过程、活动结果以及活动中存在的各种关系都会留下痕迹，这些痕迹可以通过新技术的应用以数据的形式进行记录，在记录的过程中就产生了相应的结构化或非结构化数据。业界通常用4个V（Volume，Variety，Value，Velocity）来概括大数据区别于传统数据的显著特征，这4个显著特征向人们传递了多样、关联、动态、开放、平等的新思维，这种新思维正在渗透到我们的生产、生活、教育、思维等诸多领域，逐渐改变人类认识、理解世界的思维方式。一些大数据学者把大数据提到世界本质的高度，认为世界万物皆可被数据化，一切关系皆可用数据来表征。在大数据时代，这种新思维认为全体优于部分，杂多优于单一，相关优于因果，从而使人类的思维方式由还原性思维走向了整体性思维。

此外，通过对经济活动的数据化，并对该数据进行分析，能够实现对某一事物定性分析与定量分析的统一，能够促使那些曾经难以数据化的人文社会科学领域开展定量研究。从目前的研究来看，无论是规范研究还是实证研究，基本上是通过寻找事物之间的因果关系来解释或揭示某一规律或现象，会计更是如此。会计是通过强调经济活动之间以及会计数据之间的因果关系来保证经济业务以及会计数据的客观性、真实性与可靠性。由于信息传递的弱化规律的客观存在，通常来说，人们无法对于超大数据时代我国企业的财务管理发展与变革之间一定层级关系的因果关系链条，以及本就不明显的因果关系作出准确判

断与分析，例如：报表数据与原始凭证之间由于经过了几次数据加工，报表数据只能反映出企业最终的整体情况，却很难推导或还原出当时的原始凭证的实际情况；同时，因果关系只能做单向的逻辑推导，即“因—果”，而不能“果—因”，因为“因—果”是确定的、唯一的，而“果—因”则是不确定的，有多种可能性。在会计大数据时代，人们可以利用数据量的优势，通过数据挖掘从海量会计数据的随机变化中寻找蕴藏在变量之间的相关性，从而在看似没有因果关系或者因果关系很弱的两个事物之间找到它们既定的数据规律，并通过其中的数据规律以及数据之间的相关关系来解释过去、预测未来，并可以做到因果的双向分析，从而补充了传统会计中的单一因果分析方法的不足。由此可见，大数据将会改变人们对客观世界乃至会计世界的认知方式。

二、大数据时代对会计数据的影响

会计是以货币为主要计量单位，以凭证为主要依据，借助专门的技术方法，对一定单位的资金运动进行全面、综合、连续、系统的核算与监督，向有关方面提供会计信息、参与经营管理、旨在提高经济效益的一种经济管理活动。简单来讲，会计是通过对数据，尤其是会计数据的确认、计量、报告与分析，帮助企业的管理者来管理企业，并向外部利益相关者提供会计信息的一种管理活动。

目前的会计数据包括各种各样的数据，可以归纳为三类：①用来进行定量描述的数据，如日期、时间、数量、重量、金额等；②用来进行定性描述的数据，如质量、颜色、好坏、型号、技术等；③不能单独用来表示一定意义的不完整的、非结构化的、碎片化的数据。目前对会计数据的处理还仅仅局限在第一种定量描述的数据的处理，尤其是那些能够以货币来进行计量的经济活动所表现的会计数据，因为这种数据既能比较方便地进行价值的转换与判断，又能直观地还原出企业的生产经营过程，从而使利益相关者可以通过会计数据信息了解企业生产经营过程以及生产经营结果。定性描述的数据与定量描述的数据相比，存在一个很大的缺陷，那就是定性数据只能大概推断出企业生产经营过程，而不能还原出企业的生产经营过程，比如，这个产品质量好，只能推断出企业经营过程良好，至于在哪个生产步骤良好，这个企业的良好和别的企业的良好一样还是不一样，我们就难以知晓。所以，定量数据的过程和结果能够互为因果推断，而定性数据只能达到经营过程是因，经营结果是果的推断，对于第三种不完整的、非结构化的、碎片化的会计数据从因果关系的推断来看，存在更为严重的问题，因为不完整、非结构化以及碎片化的特征，该类数据会成为因果关系推断的障碍，该类数据无法推断出经营结果，经营结果也无法还原出经营过程。从目前会计数据的使用情况来看，定量描述的数据经常使用，定性描述的数据较少使用，非结构化、碎片化数据基本没有使用；从企业的整个会计数据的作用来看，定量描述的数据作用固然重要，尤其是金额数据，但是定性描述数据以及非结构化、碎片化的数据也很重要，会对会计信息使用者产生重要的影响，甚至会影响到会计信息使用者的决策，比如，好的商品质量能扩大企业的知名度，会给企业带来巨大的商誉，进而给企业带来超额利润。由于定性描述数据以及非结构化、碎片化数据的内在缺陷，这些数据的作用目前还无法发挥出来，也阻碍了会计理论与会计实务的发展。

随着互联网、物联网、传感技术等新技术的应用，不仅实现了人、机、物的互联互通，而且还建立了人、机、物三者之间智能化、自动化的“交互与协同”关系，这些关系产生了海量的人、机、物三者的独立数据与相互关联数据，目前那些难以用货币化来计量的经济活动，其实都可以通过以上新技术来进行记录，记录过程中相应地会产生大量的数据，这些数据不仅有数字等结构化数据，还有规模巨大的如声音、图像等非结构化、碎片化数据。随着大数据时代的到来，定性描述数据以及非结构化、碎片化数据，尤其是非结构化、碎片化数据的增长速度将远远超过定量描述数据的增长速度，非结构化、碎片化数据以及定性描述数据将会成为会计数据的主导。虽然定性描述数据以及非结构化、碎片数据存在内在的缺陷，但是在大数据时代，却可以使用大数据挖掘技术发挥出该类型数据的会计作用。虽然这些数据不能完整、全面、清晰地推导与反映出企业的经营结果和经营过程，但是大量的这些数据放在一起，却能够利用它们之间存在的相关关系推导与反映出企业的经营过程与经营结果，比如，你把一个生产步骤细分为成千上万个步骤或者更大程度的细分步骤，一个细分步骤不能表示什么含义，但是把大量的细分步骤组合到一起同样能够构成一个完整的步骤，那么就能达到定量描述会计数据的相应功能。在传统的会计理论中，使用的会计数据基本上都是属于定量描述数据，主要的原因有两个：一是定性描述的数据不能准确地以货币来计量；二是数据量小的时候，利用数据的相关性关系远不能达到因果关系推导出来的结果那样准确、那样令人信服，原因在于数据量小的时候，利用相关关系推导出来的结果随机性较大。传统会计选择那些定量描述性的数据作为会计数据，实际上是由时代的局限性决定的。随着互联网、云技术、大数据挖掘等新技术的使用，非结构化、碎片化数据急剧增加，真正成了大数据，这些数据已成为企业的重要资源，将会影响企业的可持续发展。从统计学角度来看，非结构化、碎片化会计数据摆脱了小数据必须使用因果关系分析的内在局限性，利用相关关系的数据分析可以达到因果关系的数据分析的同样效果，从而为非结构化、碎片化数据应用于会计提供了可行的理论基础与技术支持。因此，在大数据时代，这些定性描述的数据以及非结构化、碎片化数据丰富了会计数据的种类，扩大了会计数据的来源渠道。在大数据时代，会计数据将由三部分构成：第一部分是定量描述性数据；第二部分是定性描述性数据；第三部分为非结构化、碎片化会计数据。目前的会计数据实际上是直线型的数据，大数据时代的会计数据将变得更加立体化，有可能出现三维或者多维形式的会计数据。

三、大数据时代对会计数据分析方法的影响

在大数据时代来临之前，描述性数据与非结构化、碎片化数据很少被纳入会计数据范畴，会计实务也很少使用这类数据，这类型的数据那时还不能称为会计数据。大数据时代，可以利用数据量的优势，通过数据之间相关关系的分析达到因果关系分析的同等效果、同等的可靠性与客观性。因此，在大数据时代，数据量的优势以及数据挖掘分析方法在会计领域的使用将促使描述性数据与非结构化、碎片化数据转变为会计数据，丰富了会计数据的内容与来源，提高了描述性会计数据与非结构化、碎片化会计数据在会计理论与实务中的应用价值，从可靠性与相关性两个方面同时提高会计信息的质量。其实，在大数据时代，描述性数据与非结构化、碎片化数据能够成为会计数据的一个必要条件就是通过这些数据与企业价值(或企业未来现金流)之间相关性的分析较为准确地找到它们之间的数量关系。大数据挖掘技术融合了现代统计学、知识信息系统、决策理论和数据库管理等多学科知识，可以从海量数据中发现特定的趋势和关系。大数据挖掘技术在会计理论和实务中的应用，能够有效地从大量的、不完全的、模糊的、碎片化的、非结构化的实际应用数据中，找到隐含在该类数据与企业价值之间的相关的数量关系。随着互联网、物联网、传感技术、云计算等新技术的发展，客户关系方面的网络数据、生产过程中的生产作业记录数据、采购过程动态监控记录等数据每天都呈海量增加，非结构化、碎片化数据的趋势越来越明显。传统的数据分析技术在面对大数据时已经显得力不从心，很难解决大数据的存储、分割、高效计算的问题，大数据借助了云平台技术。随着大数据概念的提出以及大数据商业价值的开发，大数据挖掘技术得到了长足的发展，大数据应用软件与操作系统相继出现，如DB2数据库软件、Hadoop系统、InfoSphere Streams流数据、Netezza等，这些大数据应用软件和操作系统解决了描述性数据以及非结构化、碎片化数据与企业价值之间数量关系寻找的技术问题，同时会计大数据将促进数据挖掘技术的发展与应用。

四、大数据时代对企业会计行为的影响

大数据时代的到来影响着会计数据的构成，传统数据中的那些定性描述数据和非结构化、碎片化将转变成会计数据。一方面，会计数据范围的扩大使企业更多的信息能够纳入会计核算体系，尤其是非结构化、碎片化会计数据蕴含的会计信息，从而能够让企业更准确地计量这些领域对企业的贡献，以采取更有效的应对措施，最终将促进与改善企业的生产经营行为。另一方面，随着社

会形势的发展，一些原来被认为重要但难以用定量描述数据进行计量的会计信息，如企业家能力、智力资本等，不管是对目前的企业还是对利益相关者来说，这些会计信息越来越重要，纳入会计核算范围的要求也越来越强烈。大数据时代，将会有助于将企业家能力这类对企业很重要却又难以计量其价值的要素纳入企业的会计核算体系。同样，从企业家能力的角度来说，大数据帮助企业准确计量该要素对企业的价值，那么企业就可以根据企业家能力的价值给予合适的报酬，这样既可以减少优秀企业管理者的跳槽行为，还可以进一步促进企业家工作的积极性，为企业吸引更多的优秀企业家。优秀企业家可以更有效地降低库存，提高存货周转率；改变融资方式与融资策略，降低融资成本；改变经营策略，提高市场占有率；改变投资组合，增加投资收益；改变利润分配方式，有效利用企业的自有资金；改变会计政策的选择，选择符合企业利益的会计政策与方法；分析大数据信息，发现潜在市场与商机等。因此，大数据将会改变企业的行为。

第二节 大数据对财务会计、管理会计及审计工作的影响

一、大数据时代对财务会计的影响

（一）大数据时代财务会计工作需要达到的标准

财务会计工作需要达到的标准是在已有的基础上进一步地改革和创新，让更多的数据能够被财务会计工作者完整地处理，只有这样，才能很好地保证整个企业的经济收益。随着大数据时代的来临，各个企业都需要通过提升财务会计工作效率来保证企业的收益，也就是说，大数据时代就是要求财务会计工作能够与时俱进，而不是停滞不前、利用最传统的方式进行财务会计工作。总而言之，需要进行的创新工作是比较彻底的。

1. 在财务会计工作中更多地积累各种应用数据材料

大数据时代的到来给财务会计工作带来了极大的便利，也带来了很大的发展空间，只有保证整个企业的财务会计工作能够利用先进的信息技术进行各种数据的分析和处理，才可以有效保证企业的整体收益，让更多的数据材料在大数据信息技术的使用下得到相应的处理。

这种便利正是由于大数据时代将数据信息化，确保财务会计工作的完成效率更高。提升企业的财务会计管理工作效率有助于提升企业的市场竞争力，所以，要确保财务会计工作中积累的大量数据材料能够利用大数据的特性进行高效作业。

2. 财务会计的工作对非结构化的数据进行价值提取

对于企业数据的处理，财务会计主要是对结构化数据进行系统化的处理，利用这种处理方式是目前比较流行的。然而，随着时代的进步，计算机技术可以有效地提升结构数据的处理效率，可以很好地保证企业对整个财务会计的处理方式进行严格的管理。随着大数据时代的到来，使用计算机技术对非结构化数据进行管理和处理已经越来越熟练，还能够在规定的时间内有效完成相应数据的处理工作。

3. 会计使用者的需求应进行不断的创新

由于大数据时代的要求就是不断地更新改革，所以，为了保证财务会计工作者能够更加完善地完成数据的处理，就应该将财务会计的工作目标从原始的经济管理型转变为决策管理型，只有这样，才能在企业的许多方面占据优势，企业的财务会计管理工作才变得至关重要。随着市场竞争越来越激烈，想要将企业的利益最大化，就需要运用大数据时代所带来的新技术和新方式进行数据处理，目前，云计算方式不仅可以很好地保证信息容量的增大不会给财务会计工作增加困难，还能够符合使用者的多元化要求，可以说是新时代进步的一大优势。

（二）大数据时代对财务会计的具体影响

1. 对会计信息来源的影响

如前述所言，大数据所带来的，不仅有结构性数据，同时还伴有非结构性数据，且非结构性数据可能会更多。传统的会计信息多来自结构性数据，且结构性数据更可被分析、利用，甚至被直接采纳。而大数据时代所带来的，更多的是非结构性数据，这也对会计信息来源产生了一定的影响。

一是非结构性数据越来越多，并广泛存在于会计信息中。非结构性数据与结构性数据的共同存在，是大数据时代的标志之一，同时大数据技术也可实现将非结构性数据与结构性数据相结合，并加以分析，发现海量数据之间的相关关系，并通过定量的方式来反映、分析、评判企业的经营发展。

二是强调海量数据之间的相关关系而非因果关系。在大数据背景下，所强调的是相关关系而非传统意义上的因果关系。比如，相关关系是指会发生什么，而因果关系是指为什么会发生。大数据往往通过相关关系来指出数据之间的关系。

三是传统会计分析强调的是准确、精准，而大数据时代强调的则是数据使用效果。传统会计分析认为，会计信息的精准性无比重要，同时也不接受舞弊造假信息或是非系统性错误。但大数据时代则更多地关注会计信息分析带来的效果，而对精准性没有那么高的要求，或者说，绝对的精准并不是大数据时代所关注的。

传统会计信息体系中，由于缺乏海量的数据做支撑，因此任何一个所获取的数据信息，都对会计信息产生至关重要的影响，也就需要这些信息保证其真实性、可靠性，才不会导致会计信息的失真。所以，在小数据时代，人们会通过反复的检查与论证、各类测试性程序和分析复核程序，来减少、避免错误的发生，也会采用测试样本是否存在系统性偏差。尽管所获取的信息不多，但是论证这些信息所花费的时间成本、人工成本确实不容小觑。

在大数据时代，由于数据的繁多与复杂，因此人们不再过于担心某一数据出现的偏差会给会计信息质量带来致命的影响，也不需要通过耗费众多的成本来消除这些数据的不确定性。因此，大数据时代所带来的效果，往往比传统会计信息的准确性更重要。

2. 大数据时代对会计资产计量的影响

(1)初始计量成本

在传统的财务会计中，初始计量成本由历史成本和公允价值计量。公允价值有着不可比拟的优越性，能客观反映企业经济实质，为信息使用者提供更加及时、高度相关的决策信息;能够使收入与成本、费用切合实际，实现有效配比;更加有利于企业资本保全，同时符合资产负债观。公允价值计量得到的金额可以克服物价上涨等不利因素对会计信息质量的影响。但是公允价值的取得不可避免地存在缺乏可靠性、可操作性等问题，公允价值所强调的“公平交易”在现实中难以保证，所以这一计量属性的使用效果大打折扣。

在大数据时代背景下，数据的积累和发布日益增多，在大量的数据面前，公允价值变得越来越透明，从整体上提高了公允价值的可获得性、可靠性、科学性，从一定程度上克服了主观判断等不利因素的影响。虽然我国的资本市场还很不完善，操作利润的现象层出不穷，以公允价值作为资产的初始计量属性会付出更高的代价，但是在一些必须使用公允价值作为计量属性的经济业务中，如金融资产、金融负债等的计量，要充分利用大数据时代所带来的极大便利，对资产的公允价值进行客观的、科学的测量，从而提高会计信息质量，同时有利于促进市场上建立起一个透明的、可靠的公平交易平台。

(2)计量单位

传统会计中的计量单位，通常采用“元”。但是在大数据时代，将来有可能出现非“元”为单位的计量单位，如时间、数量等。

3. 财务管理人员的管理职能发生了转变

小数据时代，传统财务管理人员，其职能往往在于财务核算、财务管理，而当海量数据出现的时候，其数据的繁多与冗长、数据分析能力的不断提高，要求财务管理人员的职能越来越多地转向有价值的资源配置中去。

原有的职能，基本上把财务人员定位在收集单据、定制凭证、复核、结账、报告、归档等工作中；而大数据时代，财务人员所面对的，不仅仅是财务信息、财务单据，而更多的是海量的业务信息，如何收集信息、分析信息，并将有用的信息放置在合理的资源中，通过高效的财务管理流程，实现有价值的财务数据，将资源配置在增长的领域中，是财务人员转变职能的体现之一。

（三）大数据时代财务会计的创新发展方向

1. 应时代要求创造有利条件作为会计工作的核心

财务会计工作并不是一成不变的，而是随着环境和周围各种因素的变化而不断发展的，所以，为了将财务会计工作与社会背景紧密联系，就应该让整个会计工作跟随时代前进的潮流，一同进步创新。

2. 在企业中树立人性化的工作观念

企业的发展离不开人的作用，尤其是用人的重要性，对于企业的发展是必须考虑的。因此，要想保证大数据时代中财务会计工作能够更好地提升自身效率，就应该在整个企业中树立人性化的工作观念，要时刻保证在职的工作人员具备一定的专业素养，同时企业对其待遇也一定与其工作表现相匹配，以完善各项工作。

二、大数据时代对管理会计的影响

（一）大数据时代管理会计作用日益凸显

管理会计作为财务会计的一个分支，其主要任务是通过向企业内部管理者提供及时有效的信息，辅助企业经营决策。具体来说，其职能包括：预测企业未来的经营、财务状况以及现金流量等；帮助企业进行长短期经营决策；通过规划和预算，加强事前、事中控制；通过责任考核与业绩评价，加强事后控制，提升企业绩效与核心竞争力。大数据时代的到来，给管理会计上述职能的发挥提供了新的契机。

1. 提高企业预测能力，抓住商战先机

随着大数据时代的来临，移动互联网已经成为互联网的发展重心。开通官方微博也逐渐成为企业加强管理与沟通的流行趋势。通过微博，企业可以随时发布产品、服务等信息，消费者也可以通过微博、朋友圈等随时随地分享自己对某种产品或服务的评价与态度。这些都使得信息的传递更加及时、快捷。

企业应充分利用这些通信工具，实时获得各种新的信息，进而利用管理会计预测的专门技术与方法，及时了解竞争对手的最新动向，了解和测度市场的变动及其趋势，进而快速地对竞争对手的举措作出反应，赢得市场先机。

2. 提高企业决策能力，提升企业核心竞争力

一直以来，除直销企业外，企业与客户之间很少有直接联系，这也使得企业难以取得有关客户需求的第一手资料，也难以针对客户的潜在需求及其变动，及时作出企业决策。大数据时代，尤其是物联网的出现，令这种局面大为改观。

企业不仅能够更加精准、详细地获取顾客在各类网络活动中的数据，而且能够从以往被忽略的数据中挖掘出新的有价值的信息。比如，消费者对某款产品或商品进行了网上搜索，但最终并没有实际购买，以往此类数据可能会因为未形成实际购买力而被忽略，更不会被收集或分析。然而，大数据时代的企业却会对此类信息高度重视，它们往往会聘用专门的人员或机构，对顾客的网上搜索行为进行分析，如被搜索商品的类型，搜索条件、搜索次数、搜索时间等，并依据这些信息推测消费者的消费偏好、消费动向和潜在消费点，进而通过特殊的网络设置，在消费者再次访问该网站时自动向其推荐消费者可能感兴趣的本单位产品的信息。不仅如此，管理会计人员还可以依据这些信息，对其进行量化分析和理性逻辑思考，帮助企业明确本单位产品或商品的需求动向与未来发展，从而指引企业及时调整生产经营策略，提升企业核心竞争力。

3. 加强规划与控制，提高运营管理效率

管理会计可以通过对市场的周密调查，帮助企业确定最优的生产规模及销售规模，进而制订严密的生产销售与管理计划，从而帮助企业避免发生不必要的投入和生产成本。大数据时代，随着信息量的急剧增加与信息准确程度的提高，管理会计人员可以在更大范围内对相关产品、服务、成本、销售等有关数据进行分析与挖掘，进而制订严密的物资采购、产品生产、销售、运输、日常管理等规划与预算，从而为企业的运营与管理提供强大的支撑。

例如，通过应用变动成本法与作业成本法，分析出各个不同时间、地点、方式的物流成本，选出安全、快捷、经济的物流方式；通过加强供应链管理，分析供应商所提供物资、设备的价格与质量，选择性价比最高的采购对象；通过事前估算各种营销方式的成本，结合其影响力，选出最有效率的营销方式；通过搜集客户的信用与往来信息、加强客户管理，提高应收账款的周转率等。在实践中，江苏移动通过建立企业数据中心、面向分类市场的数据应用体系以及闭环迭代式数据应用流程等，实现了公司内部运营和网络、成本的精细化管理，节约了成本支出，提升了运营管理效率。

4. 推动企业全面、科学、合理地考核部门与员工绩效

绩效评估一直以来都是管理会计工作的一大难题，其难点之一在于实际评

价时难以收集到所有与绩效有关的信息，不管用什么样的评价方法都不能完全客观、准确地评价绩效的高低。如果员工绩效不能得到公正评价，会挫伤员工的积极性，降低其满意度，严重时还会导致人才流失。

随着大数据时代的来临，评价所需三类数据（交易数据、交互数据和感知数据）的收集变得可能且快捷。其中，交易数据来源于企业的ERP（企业资源计划）、CRM（客户关系管理）和Web交易系统，交互数据来源于社交媒体（微博、推特等），感知数据来源于物联网。通过收集和分析上述数据，企业不仅能够了解本企业各部门、员工的工作与学习绩效，而且能够了解竞争对手乃至整个行业的发展绩效，并能够准确掌握各类绩效评价方法的适用范围，进而更加科学、合理地考核企业绩效，避免信息不足所带来的以偏概全或考核与奖惩结果不合理等问题对企业造成困扰。

总之，大量实例表明，大数据的使用已经成为企业提升自身业绩、超越同行的一种重要方式。零售业寡头沃尔玛正是通过在其网站上自行设计并应用了最新的搜索引擎Polaris，使其在线购物的完成率提升了10%～15%，并由此增加了数十亿美元的交易。可以预计，在不久的将来，善于利用和挖掘大数据价值的企业将会成为行业的领先者，忽视或者反应迟钝的企业将会处于落后、被动的地位。

（二）大数据时代对管理会计的具体影响

管理会计的职能一般可分为三个方面：一是对初始成本的确定及后续成本的计量；二是为现时及未来的决策、规划提供会计数据支撑；三是为控制、评价管理提供准确的数据帮助。在大数据时代的冲击下，管理会计的职能势必受到一些影响，也会产生一些变化。

1. 对初始成本的确定及后续成本的计量

在管理会计所提供的各类信息中，如何确定初始成本是核心。企业的经营活动，都离不开成本的确认。同时，成本确认也贯穿企业预测、编制计划和预算等各环节中。因此，如何对初始成本的确定和后续成本的计量，是大数据时代对管理会计的一大影响。

传统的成本确认和成本计量，其确认和计量的信息来自企业内部，但在大数据时代，就会使得这些信息发生了一些变化，同时这些内部信息对企业的需求也是不够的。外部信息可以为企业提供更为完整的决策依据，从宏观上外部信息提供了行业背景资料、企业所处行业的位置、竞争对手的信息和竞争定价策略、行业供应链的结构和变化趋势等。

这些外部信息，就是企业内部各系统、各环节人员所不能提供也不能控制的，因此这些非结构化数据就需要大数据的挖掘和利用，将这些结构化数据与非结构化数据加以分析，确定其内部关联性和相关性。基于大数据挖掘的企业能够更为准确地确定成本和成本计量，也为企业的生产、经营、销售、管理等环节降低风险、提高管理水平和管理效率提供了有效的数据支撑。

2. 为决策和规划提供会计数据支持

企业是自负盈亏的，因此在经营管理过程中，如何能保持持续、稳定的经济增长是企业管理会计的主要职责。现在企业的管理会计，重点是以顾客为中心，通过提供多类别、有针对性的服务，提高企业核心竞争力为目的，通过成本费用、利润、资金运作等方面，制订多种管理方案，而管理会计通过综合评价这些方案的优劣性，来选出适合企业发展需要的最佳方案。

诚然，不论是企业的短期经营目标还是长期经营目标，无论是短期战略还是中长期战略，如果没有海量的数据作为支持，就不可能作出全面、准确的决策。尤其是在越来越以数据为主的时代，对大数据的分析和挖掘，显得尤为重要。

企业经营决策的前提是要有准确的预测，而预测的前提则是有准确的分析。分析就来自数据的支撑。传统的分析基本上都来自企业内部，而企业内部信息已经远远不能满足分析预测，因此使得预测能力大打折扣。

譬如，以推广流量为例。一般情况下，企业会基于历史流量推广情况和推广渠道，得出流量推广的预测。但是由于推广渠道、推广手段的局限性，企业没能把受众群体的年龄层分布、客户使用习惯、人文地理的背景资料等因素加以整理和分析，这就使推广预测的准确性大打折扣。但在大数据时代，这些因素都是可以整理、存储并加以分析、挖掘的。

3. 为控制和评价管理提供准确数据帮助

作为企业的经营管理人员，控制和评价其管理，是管理的基本职能，也是作为经济责任审计的一个基础。在企业内部，经营管理活动涉及不同部门、不同岗位，其职能也不尽相同。一般来说，经营管理人员首先要确定管理的基本原则，也就是哪些属于管理要求，哪些属于管理原则，而后才会对下属单位、下属部门或人员的工作进行指导、监督和管理。

同样地，作为管理会计而言，其控制和评价管理也是一样，也要先确定原则和标准。同时，原则和标准决定着从一开始实施管理到最终能否实现管理目标。而在大数据时代，由于数据的存储、分析和挖掘，使非结构化数据和结构化数据的内在关联可以显现，找出并利用这种内在关联性，对于确定控制和评价管理能够提供准确的数据帮助。

三、大数据时代对审计工作的影响

（一）大数据时代给审计带来的机遇

1. 将消除审计地点与时间的限制

传统的审计受审计的地点与时间的限制很大。首先，在时间方面，在函证时，收到回函的时间具有不确定性；在对企业员工进行询问时，又受企业员工的上班时间所限制，使审计工作不能灵活自由地进行。其次，在地点方面，分公司与总公司位于不同的位置，以及与公司往来的客户位于很远的地方，都对审计工作造成了很大的限制。

然而在大数据时代，审计工作不再受时间与地点的限制。所有数据都可以通过云端记录，审计人员可以随时随地通过权限查看被审计单位相关数据以及往来单位的交易记录，同时审计人员也可以扩大审计范围，在期中或者其他时间对被审计单位进行审计，从而也增加了审计的及时性。大数据时代的审计，不仅节省了时间，也提高了审计的效率与审计质量。

2. 审计抽样方式的改变

在传统的审计模式下，审计抽样在条件和技术方面受很大限制，不可能收集和分析全部数据，其历史尚不足100年。审计抽样本身也存在许多固有的缺陷，它的效果决定于随机性抽样。但是，实现抽样的绝对随机性非常困难，一旦抽样过程中存在任何偏见，分析结果就会相距甚远。

大数据时代，数据具有全面性的特点，审计人员在审计时可以对数据进行跨行业、跨公司的收集，从而实现审计模式从抽样模式向总体模式的转变。在大数据环境下，总体审计模式是对审计对象相关的所有数据进行分析，从而降低了抽样审计的风险。

3. 函证的改变

在传统审计下，函证是审计人员获取审计证据的重要途径。虽然第三方独立于审计单位，获取证据相对客观，较为有利，但仍存在着一定的问题。收到函证的时间可能过长，而且审计人员是否可以收到回函具有不确定性，同时收到的回函的可靠性也值得怀疑。

在大数据时代下，与被审计单位相关的往来单位以及银行交易记录均有记载，审计人员可以通过特定的权限进行审核。由于数据都储存在云端里，审计人员工作只需要网络环境以及计算机即可，极大地提高了审计工作的效率。

（二）大数据时代对审计工作的要求

要为企业经营决策提供准确、全方位的数据支撑，仅仅依靠会计数据是远远不够的。无论是财务会计还是管理会计，其所提供的预测职能并不能完全满足于经营决策需求，还需要从内外部的监管角度，提供数据支撑。这就需要发挥大数据时代的审计职能。

1. 对审计人员的要求

首先，对审计人员能力的要求更高。在大数据时代，审计人员面临的数据将会越来越复杂，这就要求审计人员应该具有更高的数据处理能力与数据分析能力，因此，审计人员应该熟练掌握并运用数据处理与分析的基本原理和方法。

其次，对审计人员的职业道德要求更高。在大数据时代，审计人员通过权限获得的信息可能具有很高的价值，一旦泄露后果也很严重。审计人员难免可能会因私人利益而违背原则，因此对审计人员职业道德的要求就更高。

2. 对审计理论与法规的要求

大数据时代对审计理论的要求越来越高。审计理论是审计工作实施的前提，只有正确的理论才能有效地指导审计工作的实施。在大数据时代，一切都在革新，传统的审计理论已经不能够指导审计工作有效地实施。

大数据时代同时也给审计法规提出了新要求。大数据时代涉及的企业、数据都越来越多，如何确保企业信息不泄露以及如何确保数据的安全，是当下审计面临的一个迫切需要解决的问题。然而针对此方面，还没有特定审计法规进行约束。

（三）大数据时代对审计工作的具体影响

大数据是对所有数据撷取、管理、处理并帮助企业能够作为决策所使用的资讯的集合。面对大数据时代的来临，内部审计工作不仅从审计方法、审计手段，而且从审计成果的应用等方面，都将面临一次前所未有的变革与挑战。这就需要内部审计人员与时俱进地调整审计思维方式，不仅要能驾驭审计资料，更要能分析数据、透视数据、管理数据。在海量的数据库中，撷取自己所需数据，缩小可用数据密度，提高可用数据价值，辨识出对审计决策有帮助的数据，大数据对审计的影响主要表现在以下几个方面。

1. 审计方法

审计方法(Audit method)是指审计人员通过行使审计权利、发挥审计职能、完成审计任务、达到审计目标所采取的方式、手段和技术的总称。审计方法贯穿整个审计工作过程，而不是存于某一审计阶段或某几个环节。审计工作从制订审计计划开始，直至出具审计意见书、依法作出审计决定和最终建立审计档案，都有运用审计方法的问题。

诚然，审计方法贯穿审计业务始终，无论是审计资料的收集、过滤筛选，还是审计技术方法、手段的应用。而审计方式则是表明了在什么地方审、什么时候审等。

当海量的大数据出现的时候，对审计方法和审计方式是一个冲击。

传统的审计方法如函证、盘点、检查、观察等抽样审计技术，在大数据时代，这些方法已远远不能满足审计的需求。这种有限的数据对于审计问题的判定、审计成果的决策、审计整改措施等方面，已具有局限性。同时，在内部控制上，传统的审计方法已不能完全覆盖各行业，对于某些特定行业如互联网公司、金融小微企业等，只有随着大数据时代的到来，才使针对这些特定公司的审计方法得以实现。同时，也使得抽样技术得以完整化、更智能。

常规的审计工作，是采用随机抽取样本量的方法得以进行，那么可以采用较小的投入来获得审计结论的得出，从而提高审计效率，但由于是随机抽取样本量，也会使得审计结论发生错误，其发生错误的可能性大小就代表着审计风险的大小。而大数据时代的产生，使得内部审计人员越来越清晰地认识到，如果一味仅凭着主观的意识去抽取样本量，那么极有可能带来审计风险，也带来更多的财务报表层面的风险，但却忽略了大量的业务活动，无法发现和揭示出企业内部发生的对财务报表真实性、可靠性有重大影响的舞弊行为，从而难以对经营决策、管理风险提供准确的评判。但是海量、低密度的数据，又很难允许内部审计人员采用详尽的审计抽样方法，逐笔逐项地对审计证据加以评判。因此在面对这样的大数据背景下，审计抽样方法在向以下几个方面发展：

一是审计抽样越来越智能化。审计抽样的系统越来越多地吸收各类知识，包括互联网金融、统计学、供应商或客户背景资料、信用等级等，使得抽样的模型更新速度加快，抽样经验越来越丰富。审计抽样系统越来越智能化地呈现给内部审计人员，为审计人员发现审计问题提供深度支撑，也为审计决策提供客观、可靠的依据。

二是抽样的系统化。通过抽样的系统，对庞大的数据库进行分门别类，提高数据的可实用性和效率性，这是人工抽样方法所不能达到的效果。抽样系统也为审计预测提供了详尽、可靠的依据。

三是审计抽样的系统，可具备预测功能。随着大数据越来越多地被广泛应用到各行各业，审计抽样系统也将会实现：从审计数据入手，通过庞大、精密的计算，对审计数据进行深度挖掘，找出具有某些特征的数据，缩小审计数据的范围，提高审计效率，降低审计成本；利用已设定好的关联交易规则，预测被审计单位经营风险的大小，协助审计人员确定重要性水平及审计重点、要点，提高审计工作的准确性。

随着审计职能的不断变化，已由原来的主要审计财务报表等职能转变为服务职能，随着数据信息化的不断深入和大数据发展的不断应用，企业内部审计人员已能够从杂乱无章、纷繁冗长的数据和资料中，准确挖掘出被审计单位的基本数据特征，预测其发展趋势。

2. 审计方式

传统的审计方式，是采用事后审计。同时，事后审计针对的多为财务报表审计或者经济责任审计。传统的审计方式，多采用阶段性或者周期性审计，如年度财务报表的审计或者离任经济责任审计等。当然，审计所采用的审计方法，也正如上述所言，多采用抽样方法，在有限的审计资料中，人为地进行抽样分类，通常所采取的分析性程序，也多为常规性的，很难真正地起到监督的作用。企业采用的这种事后审计方式，很难为管理层提供及时、有效的审计信息，其滞后的信息往往给决策带来一定的困扰。

另外，由于以往传统审计以财务为主，忽略了经营管理、内部控制风险等方面，其审计监督、评价的方面很有限。而日益增长的数据、越来越快的企业拓展速度，以及审计重要性的逐步体现，也要求审计人员转变审计方式，从阶段性审计变为连续性审计。

连续性审计减少了审计的滞后性问题，降低了审计的风险和错误，对某些特定的或是对内部控制时效性要求较高的企业，如互联网公司、银行、证券、金融小微企业等，提供了较为密集的审计信息，为审计风险预测、经营决策提供了数据支持。

3. 审计成果的应用与审计整改的后续落实

审计成果是指审计人员在审计实践中经过实施审计程序，汇总工作成果而形成的审计结论与建议，是审计机构、审计人员在依法履行职责过程中形成的工作结晶。

众所周知，影响审计成果应用的主要有以下几个方面：一是公司分管领导、被审计单位或部门领导不重视。二是被审计单位或部门不予以配合，蓄意拖延审计时间，拒绝提供审计资料。三是审计质量较差。这就涉及内部审计人员自身的问题。如内审人员专业不够过硬，审计经验较少，审计方法使用不当，审计底稿复核人员经验欠佳等。因此，如何促进审计成果的正确使用，提高审计能力，在大数据背景下就显得尤为重要。

一般而言，审计成果应用在审计问题较为突出、屡查屡犯的问题上。近年来越来越多的上市公司，对审计问题的发现及整改给予了充分的重视，也应用在闭环流程的管理中，从而提高被审计部门或单位的重视程度，也通过整改措施提高了管理水平。

在大数据时代背景下，对审计成果主要有以下几个方面的应用：

一是对以往年度、以往审计报告中所获取的审计资料、审计证据加以整理、汇总、归纳、总结，从而找出公司内部的财务管理、经营管理发展规律、共性问题及发展趋势。通过归纳总结，为管理层提供综合内容较丰富、专业性较强的审计信息，通过审计成果，为管理层作出正确决策提供强大的支撑。另外，也能够促进制度完善、流程清晰、管理透明，使公司管理能力更上一层楼。

二是揭示问题的全面性。在大数据时代，一个问题的多面性，会在庞大的数据库下暴露无遗，也为审计问题的全面性、多面性提供了数据支撑。换言之，海量数据背景下，同一问题的不同角度、不同问题的同一规律，越来越显现无遗。通过对问题的不同层面、不同角度加以归纳总结，提炼出满足不同管理层级人员的使用需求。

三是有利于开展连续性审计，也有利于连续性审计整改后续落实。

四是将审计问题固化到审计系统中，有利于对同类问题提供有效预警，也有利于跟踪该问题的整改情况，便于了解发展方向。同时，从内部控制角度而言，完善了内部控制手段。

五是将审计人员、审计复核人员、被审计单位等联系起来，将审计底稿进行归档，以便于下次进行跟踪审计时，有侧重点地选择了解情况的审计人员，以及有重点地查看被审计单位的问题。

第三节 大数据对会计工作影响的对策

一、会计机构应对大数据时代的策略

（一）建立大数据资产概念，积极响应海量数据需求

在我国，已经有很多行业开始着手建立大数据资产，如电力、财险、航空、电信等行业。通过建立大数据资产，分析用户使用行为及用户使用效果，分门别类地制定特定人群的销售政策，加强交叉销售和追加销售；同时，通过大数据资产，可以有效地预测用户的行为习惯和趋势，为用户提供更加人性化、有针对性的产品和销售政策。通过数据的分析，可以准确地判断出企业在行业中的竞争地位，提炼出适合自身发展的有价值的信息，更有针对性地找准市场定位，了解客户的基础信息、个性化需求，以便更好地预测现有用户的发展趋势和未来用户的销售习惯，帮助企业更高效、准确地决策未来市场。所以说，先认识大数据资产、优先建立大数据资产概念，促使企业主动地管理网络信息资源，是企业应对海量数据的措施之一，也能提高企业的经营效益。

（二）确认大数据资产，可以使会计信息质量得以充分实现

根据市场营销学，我们得知，无论客户在哪个行业中，只要下达了订单，就会产生客户基础信息。其实包括但不限于客户的年龄、所处地域、个人喜好、消费喜好及其他个性化的数据。而这些客户的基础资料一旦提交给企业，企业的信息资料库中便生成一份客户的基础表格，也将会永久保存客户的信息。在传统小数据时代，技术人员和职能部门人员，无法对这些客户信息的内在关联性进行挖掘；但在大数据时代，面对这些繁多冗长的客户资料，通过大数据资产就可以将其进行分析和处理，为企业提供更为广泛的客户群体资料，为将来的市场定位提供优质的数据支撑。

诚然，这些大数据并非孤立存在的，而是存在于企业的会计信息中。这些信息不仅可以如实、精准地反映企业现阶段的财务状况，还可以帮助企业通过分析、挖掘这些客户的行为习惯等，使这些大数据资产得以充分发挥其作用，并为会计信息质量提供保证。

（三）拓展财务报表表外事项及财务报告罗列项目

众所周知，在证监会及国资委需要披露的项目中，已远远不能体现大数据所带来的信息革命。因此，应对大数据时代，需要拓展财务报表表外事项及财务报告披露内容。

一是在大数据时代，由于内涵与外延不断拓展，影响财务报表数据的因素也越来越多，投资者关注度不再仅限于财务报表数据，而是很多其他表外事项。将非结构性数据纳入财务报表表外事项中，不仅可以从微观数据中反映出企业的经营发展状况，更能够从宏观角度审视出企业所处的行业环境、地位、发展趋势等，也能够更为全面地为投资者提供数据支撑。

二是大数据资产，还可以使得一些传统意义上无法定价的资产和负债有了定价，从而被纳入财务报告中，如环境资源和人力资源。此举提高了财务报告的透明度。

（四）提升财务价值，转变财务职能

英国巴斯大学与CIMA合作，曾对5426位高级财务管理专家进行了一次全面的在线调查问卷。这些专家来自不同国家、不同地区，他们的职责也被分为六部分，分别是会计实务、财务报表、内部控制、会计信息、决策支持以及风险管理。

CIMA的这项调查显示，在会计行业中，财务的职能正在从传统的会计核算转变为战略管理指导与支持，即转变为价值增值型。

财务职能由原有的“核算型”转变为“价值增值型”，需要财务人员从以下几方面实现：一是从公司宏观战略方面，对公司财务管理进行重新定位，由原有的“核算型”转变为“价值增值型”，充分利用公司各类资源进行管理知识分析；二是提出财务共享中心概念，加强集团型财务管控模式，减少财务管理层级；三是对财务管理核算流程加以优化配置，同时对客户的资金流程加以改造，将资源充分地优化配置。

财务职能的转变也离不开财务人员的职能转变，当财务人员逐渐从核算型转变为价值提升型，其对业务的了解程度、对业务的主导地位也逐步显现。

（五）保障财务信息安全性

云平台和云计算给数据带来了更大的存储空间，使用信息变得越来越便捷，同时如何防范恶意、非法访问，防范泄露用户数据等行为变得迫在眉睫。

因此应对信息安全，就需要建立用户身份安全认证和访问认证，从而提高信息使用平台的可信度。可针对信息平台进行信息系统审计，确保信息系统的安全性。

（六）加强数据挖掘技术在管理会计中的广泛应用

根据美国兰德公司的统计，每100家企业中，就有85%的企业因为经营决策的失误，造成企业经营困难。因此，越来越多的企业更加重视管理会计在企业中的作用。由于大数据时代对管理会计职能产生了一些影响，因此企业加强数据挖掘技术，使得企业可以从容地面对管理会计职能的变化，也能从容地面对大数据时代海量数据所带来的复杂性、看似无相关性等特点。数据挖掘的技术，在于收集海量数据、整合数据、分析数据、剖析数据背后的隐含含义等方面，都具有特殊的功能和技术优势。因此，无论是从兼收并蓄的特征出发，还是从数据的挖掘技术考虑，将二者有效地结合在一起，才是发展趋势。

大数据时代相较于小数据时代，其优势在于能够更为全面、广泛地对全体样本量进行分析，而非样本级别的分析；能够进行复杂数据类型的分析，而非精确类型的分析；能够进行相关性分析而非因果关系分析。因此，这三大特征也是加强数据挖掘技术的前提条件。

一是行业内竞争对手相关信息分析。诚如管理会计的职能变化所述，大数据时代海量信息带来了行业内竞争对手的背景、竞争策略以及定价策略。企业能否在行业取得领先地位，保持行业内的竞争优势，取决于对竞争对手相关信息的了解程度。

在大数据时代，如何从多渠道获取优质信息，分析这些优质信息并得出准确的答案，是企业的核心任务。利用数据挖掘技术，能够从海量的信息中，从繁多冗长、毫无相关性的数据中，挖掘其内在含义，帮助企业判断竞争对手的优势、识别竞争对手的定价策略和竞争发展趋势，确定其价值链及价值活动，是应对大数据时代管理会计的一大运用。

二是现有及潜在客户的分析。企业最终会将产品面向市场，不同产品有不同的受众群体。即使是相同的受众群体，其客户之间也是千差万别的。因此为了让企业产品更好地生存在市场中，对现有客户和潜在客户的分析，也是应对大数据时代管理会计的主要内容。

企业通过数据挖掘技术，可以更为有效地获得客户的基本资料，也能更为高效地整合这些资料，找出客户的消费特点、行为习惯、购买习惯，以及客户所处的人文地理特征等；将客户的市场进一步细分，预测客户需求；找出影响客户购买的因素，以及挖掘出影响客户满意度的因素，从而能够更好地增强企业服务意识，提高服务水平，在现有客户市场保有的情况下，进一步扩大市场，挖掘潜在客户，从而提高企业的经济效益。

三是针对产品生命周期划分的分析。产品生命周期是以成本归集的对象，按照开发期、导入期、成长期、成熟期、下降期和终结期，对整个产品的周期进行成本归集。但是在激烈的市场竞争中，使得企业的产品很难严格区分这几种周期。

在大数据时代，依据数据挖掘技术，可以严格区分出产品的生命周期。最终提高产品的成本计量的准确性，也为经营决策提供数据依据。

二、大数据时代的管理会计加速发展策略

（一）树立在大数据中应用管理会计的意识

要及时抓住大数据的机遇、有效应对其挑战，首先要提高对大数据时代管理会计作用的认识，有关部门或科研院所可以总结与大数据有关的管理会计实践的先进经验，编辑出版关于大数据的会计刊物、专著、资料等，把大数据相关知识融入管理会计学习，推动和加强管理会计专业教育，使大数据对管理会计的影响与作用为广大的会计从业人员和会计学习者认识与了解。其次，企业的高层管理者应充分认识大数据对管理会计的巨大推动力，主动学习大数据相关知识，进而带动企业中基层管理者与员工自觉将大数据应用于管理会计实务工作。最后，企业应该对员工的大数据知识进行培训，定期举行相关知识的竞赛或交流活动。例如，定期举行案例分析活动，让员工亲身体验将大数据应用于管理会计前后公司各方面的变化，分析大数据的优势以及对公司加强管理、提升绩效的重要作用。

（二）构建基于云计算的会计信息系统

大数据时代的信息存储工具必须具有足够大的容量，要能够容纳TB级别数据，对数据进行迅速分析，也要能够支持低延迟数据访问和决策。随着互联网、传统计算机技术与网络技术融合而产生的云计算为解决此难题提供了帮助，云计算通常通过互联网提供动态、易扩展、虚拟化的资源，具有“资源共享、快速交付、按需服务”等显著特征。在云计算模式下，企业能够实现对PB级别数据的存储，满足ZB级别海量的结构化、半结构化乃至非结构化信息的分析需求，企业的数据也会被保存在互联网的数据中心，而不占用企业自身的存储空间，其所需要的应用程序也在互联网的大规模服务器集群中高速运行。这不仅会大大提高企业存储、分析信息的效率，而且能够实现对数据的深度挖掘，使其价值充分显现。在一定程度上，构建基于云计算的会计信息系统是目前解决大数据存储与分析问题最直接、最有效的方法。

（三）注重掌握大数据知识的管理会计人才的培养

弥补当下掌握大数据知识与技能管理会计人才的缺口，有助于提升企业应

用分析工具、挖掘数据价值的能力，也有助于推动企业经营决策模式的创新性变革，更加科学、高效地作出决策。企业一方面可以加大人才招募力度，通过在社会上公开招聘或定向招聘等，招募能够深入了解企业内部资源禀赋以及发展战略、熟练掌握项目投资决策的各类方法，以及能够通过云计算对会计信息系统进行深度分析的新员工，迅速缓解人才需求压力。另一方面，企业也可以通过对现有员工进行派出培训、交流学习，或邀请有关专家入驻企业对员工进行专项指导等，在企业内部培养或提拔具有此类能力潜质的现有会计人员，快速提升企业的大数据收集与分析技能。

（四）完善会计机密信息保护制度

首先，企业在选择云计算服务商时，应综合考虑其对外服务水平、规模、可信度等因素，选择安全性、稳定性高的服务商，尤其是要事前做好风险调查与管理工作，确定该服务商具有相应的风险应对方案。其次，云计算系统必须具备数据隔离功能，防止数据被非法访问。相应地，要对不同的管理人员设置各自的权限，防止数据被随意篡改、销毁或盗窃。另外，用户在使用客户端软件时应及时对存储的数据加密，云计算系统也必须支持数据加密存储，只有当客户选择资源共享时才能允许其他用户访问。总之，大数据时代企业的数据日益丰富、全面和网络化，为管理会计在企业管理决策过程中进一步提炼有价值信息提供了难得的机遇。然而，大数据给管理会计信息的收集、分析和利用带来的挑战同样不可忽视，企业必须抓住大数据时代管理会计的发展契机，采取有效措施积极应对大数据带来的困难与挑战，以在大数据的时代浪潮中站稳脚跟，迅猛发展。

三、审计机构应对大数据时代的策略

（一）清晰了解并认识到大数据审计分析的艰巨性、复杂性

如何推动大数据在审计领域的应用，是现阶段面临的艰巨且复杂的工作，主要表现在以下几个方面：一是审计分析的综合性要求较强。大数据审计分析，不仅要求具备审计专业知识，而且也要具备计算机科学等领域的知识，只有具备多领域知识，才能将审计分析融会贯通。二是审计分析的实际操作性难度较高。传统的审计分析方法，在面临大数据时代背景，则显得不足以支撑现有的审计项目。因此，打破原有的审计分析，不再墨守成规，进而寻求更优化的审计流程是当务之急。三是保密程度较高。大数据的一个特点，就是保密性较差，在任何公开场合均能查找到相应的资料。因此，在大数据的生成、使用、报送等环节，均应关注其保密性。

（二）从以往的大数据审计项目中汲取经验

首先，应充分认识、了解大数据审计项目的重要性。应根据被审计单位财务状况、内部管理情况、制订的实施方案，明确审计程序及审计人员。其次，注意学习，加强业务培训。在大数据背景下，审计人员的综合能力得以体现，因此如何培养综合能力出众的审计人员迫在眉睫。

（三）培养复合型审计人才

我国当下审计人员具备的知识较为单一，大数据时代需要的是复合型人才，因此需要加强对复合型审计人才的培养，建立健全审计人员培养机制。首先，针对大数据时代审计工作变革之处，对现有审计人员进行回炉培训，从而充分发挥大数据给审计工作带来的便利。其次，在培养新一代审计人员的时候，要把计算机应用作为重点，提高审计人员的数据处理与数据分析能力，从而提高审计的质量与效率。最后，要加强审计人员职业道德的培训，防止审计人员因私人利益而对外泄露重要的信息和数据。

（四）制定应对大数据时代的审计理论与审计法规

首先，应该结合大数据时代的特征，设计有效合理的审计理论，从而使审计工作的实施更加有效与便捷。其次，应该对审计的法规作出相应的调整，对审计责任的模糊以及数据的保密性、安全性进行约束。

第三章 大数据时代对企业财务管理的影响

第一节 大数据时代对企业竞争优势的影响

一、大数据与战略论

战略论大致可以分为以下两种：以哈佛商学院教授迈克尔·波特为代表的"定位论"；以密歇根大学商学院教授普拉哈拉德与伦敦商学院客座教授哈默尔为代表的"核心竞争力理论"。

定位论认为，企业或者以产品种类为基础，或者以用户需求为基础，或者以与用户的接触方式为基础，确立其成本领先、差异化或目标聚集的竞争优势模式，进而制定防御型或进攻型战略。

核心竞争力理论主张企业关注客户长期价值，明确自身独树一帜的优势，并沿着这两个相对稳定的主线去拓展产品和业务。

二者的思维模式均是在准确预测和判断未来的基础上制定战略，在战略框架内抓落实，二者的决策主体都是商业精英而非员工和社会公众，二者的决策依据均是相对静止的、确定的结构化数据。

殊不知，社会化媒体和大数据动摇了战略论的决策基础。一是决策主体正从商业精英转向社会公众。社会化媒体的出现扩大了信息传播的范围和效力，社交网络的普及增进了知识的共享和信息的交互，社会公众已经成为企业决策的中坚力量。他们通过意见的表达、信息的传递，迅速形成信息共同体和利益共同体，成为商业经营决策的依据，也成为其决策的外部压力。二是决策的依据正从结构化数据转向非结构化、半结构化和结构化混合的大数据。在互联网经济时代，原材料、生产设备、顾客和市场等因素的定义越来越不固定，科技正走向跨领域融合，产业界限正在模糊，充斥其中的则是大量的非结构化数据。

大数据将成为竞争的关键性基础，并成为下一轮产品生产率提高、创新和为消费者创造价值的支柱，这把数据的重要性提升到了竞争性要素的高度。

信息时代的竞争，不是劳动生产率的竞争，而是知识生产率的竞争。企业数据本身就蕴藏着价值，企业的人员情况、客户记录对于企业的运转至关重要，但企业的其他数据也拥有转化为价值的力量。一段记录人们如何在商店浏览购物的视频、人们购买服务前后的所作所为、如何通过社交网络联系客户、是什么吸引合作伙伴加盟、客户如何付款等，所有这些场景都提供了很多信息，将它们抽丝剥茧，通过特殊的方法观察，将其与其他数据集进行对照，或者以与众不同的方式分析解剖，就能让企业的业务拓展发生翻天覆地的转变。因此，数据是所有管理决策的基础，带来的是对客户的深入了解和竞争优势。

二、竞争战略是否过时

（一）竞争战略的概念

企业的战略管理主要是通过对企业及社会市场的变化进行管理来实现的。企业的战略管理者往往也是不断寻找和发现变化的人，他不仅需要寻找变化，还需要能够快速适应这种变化，并且不断地告诫企业中的所有人这样一个理念：变化是必然的，不可避免并且时刻存在。20世纪初，西方的战略管理研究领域就已经开始了对企业战略变化问题以及由其引起的企业组织变化问题展开了细致深入的研究，并且始终是战略管理领域中的研究热点，而在大数据时代背景下，社会的需求、经济市场的变化可谓瞬息万变，竞争日益激烈，在这样的发展现状面前，加强对企业战略管理变化的研究就显得十分重要和必要。

以竞争为本的战略思维的产生，源于20世纪80年代以迈克尔·波特教授为代表的学者提出的竞争战略理论。迈克尔·波特基于影响企业的五种作用力的假设，即新进入者的威胁、供应商的议价能力、替代品或服务的威胁、客户的议价实力，以及产业内既有厂商的竞争，提出了三种竞争优势模型，包括成本领先、差异化和目标聚集。在该理论的指导下，竞争成为企业战略思维的出发点。竞争战略理论认为，行业的盈利潜力决定了企业的盈利水平，而决定行业盈利潜力的是行业的竞争强度和行业背后的结构性因素。因此，产业结构分析是建立竞争战略的基础，理解产业结构永远是战略分析的起点。企业在制定战略时，重点分析的是产业特点和结构，特别是通过深入分析潜在进入者、替代品威胁、产业内部竞争强度、供应商讨价还价能力、顾客购买能力五种竞争力量，来识别、评价和选择适合的竞争战略，如低成本、差异化和集中化竞争战略。在这种战略理论的指引下，企业决策者认为，企业成功的关键在于选择发展前景良好的行业的战略思维。

（二）大数据时代的商业生态

传统的企业战略管理模式是一个解决问题的正向思维模式，先发现问题再通过分析，找到因果关系来解决。但是，大数据环境下企业战略模式则不同，其是按收集数据、量化分析、找出相互关系、提出优化方案的顺序进行。它是一个使企业从优秀到质的飞跃的积极思维模式，是战略层次的提高。

大数据环境下基于互联网的连接、海量数据的存储和云计算平台的融合，使得商业生态系统在数据获取、传递、处理、共享和应用方面，更加频繁与便利，更有助于知识溢出和协同创新。对企业战略决策而言，不仅要适应系统内环境，参与系统内开放性竞争，而且还能进一步影响和改变环境。大数据环境中商业生态系统的企业实体网络与虚拟网络相融合，随着数据与交易网络效应的放大，促进数据量能和用户数量的迭代增加，实现资源共享和优势互补，进一步强化商业生态系统的盈利模式和可持续发展。

1. 市场洞察的实时与精准

大数据的实时处理与反映已经覆盖商业生态系统各个链条的各个节点，在既竞争又协同的非线性相互作用下，对于某一方所产生的任何需求及供给都能及时地作出反应，实时并精准地洞察市场的需求和用户的变化，指导企业提升产品与服务创新速度，缩短产品生命周期，基于个性化和差异化数据实现目标市场的细分，与行业耦合。

2. 企业运作的竞合与协同

商业生态系统内企业边界、行业边界越发模糊并几乎融合，开放性也更加明显。在大数据背景下，以互联网和电子商务为平台的企业合作伙伴选择范围更广，商业生态系统的成员结构具有动态性，其合作关系表现为非线性的网络化企业运作，一方面体现在传统的大规模企业群体以原有的供应链为基础，向网络生态价值链转变，企业间分工协作、互利共生；另一方面体现在基于协同商务模式构建企业间的密切合作关系，使地域上异地分布、结构上平等独立的多个企业共同组成动态的“虚拟企业”或“企业联盟”。大数据环境下深入剖析商业生态系统新型企业间协同组织形式和运作机制，从而实现商业生态系统资源的优化、动态组合与共享。

3. 社会公众的互动与反馈

大数据背景下，商业生态系统各成员之间竞合关系的非线性作用更加具有不确定性，其网络结构也更具脆弱性，以用户参与为核心要素的创新模式对商业生态系统涨落的冲击力更大。大数据环境中海量数据主要来源于由互联网用户自主创造的信息和数据，新的产品或服务从最初的创意设计、生产制造、质量保证、营销策划、销售等价值创造环节都会注重公众的参与、互动和反馈，从而促进产品与服务的持续改进与迭代创新，实现企业与社会化群体的和谐一致与共同发展，全面摒弃传统的“闭门造车”管理模式，进而推动商业生态系统的持续优化和协同发展。

三、大数据时代对企业核心竞争力的挑战

（一）核心竞争力的要素

大数据时代，企业大数据和云计算战略将成为第四种企业竞争战略，并且企业大数据和云计算战略将对传统的企业三大竞争战略产生重要影响。企业管理者要对大数据和云计算高度重视，把其提升到企业基本竞争战略层面，企业大数据和云计算战略可以作为企业基本战略进行设计。因此，数据竞争已经成为企业提升核心竞争力的利器。来自各个方面零碎的庞大数据融合在一起，可以构建出企业竞争的全景图，洞察到竞争环境和竞争对手的细微变化，从而快速响应，制定有效竞争策略。

企业传统的竞争力包括人才竞争力、决策竞争力、组织竞争力、员工竞争力、文化竞争力和品牌竞争力等。在大数据时代，数据正在逐步取代人才成为企业的核心竞争力，数据和信息作为资本取代人力资源成为企业最重要的具有智能化的载体。这些能够被企业随时获取和充分利用的信息和数据，可以引导企业对其业务流程进行优化和再造，帮助企业作出科学的决策，提高企业管理水平。

根据 IDC 和麦肯锡的大数据研究结果的总结，大数据主要在以下四个方面挖掘出巨大的商业价值：①对顾客群体细分，然后对每个群体量体裁衣地采取独特的行动；②运用大数据模拟实境，发掘新的需求和提高投入的回报率；③提高大数据成果在各相关部门的分享程度，提高整个管理链条和产业链条的投入回报率；④进行商业模式、产品和服务的创新。

由此可见，大数据给企业核心竞争力带来了挑战，对数据的收集、分析和共享带来了影响，为企业提供了一种全新的数据分析方法，数据正成为企业最重要的资本之一，而数据分析能力正成为企业赢得市场的核心竞争力。因此，企业必须把大数据的处理、分析和有效利用作为新常态下打造企业核心竞争力的重要战略。

（二）产业融合与演化

企业运用财务战略加强对企业财务资源的支配、管理，从而实现企业效益最大化的目标。其中，最终的目标是提高财务能力，以获取在使用财务资源、协调财务关系与处理财务危机过程中超出竞争对手的有利条件，主要包括以下条件或能力：①创建财务制度的能力、财务管理创新能力和发展能力、财务危机识别的能力等；②通过财务战略的实施，提高企业的财务能力，并提升企业总体战略的支持能力，提高企业核心的竞争力。

伴随着大数据时代的到来，产业融合与细分协同演化的趋势日益呈现。一方面，传统上认为不相干的行业之间，通过大数据技术有了内在关联，以及对大数据的挖掘和应用，促进了行业间的融合。另一方面，大数据时代，企业与外界之间的交互变得更加密切和频繁，企业竞争变得异常激烈，广泛而清晰地对大数据进行挖掘和细分，找到企业在垂直业务领域的机会，已经成为企业脱颖而出形成竞争优势的重要方式。在大数据时代，产业环境发生深刻变革，改变了企业对外部资源需求的内容和方式，同时也改变了价值创造、价值传递的方式和路径。因此，企业需要对行业结构，即潜在竞争者、供应商、替代品、顾客、行业内部竞争等力量，进行重新审视，进而制定适应大数据时代的竞争战略。

（三）数据资源的重要性

在大数据时代，数据成为一种新的自然资源。对企业来说，加入激烈竞争的大数据之战是迫切的，也是产出丰厚的。但是数据如同原材料，需要经过一系列的产品化和市场化过程，才能转化为普惠大众的产品。企业利用大数据技术的目的是增强企业决策管理的科学性，实质是新形势下人机结合的企业战略决策系统。通过企业内部决策系统的采集、分析、筛选、服务、协调与控制等功能，判断企业及所在行业的发展趋势，跟踪市场及客户的非连续性变化，分析自身及竞争对手的能力和动向，充分利用大数据技术整合企业的决策资源，通过制定、实施科学的决策制度或决策方法，制定出较为科学的企业决策，保证企业各部门的协调运作，形成动态有序的合作机制。

另外，将企业的决策系统与企业外部的环境结合起来，有利于企业制定科学合理的经营决策，从而保持企业在市场上的竞争优势。毫无疑问，大数据的市场前景广阔，对各行各业的贡献也将是巨大的。目前来看，大数据技术能否达到预期的效果，关键在于能否找到适合信息社会需求的应用模式。无论是在竞争还是合作的过程中，如果没有切实的应用，大数据于企业而言依然只是海市蜃楼，只有找到盈利与商业模式，大数据产业才能可持续发展。

（四）企业不同生命周期中的财务战略与核心竞争力的关系

1. 企业竞争力形成的初期采取集中的财务战略

企业在竞争力形成初期，已经具备了初步可以识别的竞争力，在这一时期企业自己的创新能力弱而且价值低，企业可以创造的利润少且经营的风险比较大。同时，在这个阶段对市场扩展的需求紧迫，需要大量的资金支持。在这个时期由于企业的信誉度不够高，对外的集资能力差，所以，在这一阶段企业可以采用集中财务的发展战略，即通过集中企业内部资源提高对市场的占有率，为企业以后核心竞争力的发展提供基础。在资金筹集方面，企业应实行低负债的集资战略，由于企业这个阶段的资金主要来源于企业内部以私人资金为主，因此，在这一时期最好的融资办法是企业内部的融资。在投资方面，企业为了降低经营风险，要采用内涵发展型的投资策略，挖掘出企业内部实力，提高对现有资金的使用效率。这种集中财务的发展战略重视企业内部资源的开发，所以可以在一定程度上减少企业经营的风险。在盈利的分配方面，企业最好不实行盈利的分配政策，把盈利的资金投入市场开发中来，充实企业内部的资本，为企业核心竞争力提升准备好充足的物质基础。

2. 企业在核心竞争力发展阶段采用扩张财务的战略

企业核心竞争力在成熟、发展阶段，由于此时核心竞争力开始趋于稳定并且具有一定的持久性，这个时候的企业除了要投入需要交易的成本，还要特别注意对企业知识与资源的保护投入。在这一时期，企业要利用好自己的核心竞争力并对其进行强化，在财务上要采用扩张财务的战略，实现企业资产扩张；在融资力方面要实行高负债的集资战略；在投资方面采用一体化的投资；在盈利分配方面实行低盈利的分配政策，来提高企业的整体影响力。

3. 企业在核心竞争力稳定阶段采用稳健的财务战略

企业在这一阶段要开始实施对资源的战略转移，采取稳健的财政战略来分散财务的风险，实现企业资产的平稳扩张。在该阶段，企业可以采取适当的负债集资法，因为此时企业有了比较稳定的盈利资金积累，所以在发展时可以很好地运用这些资金，以减轻企业的利息负担。在投资方面，企业要采取多元化的投资策略，在盈利的分配方面可以实施稳定增长的盈利分配法。企业的综合实力开始显著加强，资金的积累也达到了一定的数值，拥有了较强的支付能力，所以企业可以采用稳定增长的股份制分红政策。

四、大数据时代企业竞争优势的演化方向

（一）对企业外部环境的影响

大数据已经渗透到各个行业和业务职能领域，成为重要的生产因素，大数据的演进与生产力的提高有着直接的关系。随着互联网的发展，数据也将迎来爆发式增长，快速获取、处理、分析海量和多样化的交易数据、交互数据与传感数据，从而实现信息最大价值化，对大数据的利用将成为企业提高核心竞争力和抢占市场先机的关键。大数据因其巨大的商业价值正在成为推动信息产业变革的新引擎，大数据将使新产品的研发、设计、生产及工艺测试改良等流程发生革命性变化，从而大幅提升企业研制生产效率。对于传统服务业，大数据已成为金融、电子商务等行业背后的金矿。大数据不仅是传统产业升级的助推器，也是孕育新兴产业的催化剂。数据已成为和矿物、化学元素一样的原始材料，未来大数据将与制造业、文化创意等传统产业深度融合，进而衍生出数据服务、数据化学、数据材料、数据制药、数据探矿等一系列战略性新兴产业。

（二）获取竞争情报的新平台

大数据环境具有典型的开放性特点，企业利用大数据能够最大限度地突破时间和空间的束缚，为企业的发展创建更高的平台。同时，企业经营环境的随机性与变动性不断增强，企业经营模式也应不断随之进行调整，只有作到与外部大环境的发展同步，才能使企业在竞争中站稳脚跟。

大数据的应用为企业的决策提供了客观的数据支持，企业决策不再单单依托管理者的思想和经验，而是更多地依托于完善的数据体系，从而提高了企业的决策准确性，为企业的发展战略指明了道路，增强了企业的竞争力，扩大了企业的可持续发展空间。

在大数据时代，企业的关键信息主要来源于以下两个方面：一方面来源于网络渠道。企业可以利用免费或者付费的方法，获取包含竞争信息、宏观经济、政策机遇、标杆前沿的数据信息。其中竞争信息是指可以利用电商网站得到同行竞争对手的产品、售价与营销方式，利用新闻媒体活动、公开的企业专利栏、企业数据库实时了解竞争对手的状态。客户数据是指可以利用电商网站、内在门户获取消费者在网络或是移动客户端之间反馈的意见与评论。政策的读取是指可以利用国务院所有部委的公告，所有地方政府发布的产业政策信息、地方上的规划准则，所有地方产业园的信息开采机会渠道，利用渠道直接获得更加系统的信息。另一方面来源于自身渠道。企业可以利用内部的信息系统、门户网站或网页、客服系统来分析开采出自身的数据信息。针对自身的核心业务，考虑到数据的安全性，应该运转在企业自己的平台上，给集团与各级公司一致带来运转环境，尽可能不让各层下级机构在基础设施上进行投入。

（三）实践中的创新尝试

大数据，可以说是史上第一次将各行各业的用户、方案提供商、服务商、运营商，以及整个生态链上游的厂商融入一个大的环境中，无论是企业级市场还是消费级市场，抑或政府公共服务，都开始使用大数据这一工具。以企业供应链为例，通过大数据运营可以实现供应商平台、仓储库存、配送和物流、交易系统、数据分析系统等供应链的全环节整合与优化，实现数据统一管理、全面共享，最终达到供应链管理创新。

零售企业基于大数据的智慧商务平台，可以根据顾客购物行为模型进行订单化采购与销售，合理进行线上线下配送、交易，实现库存管理动态分析预警，同时能保证库存、价格信息的动态实时更新。零售企业百思买的经验值得借鉴，其通过建立集成多个订单管理模块的单一平台，能够对客户引流、选择、购买、支付、提货和服务等零售购买的各环节在线上线下任意组合，通过后台系统各环节数据的打通与共享也极大节约了成本，并提高了库存的准确性和服务水平，最终提升了客户全渠道购买体验。

第二节 大数据时代对企业财务决策的影响

一、大数据时代数据质量的保证

（一）管理环境的挑战

大数据时代，每个个体都是数据的生产者，企业的任何一项业务活动都可以用数据来表述，如何保证大数据的质量，如何建模、提取并利用隐藏在大数据中的信息，从数据收集、数据存储到数据使用，企业必须制定详细、缜密的数据质量管理制度，在数据库设计时要考虑大数据在各个方面可能发生的种种意外情形，利用专门的数据提取和分析工具，任命专业的数据管理人才加强对大数据的管理，增强员工的数据质量意识，以保证大数据的数据质量，从而挖掘出更多准确、有效、有价值的信息。

在云计算的基础上，大数据环境对企业的信息收集方式、决策方案制订，以及方案选择与评估等内容具有一定的影响，从而进一步影响企业管理决策内容。基于研究内容以及研究现状表明，我国当前企业在发展过程中，运用数据驱动的企业，其内部内容以及财务状况良好，凸显出财务状况的具体实效。大数据当中的数据内容具备先进性特点，对知识经济各项生产要素的发展具有重要作用。大数据的运用已经成为企业实现现代化发展的重要因素，大数据为企业管理决策方面的内容提供了新环境。

（二）流程视角的挑战

从流程的角度即从数据生命周期角度来看，可以将数据生产过程分为数据收集、数据存储和数据使用三个阶段，这对保证大数据质量分别提出了不同的挑战。

首先，在数据收集方面，大数据的多样性决定了数据来源的复杂性。大数据的数据来源众多，数据结构随着数据来源的不同而各异，企业要想保证从多个数据源获取的结构复杂的大数据的质量，并有效地对数据进行整合，是一项异常艰巨的任务。来自大量不同数据源的数据之间存在着冲突、不一致或相互矛盾的现象，在数据量较小的情形下，通过编写简单的匹配程序，甚至是人工查找，即可实现多数据源中不一致数据的检测和定位，然而这种方法在大数据情形下却显得力不从心。另外，由于大数据的变化速度较快，有些数据的“有效期”非常短，如果企业没有实时地收集所需的数据，有可能收集到的就是“过期的”“无效的”数据，在一定程度上会影响大数据的质量。数据收集阶段是整个数据生命周期的开始，这个阶段的数据质量对后续阶段的数据质量起着直接的、决定性的作用。因此，企业应该重视源头上的大数据质量问题，为大数据的分析和应用提供高质量的数据基础。

其次，在数据存储阶段，由于大数据的多样性，单一的数据结构（如关系型数据库中的二维表结构）已经远远不能满足大数据存储的需要，企业应该使用专门的数据库技术和专用的数据存储设备进行大数据的存储，保证数据存储的有效性。据调查，目前国内大部分企业的业务运营数据仍以结构化数据为主，主要采用传统的数据存储架构，如采用关系型数据库进行数据的存储，对于非结构化数据，则是先将其转化为结构化数据后再进行存储、处理及分析。这种数据存储处理方式，不仅无法应对大数据数量庞大、数据结构复杂、变化速度快等特点，而且一旦转化方式不当，将会直接影响数据的完整性、有效性与准确性等。数据存储是实现高水平数据质量的基本保障，如果数据不能被一致、完整、有效的存储，数据质量将无从谈起。因此，企业要想充分挖掘大数据的核心价值，必须完成传统的结构化数据存储处理方式向同时兼具结构化与非结构化数据存储处理方式的转变，不断完善大数据环境下企业数据库的建设，为保证大数据质量提供基础保障。

最后，在数据使用阶段，数据价值的发挥在于对数据的有效分析和应用，大数据涉及的使用人员众多，很多时候是同步地、不断地对数据进行提取、分析、更新和使用，任何一个环节出现问题，都将严重影响企业系统中的大数据质量和最终决策的准确性。数据及时性也是大数据质量的一个重要方面，如果企业不能快速地进行数据分析，不能从数据中及时提取有用的信息，就会丧失预先占领市场的先机。

（三）技术视角的挑战

技术视角主要是指从数据库技术、数据质量检测识别技术、数据分析技术的角度来研究保证大数据质量的挑战及其重要性。大数据及其相关分析技术的应用能够为企业提供更加准确的预测信息、更好的决策基础以及更精准的干预政策，如果大数据的数据质量不高，所有这些优势都将化为泡影。

在数据规模较小的情况下，关系型数据库就能满足企业数据存储的需要，一般企业信息系统数据库中的记录通常会达到几千条或上万条，规模稍大的企业，其数据记录能达到几十万条，在这种情况下，检测数据库中错误、缺失、无效、延迟的数据非常容易，几分钟甚至几秒钟就能完成对所有记录的扫描和检测。然而在大数据时代，企业的数据量不仅巨大，而且数据结构种类繁多，不仅仅有简单的、结构化的数据，更多的则是复杂的、非结构化的数据，而且数据之间的关系较为复杂，若要识别、检测大数据中错误、缺失、无效、延迟的数据，往往需要数百万甚至数亿条记录或语句，传统的技术和方法常常需要几小时甚至几天的时间才能完成对所有数据的扫描与检测。

从这个角度来讲，大数据环境为数据质量的监测和管理带来了巨大的挑战。在这种情况下，传统的数据库技术、数据挖掘工具和数据清洗技术在处理速度和分析能力上已经无法应对大数据时代所带来的挑战，处理小规模数据质量问题的检测工具已经不能胜任大数据环境下数据质量问题的检测和识别任务，这就要求企业应根据实际业务的需要，在配备高端数据存储设备的同时，开发、设计或引进先进的、智能化的、专业的大数据分析技术和方法，以实现大数据中数据质量问题的检测与识别，以及对大数据的整合、分析、可视化等操作，充分提取、挖掘大数据潜在的应用价值。

（四）管理视角的挑战

管理视角主要探讨企业高层管理者、专业管理和技术分析人员对保证大数据质量的重要性。

首先，大数据的管理需要企业高层管理者的重视和支持。只有得到了企业高层管理者的高度重视，一系列与大数据有关的应用及发展规划才能有望得到推动，保证大数据质量的各项规章制度才能得到顺利的贯彻和落实。缺少高层管理者的支持，企业对大数据管理、分析和应用的重视程度就会有所降低，大数据的质量就无法得到全面、有效的保证，从而会大大弱化大数据价值的发挥，不利于企业竞争能力的提升。因此，企业应该在高层管理者的领导和带领下，增强大数据质量意识，建立完善的数据质量保证制度。

其次，专业数据管理人员的配备是保证大数据质量不可或缺的部分。由于大数据本身的复杂性增加了大数据管理的难度，既懂得数据分析技术，又谙熟企业各项业务的新型复合型管理人员是当下企业应用大数据方案最急需的人才，而首席数据官（Chief Data Officer，CDO）就是这类人才的典型代表。CDO是有效管理企业大数据、保证大数据质量的中坚力量。企业要想充分运用大数据方案，任命CDO来专门负责大数据所有权管理、定义元数据标准、制定并实施大数据管理决策等一系列活动是十分必要的。

CDO的缺失是国内数据管理方式落后的直接体现，而落后的数据管理方式是影响大数据应用、阻碍大数据质量提升的重要因素之一。传统的数据管理方式已经远远不能满足大数据环境下数据质量的要求。以往大部分企业在运营过程中均由业务部门负责掌管数据，IT部门负责信息技术的应用，这种分离式的运营管理方式容易造成业务人员不了解分析不同数据所需的不同IT工具，而IT人员在运用IT技术分析数据时不了解数据本身的内涵，甚至会作出错误的数据解释，影响企业决策的准确性和有效性。

为此，企业应该对组织架构体系及其资源配置进行重组，让数据管理与分析部门处于企业的上游位置，而设立 CDO 便是企业重组的成功标志之一。

大数据环境下，还应配备专业、高端的数据库设计和开发人员、程序员、数学和统计学家，在全面保证大数据质量的同时，充分挖掘大数据潜在的商业价值。此外，在大数据生产过程的任何一个环节，企业都应该配备相应的专业数据管理人员，通过熟悉掌握数据的产生流程进行数据质量的监测和控制，如在数据获取阶段，应指定专门人员负责记录定义和元数据，以便于数据的解释，保证企业全体人员对数据的一致、正确理解，保证大数据源头的质量。

二、大数据对企业管理决策的影响

（一）大数据环境下的数据及知识管理

1. 大数据的数据管理

在大数据环境下，企业管理决策内容的技术含量以及知识含量得到丰富，数据已经成为企业管理决策的重要内容。有效地对数据质量以及数据内容进行管理，对企业发展具有重要作用。一旦企业不重视数据内容的处理与存储，将造成大量数据内容流失，严重影响企业通过数据分析当前市场环境，市场竞争力下降。

传统上，我们认为会计的基本职能是核算与监督。企业中会计人员的主要职能和精力放在了会计单据的审核、记账、报告、归档等基础工作上。这种格局在大数据时代也正在发生着变化，会计由“核算财务”向“价值提升”转化。大数据的数据管理过于烦琐，需要对整体的解决方案内容进行筛选、抽取与集成，保证大数据处理的质量与可靠性，在此基础上对各项信息及内容进行总结，数据的产生与处理需要满足处理的根本性需求，将数据实时分析的内容作为处理核心内容，发现实时数据的具体作用。在这一层面上，实时数据的及时处理则需要予以充分重视，数据之间的关系内容呈现出关联性特点。大数据的出现，使得数据之间的各项内容呈现出关联性特点，转变了传统的因果关系体系。这种方式的转变，使得大数据能够实现信息挖掘，提升信息的可靠性，发现大数据的具体价值。

2. 大数据的知识管理

基于知识管理的角度进行分析，数据当中蕴含着大量知识内容，同时也是影响决策内容的重要因素。在大数据时代，企业想要获取管理决策方面的知识内容，需要大数据对各项数据进行挖掘，从而获得丰富的知识体系。通过上述各项分析内容可知，数据管理与知识管理在一定程度上能够体现企业对大数据的应用状况，保证两方面的协调发展，使得企业在运用大数据的过程中深入挖掘其中内涵，更新企业发展模式，提升企业综合竞争力。

在大数据时代，以知识为核心要素的企业创新速度更快、产品生命周期更短；以互联网和电子商务为平台的合作伙伴选择范围更广，企业生态系统的成员结构呈现出一定的动态性；以知识共享和流程优化的生态系统成员合作关系，表现为非线性的竞合关系；以差异化数据为导向的市场细分与行业耦合更趋偶然性。这些非平衡态因素促进了企业生态系统内外的信息、资源、能量等要素的流动，有助于产生自组织现象，以知识为核心要素的技术创新对企业生态系统涨落的冲击力更大。因此，有价值的数据是企业制定战略决策、技术创新、挖掘顾客需求的指南针，也是改变企业生态系统的有序结构形成企业生态系统耗散结构的触发器，从而促使企业生态系统偏离原有的稳定状态，进入新的稳定状态。

（二）对管理决策参与者的影响

1. 凸显数据分析师的价值

在大数据环境下，数据分析师在企业管理决策的具体参与中呈现出重要的作用。数据分析师能够运用统计分析以及分布式处理等各项执行手段，在大量数据的基础上对整个业务操作方面进行有效的整合，通过易于传达的方式将信息传递给决策者。但由于数据分析师的大量欠缺，需要多年的培养，在这方面存在一定不足。大数据内容改变了长期以来单纯依靠经验，以及自身具备知识水平与决策能力的决策形式，直觉的判断方式也让位于精准的数据分析内容，使得决策者的自身职能手段发生相应变化。基于企业内部的高层管理人员进行分析，由于传统企业生产经营过程中对于数据方面的应用较为欠缺，并且数据缺乏全面性的特点，高层管理者只能凭借自身的经验进行管理决策内容的制定与判断。

大数据的出现，能够基于数据的基础分析之上，从事实角度出发，结合管理者的管理经验，对决策准确性具有促进作用。对于企业的一般管理者与员工，能够为其提供决策所需要的信息内容，以提升决策能力和决策水平，使决策内容更加有利于企业的员工。

互联网信息时代，科技水平的发展正在促进各个领域之间的融合，使得产业界限逐渐模糊，社会化的决策内容正在崛起。因此，多元化的大环境内容更加突出，决策来源呈现出广泛的发展趋势，全员参与的管理决策方式也已经被广泛关注。

2. 创新以大数据为基础的关键业务和活动流程

大数据背景下，企业生态系统的主体、资源、结构、价值、边界网络等要素进行不断的动态演化和重构，创新以大数据为基础的关键业务和活动流程是企业生态系统获取竞争优势的动力源泉。创新以大数据为基础的关键业务和活动流程主要包括以下几个方面：①基于大数据的流程优化，提高业务流程的处理效率，如物流企业通过对合作伙伴多维大数据的分析，找出企业物流配送的最优运输模式和路线，提高物流配送效率。②应用大数据作为企业活动的关键资源，创新企业生态系统的价值活动，如玩具制造企业，通过挖掘企业生态系统中合作伙伴的交易数据、客户购买行为数据、产品质量数据等关键资源，改进产品的设计和性能，创造企业新的价值增长点。③以大数据活动取代企业传统的业务和流程，形成企业生态系统新的经营方式和合作模式，如沃尔玛和宝洁公司，通过对商业数据的分析形成联合库存管理，改变了传统的库存管理的业务类型和活动流程。

（三）对管理决策组织的影响

1. 重构决策权

大数据下的全员参与内容，使得企业决策中的参与决策内容发生转变，对决策权的内容进行重新分配，严重影响企业的决策组织和决策文化的内容。对于企业管理决策组织方面进行分析，主要包含两方面：一方面为集中决策与分散决策的选择；另一方面为决策权的分配问题。

基于集中决策与分散决策的内容进行分析，从组织理论层面来看，可预测的环境对于企业的组织过程施加的影响较小，有利于形成集中分层的决策结构，在不可预知的环境中，分散型决策结构对于管理决策具有重要的指导作用。但基于动态变化的环境下，分散决策则更能够发挥出集中决策所不能发挥的作用，为企业管理决策制定提供便利。

除此之外，企业组织结构当中的内容在一定程度上受到知识分布以及知识转移成本方面的影响，一旦企业内部的高层领导者处于集中状态，就需要通过集中决策结果对管理决策内容进行制定。

基于决策权的具体分配进行分析，企业在市场经济竞争中不具备优势的主要原因是没有将具体决策权分配给个人，也未准确评估个人的基本因素，严重影响管理决策内容制定的质量。员工在企业生产经营过程中所掌握的各项技能以及基本的信息量越多，理论上决策权应该越大，知识与权力内容在协调性方面的匹配程度越高，则说明在进行各项管理决策指标方面的内容越好。信息技术与网络技术在现代的发展，应该基于以金字塔形为代表的传统管理组织模式，已经逐渐转向人本思想管理内容和扁平化组织结构。

在大数据发展环境下，企业的内部基层员工也能够掌握相应的主动权内容，使得扁平化的发展趋势更加明显，决策分配顺应相应变化。在企业管理决策制定的过程中，有效地吸纳管理决策中存在的各方面内容，探析大数据环境下组织结构的建设措施。

2. 重塑企业文化

大数据下的企业管理决策文化方面受到一定冲击。需要注意的是，大数据时代并不是运用大数据去得到具体内容，而是通过应用大数据能够知道哪些内容。将大数据应用在企业管理决策方面，能够有效地转变思想观念方面的内容，遇到重大决策时，需要对数据内容进行收集与分析，保证各项内容进行准确、有效的决策，在思想转变的同时提升对数据运用的具体执行能力，并且企业内部的管理人员也需要通过数据促进企业内部管理策略文化的形成，并基于具体数据作出合理分析，优化内部文化的管理决策过程。在企业发展过程中，企业管理人员为应用大数据改善内部管理决策方面的环境，在大数据的基础上对整体企业文化制度以及各方面内容进行创新，提升决策的客观性。

企业从海量大数据中要挖掘出对企业决策有参考价值的数据，需要经历发现、提取、加工、创新等一系列复杂过程，同时需要企业全体成员参与数据的管理和控制，形成以数据为支持的决策导向。这就需要完善企业生态系统的数据处理制度，形成重视数据处理与应用的企业生态系统文化，主要措施包括建立数据收集和处理的制度文化，如数据收集、存储制度，数据传递、共享制度，保障数据安全制度等。建立起企业员工对数据处理和应用的理念，通过员工技能培训、学习、讨论、考核等方式深化企业员工对数据开发和应用的意识，让企业生态系统全体成员普遍接受以数据应用为核心的工作方式。在企业生态系统成员之间建立行之有效的知识激励机制，包括知识明晰机制、知识绩效机制、知识奖惩机制，以形成特有的、规模化的、不断创新的知识资产和核心生产要素，培育重视大数据处理和应用的企业生态系统文化。

三、大数据时代背景下的企业决策管理

（一）大数据时代背景下企业决策管理的困境

1. 环境更加复杂

大数据一方面为企业决策管理提供了更为广阔的空间，在企业决策过程中，提供更多的决策信息来源。另一方面，企业面临的决策环境变化速度越来越快，各种与企业相关的数据信息，特别是偶发事件导致数据的不断产生、传播与储存，从客观上要求企业通过云计算平台尽快实现数据的集中整合，构建高度集成的企业决策管理系统，充分挖掘、采集、分析、储存形成海量的企业数据资产。因此，在大数据环境背景下，错综复杂的环境因素影响到企业决策信息的采集与分析、决策方案的制订与选择，从而影响企业对大数据的统一管理，客观上增加决策者进行决策管理的难度。

2. 与企业决策相关的信息价值甄别难度大

在大数据时代，互联网上的数据呈现爆炸式增长的特征，人类每年产生的

数据量已经从TB级别跃升到PB、EB乃至ZB级别。数据中所蕴含的信息量超越了一般企业管理者数据处理能力的范畴，不仅使处理信息的工作量加大，传统的数据管理和数据分析技术难以有效挖掘这些数据潜在的价值，导致判断该信息的价值困难程度加大，从而导致企业在进行决策管理时，如何判断、取舍和利用信息价值的难度增加。只有构建基于大数据技术新型的、功能强大的企业管理决策系统，才能为企业更好地采集、甄别、分类、筛选有价值的数据，从而有利于企业决策的制定更加科学化。

3. 企业决策的程序滞后于市场变化

传统企业决策程序，一般都要通过长时间的收集资料、调查研究、分析论证、方案选择与评估，由于决策程序的复杂很可能导致决策的滞后性，最终企业会错失发展的良机。在大数据时代，企业需要制定科学的决策，决策程序要高度简化，市场的激烈竞争要求企业能先他人而动，迅速作出决策，抢占市场制高点，在市场中占有一席之地，即企业未来的竞争主要就是基于大数据的竞争。通过应用大数据中的数据挖掘与分类整合功能，找出对企业决策有价值的数据参考，并迅速进行判断。

4. 企业决策的主体更加多元化

进入信息化工业时代，由于企业决策要求的技术化和知识化不断加强，以及数据的不断增多，不少专家、学者，甚至是技术人员也加入这个决策群中。随着企业决策主体的增加，决策智库成员的多样化与知识的多元化，在一定程度上，可以使企业决策中集体主观判断的失误率下降。为提高决策管理的科学化程度，企业级决策管理系统应尽快构建，以更广泛地应用大数据中的数据采集、分析、筛选技术，形成科学的决策数据指标，更好地为管理决策服务。

5. 传统的企业决策方法有待创新

在大数据时代，企业决策的制定必须以决策数据为依据，大数据研究不同于传统的逻辑推理研究，其要对数量巨大的数据做统计性的搜索、比较、聚类、分类等分析归纳，关注数据的相关性(或称为关联性)，通过构建大数据支持的企业决策管理系统，在数量众多的数据中找出某种规律性与隐藏的相互关系网，一般用支持度、可信度、兴趣度等参数反映相关性。只要从数据挖掘中发现某种方法与增加企业利润有较强的相关性，就可能为企业决策管理提供战略支持。数据的相关性及其对于企业决策的重要性，就从客观上要求企业管理者应顺应形势及时改进决策管理的方法。

(二)基于大数据支持的企业决策管理系统的构建

1. 基于生态系统及其协同共生的决策创新

大数据为现代企业的运营管理模式带来了深刻变革，使得企业可以整合产业生态链资源，进行产业模式创新；可以重塑企业与员工、供应商、客户、合作伙伴之间的关系进行企业管理创新；可以整合资源，创新协同价值链，提供新的产品与服务，打造新的商业模式。事实上，基于企业大数据的新型企业管理理念和决策模式正在商务管理实践中涌现。现代企业将逐渐摒弃“以产品为中心”，注重微观层面的产品、营销、成本和竞争等要素的传统管理模式，转变为“以服务为中心”，注重宏观层面的资源、能力、协同发展、价值创造和产业链合作等要素所面向的“社会媒体—网民群体—企业群”三位一体、和谐共生的“企业网络生态系统”(enterprise ecosystem)的新型管理模式。因此，结合社会媒体和网民群体产生的丰富的企业大数据，研究企业群体的共生/竞争协同演化，建立可持续发展的企业网络生态系统，对于企业管理与决策具有重要意义，同时应重点关注基于社会化媒体的企业众包与协同发展、基于网络大数据的企业生态系统建模、企业生态网络中的协调运作与分配机制等。

2. 大数据支持的企业决策管理系统

在大数据背景下，海量而复杂的数据对企业决策管理系统原有的技术体系结构提出了挑战，同时也要求具备更强的数据分析处理能力及数据驱动业务的能力。为更好地利用大数据技术并运用到企业决策管理中，需要构建新型的基于大数据支持的企业决策管理系统模型，对企业原有的业务流程进行优化重组，对各类数据等进行整合。构建基于大数据支持的企业决策管理系统，将之分为三个层面，即数据的获取层、数据的处理层及数据的应用层。数据的获取层主要有四个来源，即访问数据、交易数据、网络数据和购买数据。数据的处理层又称为决策协调控制系统，分为五个子系统，分别是决策数据采集子系统、决策数据分析子系统、决策数据筛选子系统、决策数据服务子系统以及协调控制子系统，其功能依次是数据采集、分析、筛选、服务和协调控制。数据的应用层是基于大数据的企业经营策略，具体包括生产策略、营销策略、财务策略、运营策略、客服策略、公关策略。

四、大数据对企业财务决策的影响

(一)对财务决策工具的影响

在市场经济条件下，企业间的竞争日趋激烈，高效的财务决策已经成为企业角逐的重要砝码。正确的财务决策往往建立在有效的事实以及大量相关的数据分析基础之上，这对企业的软件技术提出了更高的要求。但是，现阶段的企业会计电算化只是主要将手工做账变为电脑做账，真正会分析应用财务数据的电算化系统少之又少。当企业的财务决策人需要某些汇总的数据时，甚至还需要会计人员从电算化系统中先导出后再进行人工整合处理，无疑直接影响企业的工作效率。在大数据环境下，与企业决策相关的数据规模越来越大，类型日益增多，结构也趋于复杂。海量的数据意味着增加了有效使用数据的难度，因此，对企业信息智能化的要求越来越高，财务分析和决策系统也要求作出改进。

（二）对财务决策参与者的影响

1. 更加有利于科学化的决策

传统模式下的财务决策人员往往习惯借助自身经验来作出决策，但时代在进步，企业所处的决策环境也越来越复杂，如果财务决策者还是一味依赖自身经验，恐怕无法适应市场发展要求。企业管理层必须借助数据挖掘等技术，用"数据的眼光"发现和提出正确的问题，从问题出发，基于假设分析解决问题，将决策重心拉回到问题本身上来。大数据分析系统能够运用其强大的数据挖掘技术进行信息汲取，再基于分析得出的财务信息对企业的未来业务进行合理预测。这样有效借助大数据将企业的财务数据与非财务数据进行整合，避免了决策者单纯依靠自身经验决策而带来的风险。大数据分析系统还会在决策人员提取信息时提供相关的辅助信息，使决策过程更加智能化，企业财务决策的效率也提高了许多。

2. 促进决策者与相关人员的信息交流

大数据管理系统使企业各部门间的信息交流更便捷和公开化，企业一般管理者和员工也能很方便地获取与决策相关的信息。在此基础上，如果企业管理者能与一线员工并肩作战，集思广益，就会使决策的能力及质量大大提高。大数据下的财务决策除了有利于企业内部的信息交流，也方便了企业与会计师事务所、工商部门和税务部门等利益相关部门之间的信息沟通。随着云计算技术的推广，企业为了更方便地利用云端平台，会将企业的运营数据存放在云端而不只是企业内部的服务器上。这给注册会计师的审计工作提供了便利，企业在运营过程中产生的财务数据和非财务数据，也可以实时接受工商和税务等政府部门的监管，有利于企业健康良好的发展。

3. 提高了财务管理人员的专业要求

随着大数据技术的快速发展和日益成熟，企业在处理日常业务时会经常建立新的分析模型，这就对财务报告的及时性、现金流的能力以及财务信息的数据挖掘能力等提出了更高的要求，相应地，企业财务人员也要丰富和提高自己的知识和能力。财务人员不仅需要熟练掌握财会方面的专业知识，同时，还需要储备统计学、计算机科学等方面的知识，这样才能为提高数据可视化水平提供更加广泛的专业支持，所以大数据时代的财务工作者，应当与时俱进，推动财务管理创新。

（三）对财务决策过程的影响

1. 在决策目标的制定方面

过去企业所有的管理决策都是依据自己的产品需要来运作的，而现在则要以客户的需求为主，采集客户的需求信息后再制订生产计划。比如淘宝店的好评和差评机制，顾客对产品的好恶对企业产生了很重要的影响。大数据系统能够基于这些整合、分析这些数据，对企业的财务现状进行总结，为企业未来的经营目标作出精准定位。

2. 在企业全面预算方面

市场充满了不确定性。因此，企业需要定期基于当前的生产经营情况对未来一定阶段进行计划安排。目前许多企业的全面预算都是基于企业管理人的经验加上静态数据建立而成，缺乏应变性。大数据弥补了抽样调查手段的不足，由于抽样调查所抽取的样本容易受到主客观各种因素的干扰，强化了数据分析结果的真实性。基于大数据的商业分析能够建立在全部样本空间上面，能够准确完成企业业务的相关关系预测，有利于企业全面掌握客户信息以及产品反馈情况，帮助企业动态实施全面预算，应对市场的变化，真正有效地实现企业的个性化运营。

3. 在成本核算方面

成本核算是对企业经营数据进行加工处理的一个过程。企业财务人员会对一定时期的生产经营费用进行核算，并根据生产情况分配费用，而只有从多渠道获取数据才能够实现成本的精准核算。在大数据技术下，企业能够多渠道获取成本数据，并据其分析出符合实际需求的材料用量标准。在系统中实现对工资明细、进销存单据和制造费用等结构化和非结构化数据的共享，不仅能够使成本核算更加细化和精准，也有利于企业进行重点成本分析，最终实现成本的精准核算。

五、通过财务战略优化资源配置

（一）利用大数据优化财务分析

要想更好地提升企业的财务管理能力，企业必须进一步明确财务分析和大数据的关系，统筹兼顾，实现资源的优化配置。众所周知，财务数据是企业最基本的数据之一，其积累量较大，其分析结果直接影响着企业财务管理的最终质量。因此，企业在进行决策分析时，必须坚持客观公正原则，以财务数据为基础，制定明确的分析指标和依据，以保证企业财务管理的平稳推进和运行。在进行财务分析时，财务管理人员应先查找和翻阅当期的管理费用明细，并将其与前一阶段的数据进行对比，找出二者之间的主要差异，从而找出管理费用的变化规律，最终得出变化原因。在进行原因分析时，财务管理人员可以建立一个多维度的核算项目模型，并在模型中做好变化标记。

在整个分析过程中，财务人员往往要花费大量时间用于管理费用的核算与验证，同时查找相关资料。在财务软件中，上述系列动作要切换不同的界面。

而如果利用大数据技术，只要通过鼠标的拖拽，就可以在短短几秒钟内分析出所有管理费用明细发生在每个部门的情况。对于企业的决策者而言，通过对财务信息的加工、收集和深度分析，可以获得有价值的信息，促使决策更加科学、合理。

（二）利用大数据加强财务信息化建设

大数据可能对会计信息结构产生如下两个方面的影响。

1. 会计信息中非结构性数据所占的比例会不断提高

大数据技术能够实现结构性和非结构性会计信息的融合，提供发现海量数据间相关关系的机会，并以定量的方式来描述、分析、评判企业的经营态势。因此，我们越来越有必要收集非结构化数据，并加以解读和理解。

2. 在特定条件下，对会计信息的精准性要求会降低

在大数据时代，会计信息的使用者有时可以接受非百分之百精确的数据或者非系统性错误数据，这可能会对会计信息的质量标准提出新的观察维度：会计人员需要在数据的容量与精确性之间权衡得失，是强调绝对的精准性，还是强调相关性。

在财务信息化的建设上，可以从以下两方面入手。第一，在企业内部逐步建立完善的财务管理信息化制度。制度保障是企业信息化的第一步，因为信息化并不是一蹴而就的，只有从制度层面作出规定，才能保障信息化切实有效的推进。构建网络化平台，实现企业的实际情况和网络资源的有机结合，达到解决企业信息失真和不集成的目的。构建动态财务查询系统，实现财务数据在不同部门之间的迅速传递、处理、更新和反馈。第二，加强监管力度。发挥互联网的优势，利用信息化的手段实时监控各部门的资金使用情况，将资金的运行风险降到最低，使资金的使用效率最大化，同时要注意保障财务数据安全。

（三）构建科学的财务决策体系

为建立科学的大数据财务管理决策体系，可以从以下两方面入手。第一，要强化企业决策层对大数据的认识。因为在传统决策中依靠经验获得成功的案例比比皆是，再加上大数据需要投入大量的人力、物力，短期内很难给企业带来明显的效益提升，所以很多决策者认为企业财务决策与大数据关系不大。这种认识是片面的，企业只有正视这种变化，才能够从数据中获得自己想要的信息，认识到自己面临的风险，从而作出合理的决策。第二，要结合企业的实际情况，建立有效的基于大数据的财务决策流程。要改变过去“拍脑袋”做决策的模式，通过积极地收集企业相关数据，建立大数据平台，利用先进的技术从数以千万计甚至亿计的数据中收集、处理、提取信息，挖掘问题背后的相关性，探索企业隐藏的风险和商机，找出问题的解决方案，达到由数据引领决策的目的。

第三节　大数据时代对企业财务信息挖掘的影响

一、数据挖掘技术在企业中的应用

（一）数据挖掘技术在企业投资管理中的应用

数据挖掘技术在企业投资管理中的应用能有效提升投资收益，降低投资风险，因此企业应加大数据挖掘技术在企业中的应用。首先，投资前应该对投资企业各方面的数据信息进行深入的调查，通过数据挖掘技术深入地分析投资企业的财务情况以及未来的发展潜力，精确地估算企业投资的收益率，从多方面综合比较投资对象的情况，从而帮助企业作出正确的投资决策。其次，企业的财务人员可以利用数据挖掘技术对整个市场环境进行分析，从而帮助企业判断在目前的经济大环境下是否应该投资，如果适合投资，投资什么样的行业以及企业才能使企业的风险性最小，收益性最大。

（二）数据挖掘技术在筹资决策中的应用

企业在日常的经营过程中，难免会出现资金紧张的情况，因此需要从外界获得资金，进行筹资。然而，筹资的渠道多种多样，各个筹资方式都有其自身的优势与劣势，企业在如何选择筹资方式时非常头疼，即使经过仔细研究也不能保证其最终确定的筹资方式符合企业发展需求。应用数据挖掘技术，企业就可以根据自身筹资数据、筹资的时间要求等多方面的条件对市场中的筹资方式进行深入的分析和了解，然后选择一种与企业筹资需求最为接近的方式，既能满足企业的筹资需求，又能节省企业的筹资成本，有利于企业长期稳定的发展。

（三）数据挖掘技术在产品销售中的应用

企业都是通过销售产品最终确定企业的经营利润的，如果企业不能顺利地实现销售，那么企业存在的意义将不能实现，很快就会面临倒闭，由此我们可以非常清晰地知道销售对于企业生存的意义。数据挖掘技术能够有效地分析市场的供求关系，帮助企业确定市场上最好销售的产品类型，让企业获得更多销售机会。企业在应用数据挖掘技术帮助企业进行销售的过程中，首先，应该建立趋势分析模型，帮助企业作好销售规划，让企业的产量与销量实现动态平衡。其次，企业应该利用数据挖掘技术分析出哪些产品具有长期的发展潜力，通过对产品市场潜力的挖掘扩大企业的生产，使得企业能够充分地抓住发展机遇，获得更好的发展。

（四）数据挖掘技术在财务风险分析中的应用

企业在日常运行过程中会面临各种各样的风险，数据挖掘技术能够通过数据分析有效控制企业的经营风险，帮助企业获得更加稳定的发展。企业在应用数据挖掘技术进行财务分析的过程中，首先，应该注意对企业各个方面的数据信息进行全面的收集，确保数据分析结果的全面性与准确性。其次，企业应该建立风险预测模型，把相关数据录入风险预测模型中，利用风险预测模式对企业可能面临的风险进行准确的预测，提前防范风险，如果不能很好地防范风险应该立即停止相关活动，一切以保证企业的正常运行为根本出发点。

二、大数据时代提升企业财务信息化的措施

（一）强化对财务信息的重视程度

大数据时代背景下的财务信息在一定程度上打破了当前企业的财务运作模式，财务信息将为订单、采购、生产到库存、销售等整个环节提供信息支撑。及时、准确的财务信息将在很大程度上提升企业应对市场变化的适时性和有效性。

大数据时代下，对于企业决策者来说，应充分认识财务信息工作改变的迫切性，财务信息带来的将是一项影响企业长远发展的战略性改变。只有打破传统财务信息提供模式及数据类型，才能建立适用于自身的财务信息管理系统，并最终有效作用于企业整体战略目标的实现。

（二）设立单独的财务信息管理机构

在大数据时代，设立单独的财务信息管理机构十分必要。企业的核心资源不再局限于货币资金、土地和知识产权等，商业数据也具有同等地位，数量巨大、形式多样的商业数据最终会通过各种形式在财务数据中体现。因此，设立单独的财务信息管理机构并配备具有高度综合素养的财务管理人员来处理商业数据等相关信息数据十分必要。将财务信息管理机构从会计部门中独立出来，配备具有丰富经验的从业人员，可以在体制上使财务信息管理人员从繁杂的会计核算中解放出来。同时，该部门应配备擅长数据分析的专业人员，专门负责数据解读，实现优势互补。

建立科学的管理框架和流程是提高企业财务信息化、收集数据、处理数据能力的关键。为使企业财务信息化得到有效贯彻，企业决策及管理人员要正确理解信息为管理、为经营服务的本质意义，将科学决策信息支持的工作理念引

入经营的各方面。作为企业管理信息化的中心环节，企业财务信息化要和企业基础数据信息化、业务流程信息化、内部控制过程信息化等多个环节交织。财务信息化系统需要实现企业中心数据库与事业部门子系统相互关联，使经营过程中的采购、生产及销售系统中物流信息与财务信息相关联，从而使企业经营决策具有科学性和实效性。为此，建立科学的管理框架，梳理出科学有效的业务流程，就成为确立企业信息化系统如何筛取重要数据的基础。

（三）建立科学合理的财务信息分类制度

大数据技术可以帮助企业建立快速、实时的分析工具，实现产品周期无缝、无差别分析，为企业产品发展提供有效信息支撑。同时，通过大数据技术，财务可以为企业发展的各环节提供不同的且有针对性的财务信息，使财务信息不再是公众化的三大报表及财务比率。

在大数据时代，随着科学技术的不断提升，财务人员可以根据具体的产业链环节建立财务模型，针对具体环节提供对应的财务数据。例如，实时提供给成本中心需要的产品成本单价，成本中心根据单价情况及时调整工艺或原材料，确保价格优势；提供给销售部门不同区域、不同产品、不同利润率及回款率，使销售部门作出及时有效的反应，确保企业获得最大利润。

（四）提高财务信息化人才队伍的能力与素质

日益复杂的财务环境对企业财务管理提出了更高要求，培训是提高员工综合素质的有效手段，企业需结合自身实际情况，聘请经验丰富的专家指导财务管理人员工作，激发其学习积极性，提高其业务能力。财务数据是企业财务管理的基础，大数据时代财务数据更多的是电子数据。因此，财务管理人员应熟练掌握计算机技术，集中处理数据，提取数据中对企业有利的信息，建立企业需要的新的数据分析模型，合理存储和分配财务资源，进而作出最优的财务决策，及时为企业提供有效的财务信息。

三、财务领域中的数据挖掘应用

（一）数据挖掘与大数据时代的关系

数据挖掘主要是指财务人员利用科学有效的方法，从大量的数据信息中提取出一些有用的信息帮助企业进行财务管理的一项新兴技术。通过数据挖掘技术能够有效提升企业财务管理水平，强化企业各方面的资金运行管理能力，帮助企业获得更加长远稳定的发展。数据挖掘技术在应用过程中需要应用数据库以及人工智能等多方面的知识，因此，企业财务人员想要把数据挖掘技术应用于财务领域必须加强对各方面综合知识的学习与掌握，只有这样，数据挖掘技术才能充分发挥其自身作用，企业的财务管理水平才能获得实质性的突破与进步。大数据为数据挖掘提供了充分展示的舞台，同时数据挖掘也使得大数据有了更为重要的价值。主要表现在以下几个方面：

第一，数据挖掘能够有效地降低管理的成本。大数据有效地推动着知识竞争的深度和广度，构成了知识竞争的重要基础。对企业而言，可以通过数据分析优化各个运营环节，辅助决策；还可以通过对海量、精确的客户数据进行分析，或者借助第三方数据分析平台，了解客户的消费行为，预测销售，进行精准营销。

第二，数据挖掘能够实现过去无法或者难以实现的功能。对于一些特殊行业，如通信行业，通过定位对个人位置信息进行分析挖掘，能够与其他一些公司合作，实现针对性服务，创造新的利润增长点。

第三，数据挖掘创新了管理模式。大数据将会改变组织传统的管理模式和运营模式，成为组织的神经系统中心，有效降低管理成本，提高快速反应能力。通过对大数据的分析与挖掘，能够实现管理流程的优化，将粗放式、经验式的管理变为精细化、数据驱动的管理。

（二）数据挖掘技术应用于财务领域的重大意义

1. 提高了企业财务信息的利用率

企业的财务管理水平之所以不高，主要是由对企业相关信息的利用率低造成的，很多企业为了提高财务管理水平而盲目地学习西方先进的财务管理理论，却忽视对企业自身实际情况的结合，因此，一些企业即使使用了国际上非常领先的财务管理理念，其财务管理水平依然是停滞不前。企业使用数据挖掘技术以后能够通过数据挖掘技术对现阶段企业各方面的实际情况进行清晰的了解，企业财务人员根据企业的实际情况制订符合企业的财务计划，实行切实可行的财务管理，能够有效提升企业的财务管理水平，增加企业信息的利用率，让企业信息被充分地利用起来，发挥其自身的作用。

2. 减少了财务人员的工作量，提升了财务人员的工作效率

数据挖掘技术的应用需要使用人工智能技术。人工智能能够为企业财务管理提供更加方便快捷的财务运行流程，减少了财务人员的财务工作量，提升财务人员的工作效率。数据挖掘技术在应用的过程中还需要应用数据库技术，因此，财务人员在应用数据挖掘技术的过程中能够有效地提升数据分析的工作效率，提高财务数据分析的准确性。由此可见，数据挖掘技术是一项综合性非常强的技术，它集多种先进技术于一身，对于提升我国企业财务管理水平作出了非常重大的贡献，为企业长期稳定的发展奠定了坚实的基础。

3. 极大地满足了财务信息智能化需求

财务计划一般都是按照企业以前的财务数据进行分析后制订的，在财务计划具体的实行过程中，还会受到实际情况的左右，企业还需要针对实际情况调整财务计划。传统的财务分析都是通过设置机械化的程序来帮助企业进行财务

管理。随着我国市场经济的发展，机械的程序化作业已经不能满足企业对于财务管理的要求。数据挖掘技术能够实现对财务的动态管理，通过人工智能对企业实际中出现的问题进行动态管理。企业管理者能够随时查询自己需要的财务信息，与此同时，数据挖掘技术还能利用数据信息获得更多更有价值的信息，提高企业信息的利用效率，满足企业财务管理的需求。

4. 有效降低企业的经营成本

数据挖掘技术是目前较新型的技术，它极大地满足了现阶段企业财务管理的需求，有效降低了企业的经营成本。首先，数据挖掘技术是利用计算机技术来完成的，它省去了大量的人工分析整理工作，提高了财务工作人员的工作效率，降低了企业的人工成本。其次，数据挖掘技术的准确性非常高，使得财务人员不用浪费大量的时间去寻找财务管理中的错误，降低了财务数据的错误率，增加了企业管理者决策的准确性，最大限度地降低了企业因为决策失误造成的损失。最后，财务模型的建立使得企业减少了财务管理的工作量，使企业财务活动更加规范化，间接提高了财务人员的工作效率，降低了企业的经营成本。

（三）大数据时代财务信息管理应用数据挖掘技术

1. 财务信息管理技术方法创新的需求

20世纪70年代以来，尤其是最近十年，企业的外部环境发生了许多新的变化，如何在变幻莫测的环境中求得生存和发展，成为企业面临的重大问题，战略管理理论由此产生并发展起来。而后，以注重环境适应性为特征的战略管理会计也应运而生，对原有的管理会计技术方法提出了挑战，因此产生了财务信息管理技术方法创新的需求。

财务信息管理原有的技术方法由于其数学假设过强，解决问题的思路过于结构化，大部分方法面向的主要是确定性的管理问题，因此，在新的商业环境中显得力不从心。面对新的竞争环境和经济形态及企业经营管理的新思维，财务信息管理的原有技术有些难以胜任，技术方法创新的需求日益迫切。

2. 数据挖掘技术能够满足财务信息管理技术方法创新的需要

财务信息管理本身就是一门多学科交叉的边缘学科，其在发展过程中不断吸收相关学科的技术方法来丰富和发展本学科的技术。数据挖掘技术在处理海量数据方面、数据的深入加工和隐含知识的发掘方面，具有特殊的功能与技术优势。无论是从财务信息管理兼收并蓄的特征出发，还是从数据挖掘的技术优势考虑，财务信息管理与数据挖掘技术的融合都是自然而然的。

大数据时代的数据挖掘较之前的传统数据分析的优势在于能够对数据进行全量级而非样本级别的分析，能够进行混杂数据类型而非精确类型的数据分析，能够进行相关关系而非因果关系的分析。这三大方面不仅区别于传统数据分析的特征，同时也是现代财务信息管理所需要的技术特征。

3. 财务信息管理职能的变化

财务信息管理是为企业经营管理服务的。企业的经营管理是指企业的管理人员对企业的生产经营活动过程进行计划、组织、领导、协调和监督的一系列活动的总称。作为向企业管理提供服务的决策支持系统，财务信息管理要针对企业管理的每一个具体步骤采取措施与之相配合。财务信息管理的职能一般可分为三个方面：成本确定和成本计算；决策与规划财务；控制和评价财务信息管理。

第四节 大数据时代对企业财务管理精准性的影响

一、大数据时代下的企业财务精细化管理要求

（一）增强精细化财务管理理念

目前，市场经济发展迅猛，企业之间的竞争激烈，企业要想获得长远发展就必须提高管理水平，其中财务管理工作占有重要地位。目前，有些企业的管理者不注重改革财务管理方式，没有建立全面的财务管理体系，导致财务管理工作的片面性，影响了企业的经济效益。鉴于此，企业财务管理工作应该增强精细化财务管理理念。精细化财务管理是一种现代化的财务管理机制，更加适应企业的发展，企业建立科学的管理，通过业务流程的各个环节分解，然后向企业内部推行计划的精确化、决策制作的精确化、成本控制的精确化、员工考核的精确化等，从而最大限度地节省资源，降低管理成本，实现最深层次的挖掘企业价值。精细化财务管理要求企业深化对财务工作职能的认识，将财务工作由记账核算型向经营管理型进行转变。

（二）改进财务分析方法

财务分析应多用定量的分析方法，以减少因为分析人员的主观偏好而发生财务分析失真情况的出现。在财务分析中可以较多地运用数据模型，既可以推广运用电子计算机处理财务信息，又可以进一步改进财务分析的方法，增强财务分析的准确性和实用性。还可以按照国家财务制度，联系相关法规政策，考虑不可计量因素进行综合论证，并实际修正定量分析的结果。定量分析与定性

分析的结果必须结合起来综合判断，修正误差，使结果更趋于客观实际。对于那些有条件的企业还可以聘请外部人员进行财务分析，以减少分析的主观性。

（三）完善财务精细化管理机制

建立健全企业财务管理监督机制。财务管理监督机制是促进财务管理工作顺利开展的基础保障，主要针对的是企业资金的预算、拨付、核算等工作，要全面做好监督管理，确保财务信息的真实有效性，确保企业资金合理应用，确保整个企业财务管理的有序，建立健全内部控制制度。完善的财务内控制度有利于约束财务管理行为，保障财务管理成效。一方面，财务内控制度需要注重增强财务审计的独立性，通过财务审计确保财务管理的质量。另一方面，还要充分考虑外部市场环境，优化和完善内控制度，提高财务管理水平。建立财务管理考核评价机制，有利于约束财务人员的行为，通过奖惩措施，增强财务工作人员的工作积极性和主动性。

（四）充分利用大数据

在大数据时代，数据管理技术水平不断提高。在财务管理的数据管理中，就可以充分利用大数据，从数据收集、数据存储、数据分析、数据应用等几个方面有效地进行管理。需要注意的是，要保障财务数据的真实性、准确性，这样才能够更好地体现数据的价值。此外，如果数据收集不到位，就会导致财务管理工作捉襟见肘。由此可见，在大数据环境下，企业财务精细化管理的首要工作是财务数据的收集，不断拓展数据收集渠道，综合考虑企业发展的各方面财务信息，满足企业财务管理需求。再者，数据快速增长也给数据管理带来了更大的压力，需要做好数据存储工作。这就要求企业加强内部硬件设施和软件设施的建设，并且根据企业的发展情况，完善财务数据库，系统地进行数据整合和储存，为企业财务分析提供良好的数据基础。另外，为了应对大数据的发展，企业还要加强财务人员能力管理和培训，提高财务管理人员的数据分析能力和数据应用能力，保障对数据进行合理的整合、归纳、分析以及应用。

（五）提高财务人员的整体素质

随着信息技术的普及推广，目前会计电算化不断发展，会计电算化只是分析的手段和工具，财务分析人员是财务分析工作的真正主体，财务人员素质的高低直接影响财务管理的质量。因此，企业应当选拔一批优秀的财务人员负责这项工作，同时在企业内部设立专门的财务分析岗位，培养适应本企业的专业分析人员。在选拔财务分析人员的过程中应注重基本分析能力、数据的合理修正能力以及综合分析能力，切实提高分析人员的综合素质。此外，为了让决策者不作出错误或者过于追求短期效益的结论，要求财务分析人员应不断提高自身的专业技能水平和职业道德素质，加强对财务报表分析人员的培训及职业道德素质建设。

（六）企业财务管理信息化

在企业财务管理中引进先进信息技术，可以确保企业财务管理工作的有效性和准确性。目前，我国企业已经采用和推广信息化管理技术，并取得了一定的成效。与传统的财务工作相比，企业财务管理信息化具有很多优点：一是可以利用信息技术对基础数据进行收集、整理和分析，提高财务数据的准确性，还有利于避免企业管理人员对财务工作的干涉，有利于确保财务管理的公正性、真实性和准确性。二是通过利用信息技术，极大地提高财务工作的效率，节省了人力和物力。

二、大数据时代背景下如何提高企业财务管理的精准性

（一）企业财务管理应加强贯彻会计制度，夯实会计基础

结合企业财务管理的特点和现实需要，在企业财务管理过程中，加强贯彻会计制度，并夯实会计基础，对于企业财务管理而言意义重大。从当前企业财务管理工作来看，鉴于财务管理的专业性，在财务管理工作中，应对财务管理的相关法律法规引起足够的重视，并在实际管理过程中加强贯彻和落实，保证会计管理取得积极效果。

除了要做好上述工作，企业财务管理还要对会计基础引起足够的重视，应在实际工作中强化会计管理的基础性，通过建立健全会计管理机制，优化会计管理流程，使会计管理质量和准确性得到全面提升，有效满足企业财务管理的实际需要，达到提高企业财务管理质量的目的。为此，做好会计制度的贯彻，夯实会计基础，是提高会计管理质量的具体措施。

（二）企业财务管理应强化企业内部协调机制，加强财务管理与业务工作的融合

现代市场竞争环境和财务工作在企业管理中的地位，决定了财务工作必须采取与时俱进的基本态度，财务管理应结合企业组织结构、产品特点、业务流程、管理模式等具体情况，将真正适合企业的管理新方法、新工具应用到实际工作当中，使企业财务管理工作能够在管理理念、管理流程和管理方法上满足实际需要，达到提高企业财务管理水平的目的。

基于这一认识，企业财务管理工作应积极建立内部协调机制，使企业财务管理工作与其他业务工作能够得到全面有效的开展，充分满足企业财务管理的需求，实现对企业财务管理工作的有效监督，确保企业财务管理在手段、内容和管理流程上处于严格的监管之下，保证企业财务管理的准确性，使企业财务管理工作能够在整体水平上满足实际需要。

因此，企业财务管理工作并不是单一的工作内容，要想提高企业财务管理工作的整体质量，就要将财务管理工作与其他业务工作结合在一起，实现企业财务管理工作与其他业务工作的融合，使企业财务管理工作能够成为其他业务工作的促进因素，保证企业财务管理工作取得实效。

（三）企业财务管理应将资金管理作为主要内容，满足企业资金需求

在企业财务管理中，资金管理是主要内容，只有做好资金管理，才能提高企业财务管理的实效性。鉴于此，企业财务管理应从实际出发，制定具体的资金管理策略，提高企业资金管理质量，满足企业资金需求，达到提高资金管理效果的目的。

首先，企业要加强管理，提高自身信誉度，注重内部资金节流，加强存货和应收账款的管理，减少产品在企业内部停留的时间，使企业内部资金管理时效性更强，对企业经营管理的支撑效果更好。因此，资金管理对企业的经营管理具有重要意义。

其次，企业要建立自身的诚信形象，主动与金融机构互通信息，建立良好的银企关系，通过交流体现出企业的主动、诚意、实力所在，这样才会获得在银行融资的成功。这一工作已经成为企业财务管理的重要内容，对企业的经营管理产生了重要影响，是企业提高整体效益的关键。

最后，企业应强化资金使用效率，提高资金管理质量。保证资金管理工作能够得到全面有效的开展，使企业的资金管理工作能够取得实效。

通过分析可知，鉴于财务管理的重要性，提高企业财务管理的精准性和实效性，是提升企业整体效益的重要手段。为此，企业财务管理应从加强贯彻会计制度、夯实会计基础，强化企业内部协调机制、加强财务管理与业务工作的融合，将资金管理作为主要内容、满足企业资金需求等方面入手，确保财务管理工作能够得到全面有效的开展，满足企业经营管理的现实需要。

第五节 大数据时代对企业财务管理人员角色的影响

一、大数据时代对财务管理人员角色的影响分析

大数据时代，随着信息网络和企业一体化管理软件的普及，财务管理人员

从账簿的束缚中解放出来，更多地参与企业的管理和辅助决策工作，这样的角色变化，更加凸显会计的“管理”职能。

（一）大数据时代为财务管理人员“管理”职能的发挥提供了条件

会计主要有核算、反映和监督三大职能，财务管理人员收集数据、陈列信息，并对企业的宏观管理施加影响，都是以信息为基础，分别对应不同的信息处理层次，财务管理人员应当扮演起“管理”方面的角色，但由于各方面的原因，财务管理人员的“管理者”角色一直没有得到承认，其“管理性”被忽略，大数据使得财务管理人员为企业提供多样化的决策信息，并为日常的企业经营活动提供管理，使财务管理人员的“管理者”角色日渐突出。在大数据时代各种管理工具的支持下，财务管理人员将进一步发挥基于信息的管理职能，财务管理人员将从“核算者”转变成“信息人”，并进一步走向“管理者”的角色。

（二）数据生产方式的转变

数据生产方式的转变是财务管理人员角色转变的动因，随着大数据浪潮在全球范围内蔓延，信息的“生产”工作变得非常简单便捷，财务管理人员脱离数据信息，“直接生产者”的角色势在必行。并且，大数据时代的企业会计数据随时都处于动态当中，是动态实时会计数据，“大数据”的真正价值在于通过收集、处理庞大而复杂的数据信息从中获得新的知识。此时的财务管理人员应该从收集和处理会计信息的工作中分离出来，交给专门的信息中心去解决，财务管理人员更重要的工作是对会计信息进行综合和判断，对企业的运营提出预测、给出建议、帮助决策及监测企业战略的实施，扮演好“顾问”“预测者”“风险监测和管理者”等角色，成为专业技能、多面管理的企业运行管理者。

二、大数据时代财务管理人员角色转变的趋势

在大数据时代，各种信息网络技术、企业一体化智能化管理工具的应用，财务管理人员由原来的直接财务信息生产者，变为利用财务信息的管理者。在这种实质性的改变中，尤其是高级财务管理人员群体，将在大数据时代不由自主地利用企业的相关财务信息为企业的管理服务。

（一）企业发展的预测者

在财务管理信息化的过程中，财务部门朝着灵活性和快速响应的目标发展是一个渐进的过程，财务管理人员从静态的报表和财务信息数据管理，转移到为决策者提供动态业务信息的预测性角色，这是财务工作在大数据时代发展的必然趋势。财务部门掌握着企业最全面的原始业务数据，并在企业数据处理工具的辅助下，掌握了获取各方面信息的最有效途径，是企业的“触觉”。对于现代企业而言，大数据为企业提供了面向未来的途径，企业更多关注点从“现在”

转移到“未来”。财务管理人员完全可以利用专业和信息方面的优势，通过系统的优化和技能的提升，对企业运行的方方面面做到实时响应，具备更多经验和管理职能的高级财务管理人员可以利用财务部门掌握的各项数据，对未来的发展趋势和各种可能的风险、市场等作出预测，并对企业的决策和发展提出建议。只有财务管理人员群体在预测性工作方面作出更多的努力，企业才能够作出更为长远的规划，避免短视行为。另外，预测工作的有效实施，是企业建立一整套问题的解决方案、应对未来可能发生的突发或重大事件的重要保障。当然，财务管理人员要成为企业预测者角色，离不开有效全面的数据信息和对多种数据信息工具的应用。

（二）企业顾问和其他部门的合作者

在大数据时代，核算职能在整个财务工作中的重要性减弱，财务管理人员更侧重于反映和监督职能，并强调其“管理”职能。“反映”职能由原来强调财务信息的客观性、透明性，逐渐转变为强调在客观性的基础上，借助信息工具，为企业的管理和决策提供更多符合多样化的需求。财务工作不再过多地强调财务人员现实做账的能力，更深层次地讲，财务管理人员其实正在逐渐成为企业的顾问，随时对企业的经营状况作出评价和总结，并结合其他预测性辅助工具，为企业的经营提供建议。从这个角度来讲，财务管理人员应该充分利用信息工具，扮演好“顾问”的角色。无论财务管理人员作为“顾问”为企业提供哪些方面的经营评价和建议，财务管理人员的定量职能都是不能取代和取消的，所有这些充分发挥财务管理人员能动性反映作用的角色，都需要以客观、全面的数据作为基础。尽管如此，大数据时代财务管理人员扮演好顾问角色，为企业提供更多的评价和建议，将成为财务管理人员走向管理和辅助决策职能的必经之路，也是现代企业发展的必然要求。

（三）企业风险的预警者

在全球化浪潮中，所有企业都难以避免地要融入更加复杂多变的世界市场，也使得企业自身面临许多更加不确定的问题。财务管理人员掌握了财务及各个业务方面的信息，对企业的运行和决策产生极为重要的影响，在全球大数据形势下，理应扮演起风险管理者的角色。世界市场充满风险，企业需要完备的风险管理计划，并促进整个企业内部的信息集成，建立高度整合、标准化的财务管理组织，更容易察觉企业所面临的风险。可以看出，“风险管理”是财务管理人员扮演“预测者”角色的一个延伸，要想成为优秀的“风险管理者”，财务管理人员需要通过采用某些智能化信息工具做到实时监控，如设定风险阈值，通过热图、仪表盘、记分卡反映风险情况，通过预测性分析和建模检测风险情况等。

（四）信息系统的维护者和个性化信息工具的开发者

大数据时代，财务工作最明显的一个变化，莫过于计算机和各种信息工具的广泛应用，财务管理人员以上各项职能的转变都离不开各种自动化、智能化信息工具的支持。长期以来，财务部门所使用的财务管理软件都是由专业的企业管理软件公司开发，并作为商品卖给需要的公司，当然也有企业采取自主开发或者委托开发的方式。在这些方式下，财务管理软件的维护多由这些软件公司或者开发人员来实现，这种维护方式曾经较好地适应了企业的需求，但在企业未来的信息化道路上，信息软件工具的概念呈现一种“淡化”的趋势：一方面，更多的员工更深层次地接受并熟练使用这些信息工具，并伴随这些工具在企业中更为普遍的使用。另一方面，企业对信息工具的需求呈现多样性，并非一套或几套解决方案就能够满足企业的所有需要，于是，财务管理人员在解决问题的过程中，不断地发现针对新问题的局部化信息工具的需求，这种需求处处存在，并需要开发者更具针对性、创新性。这就促使财务管理人员应该成为信息化软件的管理者和维护者，并在一定程度上具备开发实用性、个性化信息工具的能力，原来的较大规模和专业性较强的管理系统可以继续交给专业公司或团队去开发，但应该由经过适当培训的财务管理人员来进行维护；对于应用范围相对较小、针对性很强、开发难度相对较小的软件，财务管理人员应该成为首要的开发者和维护者。这种模式不仅减少了企业的运行成本，也为企业的财务工作提供更为便捷可用的信息工具，在日常应用中减少对专业软件公司或信息部门的依赖，使财务管理人员在工作中能够更加独立地完成其他管理角色。

三、大数据背景下企业财务管理人员角色转变策略

（一）改变财务管理人员观念，提高其综合素质

财务管理人员实现以上角色的顺利转变，自然离不开自身观念的改变和综合素质的提高。首先，观念的转变。大数据时代财务管理人员掌握着企业发展的关键信息，因而需要更加主动地参与到企业的决策中来，财务管理控制已从事后走向事中乃至事前，相应地，财务管理人员的观念也有必要从“被要求”转变为“主动”为决策提供便利。其次，应该全面提高自身素质。具体包括IT技能的提高和事务惯例处理能力两大方面。大数据时代，财务管理人员要想更好地使用信息工具作好预测、辅助决策等工作，扮演好顾问、预测者等角色，必须具备一定的IT技能。同时，也只有财务管理人员做到透彻理解、正确运用，才能正确使用和维护财务管理信息系统，提升系统以及企业信息的安全性，保障企业的利益，大数据时代更多变得复杂的外部环境迫切要求财务管理人员更加敏捷、全面地对企业运行状况作出分析，并使用创新化、安全、高效手段将这个辅助决策过程变成程序化、自动化的过程。

（二）为财务管理人员建立统一的信息平台

财务管理人员应该适应信息生产集中化、自动化的趋势，整合财务管理部门的资源，实现“信息生产”功能的独立。在未来的财务管理工作中，部分财务管理人员将自己的注意力更多地放在解决一些更加前瞻、更加灵活多变的非结构化问题上，如投资分析、年度规划、决策支持、风险管理等，以便在财务管理工作中充分利用和发挥“数据”和“信息技术”的作用，实现“财务管理”和“信息数据”的更好结合，进行数据分析。

信息中心的独立和统一信息平台的建立，对企业的信息管理有重要意义：统一信息平台的建立，可以让有用的信息通过一个覆盖整个企业的信息平台和网络在企业内部自由流动实现管理的高效，同时还可以降低信息的收集和处理成本，在财务管理部门的领导下，信息部门的信息获取和加工更加围绕企业的战略和需要开展。统一信息平台的建立及财务管理信息获取的集中化，不仅可以利用信息资源和信息工具提高企业经营效率，也使整个企业连成一体，信息自由流动，各业务部门全部活动都以提升企业价值为核心，实现“1+1＞2”的效果，达到以大数据促进企业价值提升的作用。

（三）改善组织结构和优化工作流程

财务管理人员角色实现转变的道路上，统一的信息平台、信息数据的自由流动、财务管理人员承担多重复合角色并主动发挥更大作用，其实都需要以企业组织、结构工作流程的改善为前提。组织结构方面，扁平化、柔韧化和灵活性是现代企业组织结构发展的要求，企业需要集灵活性、安全性与创新性于一体的组织形式。为了便于财务管理人员更好地发挥其顾问、预测者、价值链整合管理者等新的角色作用，企业需要在整个企业范围内，建立扁平化的组织结构，并采用多维制和超事业部制的结构，以实现在沟通上更顺畅、管理上更直接、合作上更灵活、运行上更高效。另外，针对一些特殊的情形，还可采用虚拟化的结构，把不同地点乃至不属于本企业的人才资源联系到一起，实现跨越时空的合作联盟。企业需要进一步规范和优化工作流程，并将其制度化，确保企业的各项流程无缝衔接，并确保各流程都在企业信息系统和风险管理系统的可控范围内，这样才能实现信息中心所获得的各项信息的全面性和完整性，便于企业风险控制措施的更好实施。

（四）加强企业内部控制，明确财务管理人员权责

在大数据时代，由于信息的收集、处理工作更加自动化、流程化，非结构化问题在财务管理人员工作中占据更大的比例。在解决这些问题的时候，需要财务管理人员更好地发挥主观能动性，财务管理人员也因此拥有更多的自主权。然而自主权放宽的一个重要问题就是，可能导致财务管理人员不适当地使用权

限而对企业的利益造成损害。因此，加强内部控制，保障系统和信息安全性、杜绝财务管理人员滥用职权的行为，也是财务管理人员角色得以顺利转变的重要方面。针对财务管理人员权限规范问题，企业应至少做到以下几点：一是对每一个职位进行完整的职位说明，将职位说明书交由在岗人员学习，并在日常的工作中，结合工作实际不断地将其补充、完善；二是完善各项工作流程，将所有的步骤都纳入内部控制体系的范围；三是建立完善的内部控制体系，将各项措施以制度的方式规范化、确定化，为各项措施的实施提供切实的依据。在实施方面，着重从内部控制的三个环节入手：①事前防范，要建立内控规章，合理设置部门并明确职责和权限，考虑职务的不兼容和相互分离的制衡要求，还应建立严格的审批手续、授权批准制度，减少权力滥用和交易成本；②事中控制，如财务管理部门应采取账实盘点控制、库存限额控制、实物隔离控制等；③事后监督，如内部审计监督部门应该按照相应监督程序及时发现内部控制的漏洞。

第四章 大数据背景下企业财务基础体系构建

第一节 大数据时代的企业定位分析

大数据时代的来临，给各个领域传统的企业经营管理模式带来严峻挑战，企业管理将发生巨大变革。未来大数据在企业管理中运用将十分广泛，但大数据时代机遇与挑战并存，新兴企业不断兴起，大批企业被淘汰出局。所以，在新一轮的竞争中，企业必须在明晰大数据特点的情况下，变革企业管理思维，并结合大数据在企业管理中的应用，以此找准企业在大数据时代下的角色定位。同时，有利于企业发展的稳定大数据环境，离不开政府的引导与支持，鉴于此，阐述了政府在推动大数据发展中的积极作用。

企业在采集和处理大数据时，将不同的海量数据源进行结构化管理、筛选和转化，运用可视化技术对结果进行分析，使之能够为企业的商业智能获取与应用。同时，应该摒弃“从数据到信息再到决策”的研究思路，而应该走“从数据发现价值直接到决策”的捷径。只要对企业重大经营决策有用的数据分析法，通过大数据技术的变量定义、不确定与价值建模，都可以对企业决策管理进行风险量化分析，进而提高决策管理的科学性。大数据为企业决策管理提供了崭新的环境和前沿的视角，给企业决策研究带来了深刻的影响并促使其不断地创新和变革，为适应企业在大数据时代获取核心竞争力的需求，企业决策管理将走传统决策方法与大数据技术相结合的发展道路。通过大数据技术增强企业在大数据环境下的数据分析与应用能力，提高企业决策管理的效率和能力。

一、大数据有利于挖掘市场潜力

国务院印发的《关于促进大数据发展的行动纲要》意味着促进大数据发展

正式升级为国家行动方略。今天的互联网是沉淀数据的基础设施，数据已成为这个时代前所未有的创新资源。大数据正给中国带来新机遇，使得“大众创业，万众创新”成为可能。数据不仅是黄金矿藏，更是我们未来建设智能社会的土壤。

大数据已在我们身边，但分布不均。在多数行业，大量的数据仍因缺乏可运营的商业模式而“沉睡”。只要充分利用大数据产生的力量，未来可以帮助中国产业实现弯道超车。数据资产逐渐成为企业最有价值的资产，特别是在金融企业中，数据将成为企业精细化运营过程中不可或缺的血液，数据驱动决策将是大势所趋。现在，很多金融机构掌握着大量数据，但不知道怎么用，缺乏对数据的整合、分析。要知道，数据本身并不会产生价值，只有有效利用数据，将大数据应用到业务中去，才能发挥最大价值。以消费金融为例，国家近两年出台了很多扶持消费金融发展的政策，但是消费金融发放的贷款基本上是无担保、无抵押的，坏账的催收难度系数很大，只有在大数据分析信用风险模型的基础上，精准刻画违约客户的特征，把信用风险降到最低，消费金融的盈利模式才会逐步清晰。通过大数据挖掘技术，不仅可以更深层次地了解用户的消费行为，还可以促使互联网消费金融信用评估体系的不断完善。企业通过分析大量数据，可进一步挖掘市场机会和细分市场，对每个群体量体裁衣般地采取独特的行动。获得好的产品概念和创意，关键在于企业到底如何去收集消费者相关的信息，如何获得趋势，挖掘出人们头脑中未来可能会消费的产品概念。用创新的方法解构消费者的生活方式，剖析消费者的生活密码，才能让吻合消费者未来生活方式的产品研发不再成为问题。如果你了解消费者的密码，就可以获知潜藏在其背后的真正需求。大数据分析是发现新客户群体、确定最优供应商、创新产品、了解销售季节性等问题的最好方法。因此，企业营销者的挑战将从“如何找到企业产品需求的人”变为“如何找到这些人在不同时间和空间中的需求”；从过去以单一或分散的方式去形成和这群人的沟通信息与沟通方式，到现在如何和这群人即时沟通、即时响应、即时解决他们的需求，同时在产品和消费者的买卖关系以外，建立更深层次的伙伴间的互信、双赢和可信赖的关系。通过对大数据进行高密度分析，能够明显提升企业数据的准确性和及时性，从而缩短企业产品研发时间，提升企业在商业模式、产品和服务上的创新力，大幅提升企业的商业决策水平。大数据有利于企业发掘和开拓新的市场机会；有利于企业将各种资源合理利用到目标市场；有利于制定精准的经销策略；有利于调整市场的营销策略，大大降低企业经营的风险。

企业利用用户在互联网上的访问行为偏好，为每个用户勾勒出一幅“数字剪影”，为具有相似特征的用户组提供精确服务以满足用户需求，甚至为每个客户量身定制。这一变革将大大缩减企业产品与最终用户的沟通成本。例如，一家航空公司对从未乘过飞机的人很感兴趣（细分标准是顾客的体验）。而从未乘过飞机的人又可以细分为害怕乘飞机的人、对乘飞机无所谓的人以及对乘飞机持肯定态度的人（细分标准是态度）。在持肯定态度的人中，又包括高收入有能力乘飞机的人（细分标准是收入能力）。于是这家航空公司就把力量集中在开拓那些对乘飞机持肯定态度，且还没有乘过飞机的高收入群体。最终通过对这些人进行量身定制及精准营销，取得了很好的效果。

二、大数据对企业市场力量的影响

数据问题在反垄断法中并不是一个新问题，各国既有反垄断案例中有很多涉及数据问题，数据问题在反垄断理论文献中也较为常见。但是，理论与实务界关注大数据反垄断问题还只是最近几年的事情。对于很多在线服务，大数据构成有价值的资产以及一种基本的要素，从竞争政策角度去评估大数据的角色，非常有意义。

近两年国际理论界出现了一批研究论文，而美、德、法等国家的竞争执法部门还发布了相关研究报告。从反垄断法的角度来看，目前最值得关注的问题是，大数据对相关企业（主要是采用数据驱动型商业模式的企业）的市场力量会带来何种影响？特别是在认定特定企业是否拥有市场支配地位时，大数据扮演着何种角色？拥有市场支配地位的企业并没有面临充分有效的竞争约束，这意味着企业的市场决定在很大程度上对竞争对手、客户和最终消费者的行为和反应不敏感。

为分析大数据对企业市场力量的影响，下文从三个方面就大数据的影响展开分析：大数据对企业市场力量的直接影响，大数据对企业的现行或潜在竞争对手的影响，以及企业的客户和最终消费者的反应。

（一）大数据对企业市场力量的直接影响

分析大数据对企业市场力量的影响，首先需要考虑大数据对数据拥有者自身产生何种直接的影响，即需要考虑大数据能否直接帮助企业在相关市场上拥有更强的竞争力，甚至帮助企业拥有控制商品或服务的价格、数量或者其他交易条件的能力。

大数据日渐成为很多互联网企业提供的商品或服务的重要因素（或原料），帮助企业不断改进服务质量、提高收益。

随着市场份额差距的增加，数据收集方面的差距也可能增加，这将导致不同企业向客户提供的服务质量差距的增加。互联网企业的商业模式多立足多边市场，一边向消费者提供免费产品或服务，一边向企业提供发布广告的平台。在数据驱动商业模式下，企业都希望获得大数据优势。

首先，线上平台的数据算法通过不断试错，不断接到反馈，不断优化性能进而吸引更多的消费者，获得规模效益。

其次，如果某一公司同时提供搜索引擎、网页浏览、电子邮箱、地图导航、购物等服务，通过所获得的多种类型的个人数据就可以更好地了解用户的兴趣和偏好，为用户提供更个性化的搜索结果。

最后，为用户提供更相关、更有针对性的广告，搜索引擎也可以获得更多的广告收入。而更多的用户使用某一平台，该平台也会吸引更多的广告商，即产生滚雪球效应。

互联网环境下，我们每一个人的习惯、偏好等都可以通过数据分析而被挖掘和呈现，于是线上平台利用数据交易、线上营销、需求分析、价格优化驱动了企业的发展。

（二）大数据对企业现行或潜在竞争对手的影响

在分析大数据对企业市场力量的影响时，考虑现有及潜在竞争对手对大数据的反应非常关键。如果数据拥有者获取的数据能够轻易地被竞争对手获取，或者竞争对手通过获取相关数据的替代品同样可以与数据拥有者进行有效竞争，则大数据强化相关企业市场力量的作用就比较有限。

1. 数据可获得性

（1）数据的非排他性

各行业的市场进入障碍不同，但对于市场进入障碍低的行业，大数据带来的规模效应会提高市场进入门槛。在大数据催生的新型商业模式下，企业往往采取数据驱动型战略来获得并维持竞争优势。既然收集的数据是通过免费服务来获得的，企业有动机限制竞争对手获得、分享这些数据，比如限制数据的可迁移性以及平台之间的互操作性。尽管一家在位企业不能阻止潜在竞争对手或者新的市场进入者获得类似的客观信息，如用户的年龄、性别、职业以及所处地域等，但与那些领先的搜索引擎、社交网络或电子商务平台提供者进行有效竞争所需的特定数据可能就不会那么容易获得。

（2）获取数据的成本

竞争对手获取数据的成本，对于数据的可获得性有着很大的影响。依据法德报告，一方面为了收集数据，企业可能需要进行相应投资，有时是大额投资。大数据中心的出现和发展表明，为收集和开发大规模数据所需投入的固定成本很高。这一成本负担可能让小企业和新的市场进入者难以充分获得市场上领先企业拥有的相同规模或种类的数据。另一方面，数据经常是在用户使用产品或者服务时收集的，为直接获得该类数据，新的市场进入者可能需要建造能够向大量用户提供相同或类似服务的平台，这也需要大量投资。

（3）数据拥有者对数据的保护

企业会基于法定要求或商业目的，通过采取一些措施对其获取的数据实施保护，这些措施会在一定程度上降低数据的可获得性。在线平台供应商为了确保对数据的独享，可能基于商业秘密保护阻止其他企业获得其保密性用户信息，或者通过其他知识产权措施来保护这些数据。

尽管拥有知识产权并不等于在特定市场中拥有市场支配地位，但特定企业基于知识产权法去保护其数据，可以帮助该企业利用知识产权去排斥特定的数据被竞争对手获得，使其处于不利地位，或阻止新的市场进入。

(4)从第三方获取数据的可行性

大数据拥有者的竞争对手有可能通过第三方数据中间商获得相关数据。法德报告指出，为第三方收集、储存和分析数据的数据中间商近年发展很快。数据中间商可以从不同渠道收集数据，比如通过自己的数据收集技术收集数据，与网页主协调后实施跟踪技术（如 Cookies 技术）收集数据，从公共信息（如社交网络上可获得的信息等）获取数据，从公共机构和第三方公司（网页、银行、线上商店以及其他数据中间商）那里获取数据。由于数据收集带来的固定成本可以被多家企业分担，通过中间商获取数据往往可以节省成本。

此外，数据中间商提供的服务多种多样，还包括数据分析，这也可能降低数据利用的相关费用。不过，法德报告也指出，通过第三方数据中间商获取数据，也存在一些缺陷。比如，通过数据中间商得到的数据规模与种类比较有限。此外，收集数据的企业要与第三方分享有价值的数据，可能面临法律方面的障碍或者合同条款的限制。特别是收集个人数据时，收集者一般向用户保证他们的个人数据不会不经他们的同意就披露给第三方。许多国家的隐私保护规则都严格限制商业目的的个人数据交换。

2. 数据收集的范围与规模要求

在数据驱动型的商业模式中，如果数据收集的范围与规模要求很高，这意味着数据拥有者的竞争对手收集数据的压力也就更大，即竞争对手只有在数据收集的范围与规模达到一定的程度后，才能对数据拥有者基于数据的市场力量形成有效的约束。

3. 数据可替代性

即使竞争对手无法获得相关数据，如果存在大数据的替代性要素供竞争对手选择，则大数据对数据拥有者的市场力量便产生不了多大的促进作用。大数据并非不可替代，企业可以通过创新或更好的价值定位满足潜在消费者未来的需求，分享经济模式的出现也使得大数据并非必要。法德报告指出，要考虑不同类型之间的数据是否具有可替代性，在数据成为原料的情况下，如果某一类型的数据可以被另一类能够经济、便捷地获得的数据替代，那么某种封锁原料（数据）的行为也就无法产生反竞争效果。

（三）企业的客户及最终消费者的反应

对于采用数据驱动型商业模式的企业而言，通过分析客户及最终消费者面对企业基于其拥有的大数据所提供的产品或服务时的反应，也可以间接观察大数据对这类企业市场力量的影响。客户及最终消费者转向其他供应商的难度或转换成本的高低，对于判断数据拥有者的市场力量，以及大数据对企业市场力量的影响力度，具有一定的参考价值。目前，各国出现的数据驱动型商业模式主要发生在互联网行业。网络效应可能被过分地夸大。在分析大数据拥有者的客户及最终消费者的反应时，“多归属”问题值得关注。如果消费者从多个供应商那里获取同一类服务，这种情形被称为多归属。多归属被认为是一种可能削弱企业市场力量的因素。依据法德报告，由于各种转换成本（网络效应、学习成本等）的存在，某种服务的每一位用户都实施多归属，这一完美的多归属情形实际上非常罕见。特别是数据收集可能提升转换成本，因为用户最常使用的供应商往往拥有更多的用户信息，并可以更好地为这些客户提供定制化服务。

在进行个案分析时，有必要考虑双边市场一边的多归属与双边市场另一边的单归属之间的相互作用。该报告还指出，大家一般认为，向最终用户提供免费服务的市场最有可能是多归属的。但是，这一说法并不严谨。转换成本的存在会阻碍消费者均衡地使用不同的服务供应商。当服务免费的时候，消费者会更多地注重质量，因为这种情形下质量是不同服务平台之间进行竞争的唯一维度。

然而，在以网络经济和经验效应为特征的市场上，新的市场进入者可能无法像已在市场运营的在先企业那样提供高质量的服务。

三、大数据时代战略决策的优化

中国正在加速融入经济全球化的进程，国际、国内市场环境日趋变幻莫测，需求不确定性大大增强，产品寿命周期缩短，企业之间的竞争进一步加剧。这种管理环境的变化迫使企业高层管理者要制定正确的战略决策，以应对当前商业环境的日益复杂性。

战略决策是战略管理中极为重要的环节，它决定着企业的经营成败，关系到企业的生存和发展。在动态、不确定的环境下快速制定正确的战略决策，确保企业获取竞争优势，仅凭决策者的学识、经验、直觉、判断力、个人偏好等主观行为进行决策是远远不够的，还要依赖大量来自企业外部的数据资源。

数据是所有管理决策的基础，基于数据的决策分析能实现对客户的深入了解和企业竞争力的提升。正如杜拉克所言，当今世界已经进入全面知识管理时代，信息量的急剧增加，使得企业战略过程日益复杂，不确定性环境下的战略决策成为企业必须关注的问题。在此背景下，传统的战略决策依据的方法和手段，已不能完全适应当前知识经济时代的挑战和要求，而新兴的“大数据”的产生为企业战略决策提供了新的选择。

（一）大数据能提供企业战略决策的丰富数据源

传统的决策因为数据稀缺，依赖于决策者的经验，而大数据可以保证从问题出发而不用担心数据缺失或者数据获取困难。进入21世纪以来，随着互联网技术和通信技术的发展，传感设备、移动终端等接入互联网络中，各种传感数据、物联数据、统计数据、交易数据从各行各业源源不断地快速生成。在网络中传输的各种图片、声音、文字以及这背后用户的习惯和轨迹形成了互联网上的海量数据资源，这为管理者进行决策分析和制定决策方案提供了丰富的数据来源。

在大数据时代，企业的战略需求也发生了重大转变，关注的重点转向数据及基于数据的价值分析。如今，随着云计算、物联网的迅速普及，各企业增强了对于数据资产的保存和利用意识，以及通过物联网、大数据对产业进行变革的意愿，企业通过收集、分析大量内部和外部的数据，获取有价值的信息，通过挖掘这些信息，企业可以预测市场需求，进行智能化决策分析，从而制定更加行之有效的战略。

（二）大数据能提高企业战略决策的质量

企业经营的成败首先取决于战略决策的正确与否，而决策的正确与否则取决于数据和信息的质量。正确的数据与信息能减少决策的很多不确定性因素。企业管理的性质和外在环境都发生了巨大的变化，企业组织机构更加庞大，管理功能更加复杂。企业之间的联系越来越紧密，企业之间的边界更加模糊，企业的人力、财力、物力资源必须在全球范围内重新组合和优化配置。另外，消费者需求个性化、差异化和异质化特征变化明显，影响决策的因素更加复杂和多样化。

决策者需要根据多个影响因素和相互之间的关系进行决策，其难度越来越大，单凭其洞察力、智慧、知识和经验等为基础的传统决策方法已远远不能满足日益复杂的管理决策的需要，这将导致战略定位不准，存在很大风险。因此，现实管理的实践要求决策要走向科学化，要将定性决策与定量决策相结合，而大数据技术的发展为它提供了实现的可能性。

大数据时代，企业界对数据的依赖性有增无减，以数据为基础的定量分析方法逐渐取代以经验、直觉等为基础的定性分析方法。基于大数据的分析需要多种技术的协同，大数据的真正优势是对海量数据智能化的收集、统计和分析。基于大数据的分析报告更加全面、客观和直观，大数据也正在成为一种新的调研方式，以辅助管理者进行企业战略决策。

（三）大数据能提升战略决策者的洞察力

大数据时代，数据逐渐成为企业最重要的资产之一。企业越来越依赖于数据分析作出决策，而不是凭借经验和直觉，企业必须快速从积累的业务数据以及无处不在的网络信息中获得洞察市场和客户的能力。例如，著名电子商务公司亚马逊就是在对大量的客户数据挖掘分析的基础上来制定营销策略的。当客户在亚马逊网上书店购买图书以后，其销售系统会自动记录该客户购买和浏览过的书目。当该客户再次进入该书店，系统识别出他的身份后，就会查询该客户购买和浏览的记录，分析其经常购买的书的类别，推测该客户的图书喜好，最后在该客户打开的网页界面推荐目前该店可以满足客户喜好的图书。当客户购买行为发生后，该系统再次记录该客户购书的类别，以指导下次推荐书目，如此循环往复。这样，客户去亚马逊网上书店的次数越多，系统对该客户的了解也就越多，也就能更好地为该客户服务。企业可以通过分析积累的超大规模数据，利用大数据技术精准地掌握每位消费者不同的兴趣、偏好，从而设计出高度精准、绩效可高度定量化的营销策略，并提供其个性化、差异化的产品或服务。这将极大地提高战略决策者对顾客的洞察力和对市场的快速反应能力。

四、大数据对企业战略决策的影响

（一）大数据对企业战略决策的影响基础

1. 数据时代下管理决策参与者角色发生转变

参与者和与之相关的决策者在当前社会发展的大数据时代，仍然是整个企业整体规划者和决策者。大数据时代创造的价值，在传统的企业管理者进行日常或重大决策方案时，可以提供出相关建议。以前基于直觉判断的技术存在，开始过度到客观、准确的数据分析。大数据在一定程度上，对企业内外部环境需要解决具体问题的呈现，也反映了问题形成的具体原因，从而使数据对应，保证了整体性和客观性，提示企业管理决策者可以使用数据资源，反映的问题得到解决。对企业基层员工或管理者来说，大数据可以帮助他们掌握执行决策所需的所有信息，为其提供方便，大大提高企业的决策水平。

大数据能提升战略决策者的洞察力。大数据时代，数据逐渐成为企业最重要的资产之一。企业决策越来越依赖于数据分析，而不凭借经验和直觉，企业亟须快速从积累的业务数据以及无处不在的网络信息中获得洞察市场和客户的能力。

例如，淘宝网推出的“数据魔方”是由淘宝平台的交易、用户、商品三大体系数据形成的，强调按照买家习惯去研究数据，并形成分析报告。从“数据魔方”服务页面上可以看到，淘宝网上亿用户产生的交易原始数据可以对某项产品的交易趋势、卖家和买家的信用情况、交易时段、重复购买率、关联销售、销售品类占比等具体交易数据进行统计分析，而淘宝卖家也开始通过数据魔方进行参考决策：对于中小卖家来说，可以用魔方来优化流量，对于高端卖家主要是研究数据来优化品牌定位，优化产品对买家的柔性化策略。

2. 大数据对管理决策体系的影响

决策制度分为两部分，也就是决策和决策过程。传统企业决策往往是基于企业内部信息系统数据和员工填写日报表数据，数据不全面，这些数据使企业管理决策会有片面性，往往只能反映企业运营管理和财务管理。移动互联网的发展在很大程度上加快了大数据的发展，在移动互联网的基础上，企业可以轻松收集和记录其他企业的各种动态信息，如价格浮动信息、市场绩效评价信息，消费者以这些具体信息为决策依据，可靠性强，可以使企业更灵活地应对市场变化。利用大数据收集信息，企业可以更清晰地了解自身的发展方向、市场需求和市场风险了解，及时提高企业核心竞争力。

传统的决策依靠决策者的个人经验、学识，心智模式，凭直觉判断。21世纪以来，企业管理的性质和外在环境都发生了巨大的变化，企业组织机构更加庞大，管理功能更加复杂。企业之间的联系越来越紧密，企业之间的边界愈加模糊，企业的人、财、物资源须在全球范围内重新组合和优化配置。另外，消费者需求个性化、差异化、异质化特征变化明显，影响决策的因素更加复杂和多样化。决策者经常需要根据多个影响因素和相互间的关系进行决策，其难度越来越大，单凭其洞察力、智慧、知识和经验等为基础的传统决策方法已远远不能满足日益复杂的管理决策的需要，这将导致战略定位不准，存在很大风险。因此，现实管理的实践要求决策要走向科学化，要将定性决策与定量决策相结合，而大数据技术的发展为它提供了实现的可能性。“大数据”可以认为是“分析”的另一种表述，它是寻求从数据中萃取知识，并将其转化为商业优势的智能化活动，而不是仅停留在数据和信息的简单汇总层面。

大数据时代的来临，企业界对数据的依赖性有增无减，以数据为基础的定量分析方法逐渐取代以经验、直觉等为基础的定性分析方法。“数据驱动决策”是大数据下决策的显著特点，研究表明，越是以数据驱动决策的企业，其财务和运营业绩越好。大数据改变了长期以来依靠经验、理论和思想的决策方式，直觉判断让位于精准的数据分析，让决策重新回到了所要解决的问题本身。

大数据不仅包括大规模的体量、多样化种类的数据集，还包括对这种数据集进行高速采集、处理与分析以提取价值的技术架构与技术过程，因此，基于大数据的分析需要多种技术的协同，如云计算、可视化、物联网、数据挖掘、Hadoop 等技术进行处理。

因此，大数据的真正优势是对海量数据的智能化的收集、统计和分析，基于大数据的分析报告更加全面、客观和直观，大数据也正在成为一种新的调研方式，以辅助管理者进行企业战略决策。

3. 大数据对管理决策数据的影响

企业战略管理层的决策内容是确定和调整企业目标以及制定关于获取、使用各种资源的政策等。这些非结构化决策问题不仅数量多，而且复杂程度高、难度大，直接影响企业的兴衰成败，这就要求战略决策者必须拥有大量的来自企业外部的数据资源。

因此，在企业决策目标的制定过程中，决策者自始至终都需要进行数据、信息的收集工作。而“大数据”为战略决策者提供了海量和超大规模数据。传统的决策因为数据稀缺，依赖于决策者的经验，而大数据可以保证从问题出发而不用担心数据缺失或者数据获取困难。随着互联网技术和通信技术的发展，一些传感设备、移动终端等接入互联网络中，各种传感数据、物联数据、统计数据、交易数据从各行各业源源不断地快速生成。

在大数据时代，企业通过收集、分析大量内部和外部的数据，获取有价值的信息，通过挖掘这些信息，企业可以预测市场需求，进行智能化决策分析，从而制定更加行之有效的战略。

首先，根据数据内容的多样性特点，大数据建立完整的解决方案，数据筛选，提取和整合形成一个完整的系统，从多个过程保证数据处理的质量和可靠性。其次，根据数据的需求来确定不同层次的重要内容，积极发挥核心内容的实时处理机制。最后，仍然需要关注数据之间的相关性的特点，提高数据挖掘的可靠性，发挥大数据的具体价值。另外，还结合知识内容的管理特点和数据管理以及知识管理有效整合，通过开发协调二者，提高企业数据挖掘能力，加速企业发展模式更新过程，提高企业的综合竞争力。

4. 决策文化

不同文化角色在企业的管理决策中，选择差异的决定。在企业决策文化中，将影响决策目标，决策方案的决策设计和决策。传统企业管理决策往往是基于对内外部环境的评价，具有很强的主观性，决策文化的这种决策也有一定的风险。在网络时代背景下，大数据在企业管理决策的应用中提高了预测精度，企业文化有助于形成决策风险小决策。

（二）对策研究

1. 构建企业级大数据集成系统

企业管理决策，由于大量的信息和变化因素等情况可能有一定的复杂性。因此，要建立一套大型企业数据集成系统，使用云计算的形式使用大数据技术，使其能够有效地分析信息的价值，从而帮助企业更好地适应不断变化的信息环境。

由于企业之间的规模和层次的不同，企业应该根据自己的不同规格来建立企业数据集成系统，这个系统应该具有全面性、实用性和延展性，可以帮助企业实现平衡开发不同层次，此外，数据集成系统可用于用户信息反馈，更好地了解市场的主要需求。

2. 组织企业内部的大数据技术团队

企业带来的大数据背景主要是原始数据，不能直接使用，因此如果要善用这些数据，要构建大数据平台企业管理系统大数据在企业内部是一个技术团队，原始数据用于识别、管理和解释。在招聘时，大数据会将企业与人才的相关信息进行匹配，筛选出合适的对象，提高企业的竞争优势。

3. 营造大数据导向的企业文化氛围

大数据和新技术的使用必然会引起企业文化的变化，在企业文化中利用大数据来更新传统文化，帮助员工形成使用数据作出决策的习惯，构建学习型企业文化，使企业员工具有基本的数据分析和处理能力，通过建立完善的激励机制，鼓励员工持续学习，分析数据，同时增强同事之间的沟通，形成共享环境，加快企业发展。

（三）总结与建议

大数据背景下的决策应将基于数据的决策和基于经验与直觉的决策结合起来，以避免“唯数据论”。另外，企业的海量数据中包括客户数据、内部数据、业务数据、经营状况数据及个人信息等，在网络化环境下，企业基于大数据的分析如何保证系统中数据不被窃取或破坏，消费者个人隐私、企业商业秘密等安全问题对于企业来说也是一道技术和管理难题，因其影响巨大，企业管理者必须寻求解决方案。

总之，大数据背景下的企业战略决策不仅是一门技术，更是一种全新的商业模式。当前，关于大数据的研究和应用才刚刚起步，大数据的充分利用还有很长的路要走。只有认识到大数据对企业战略决策的影响和重要性，并顺势而为，才能提高企业在大数据背景下的数据收集、处理和利用能力，并挖掘大数据蕴含的知识与潜在的商业价值，进而提升企业战略决策能力和组织绩效，在激烈的市场竞争环境中获得长足的进步和长远的发展。

第二节 大数据时代的企业财务体系构建策略

一、大数据环境下的决策变革

决策理论学派认为，决策是管理的核心，它贯穿管理的全过程。企业决策是企业为达到一定目的而进行的有意识、有选择的活动。在一定的人力、财力、物力和时间因素的制约下，企业为了实现特定目标，可从多种可供选择的策略中作出决断，以求得最优或较好效果的过程就是决策过程。决策科学的先驱西蒙认为，决策问题的类型有结构化决策、非结构化决策和半结构化决策。结构化决策问题相对比较简单、直接，其决策过程和决策方法有固定的规律可以遵循，能用明确的语言和模型加以描述，并可依据一定的通用模型和决策规则实现其决策过程的基本自动化。这类决策问题一般面向高层管理者。非结构化决策问题是指决策过程复杂，其决策过程和决策方法没有固定的规律可以遵循，没有固定的决策规则和通用模型可依据，决策者的主观行为（见识、经验、判断力、心智模式等）对各阶段的决策效果有很大影响，往往是决策者根据掌握的情况和数据临时作出决定。半结构化决策问题介于上述二者之间。而战略决策问题大多是解决非结构化决策问题，主要面向高层管理者。

企业战略管理层的决策内容是确定和调整企业目标，以及制定关于获取、使用各种资源的政策等。非结构化决策问题不仅数量多，而且复杂程度高、难度大，直接影响企业的发展，这就要求战略决策者必须拥有大量的来自企业外部的数据资源。因此，在企业决策目标的制定过程中，决策者自始至终都需要进行数据信息的收集工作。而大数据为战略决策者提供了海量和超大规模数据。

大数据时代，工商管理领域正在利用大数据创新商业模式，同时也在创造新的产业空间。在零售业方面，可以通过大数据分析掌握消费者行为，挖掘新的商业模式；在销售规划方面，可以利用大数据分析优化商品的价格与结构；在运营方面，能够利用大数据分析提高运营效率和客户满意度，优化劳动力投入，避免产能过剩；在供应链方面，可以使用大数据对库存、物流、供应商协同等工作进行优化；在金融业领域，利用大数据可以实现市场趋势预测、投资分析、金融诈骗识别和风险管理等功能。除此之外，大数据也可以为新兴的文化创意产业提供扎实有效的数据支撑。例如，超市的排货问题，传统的做法是遵循物以类聚的原则，但是在大数据环境下，依据数据相关性分析，还存在着更加合理的方式。世界最大的零售商沃尔玛通过对顾客的购物清单、消费额、消费时间、天气记录，以及超市货物销量趋势等各项数据进行全面的分析，发现每当飓风来临时，某一种品牌的蛋挞销量就会相应地增加。以这种通过大数据分析显示出的飓风袭击和蛋挞销量之间关联，指导沃尔玛在商品摆放时将飓风应急用品与蛋挞相邻安排，就可以得到更高的收益，这充分体现了借助于大数据相关性分析所得到的结果可取得传统的人工决策不可能得到的效益改变。

二、财务管理体系应聚焦落实财务战略

大数据时代，设立单独的财务管理机构是十分必要的。因为企业的核心资源不再仅仅局限于货币资金、土地和知识产权等，商业数据也具有同等的地位。数量巨大、形式多样的商业数据最终会通过各种形式在财务数据中体现，而财

务管理人员是处理商业数据最好的人选。将财务管理机构从会计部门独立出来，配备具有丰富经验的从业人员，可以在体制上保证财务管理人员从繁杂的会计核算中解放出来。一般的财务人员并不擅长数据分析，所以，企业在招聘时可以为财务管理机构配备一些数据分析人员，由其专门负责数据的解读。

财务数据作为企业最重要、最庞大的数据信息来源，在企业财务活动日益复杂、集团规模日益庞大的今天，其处理的效率、安全等问题考验和制约着企业集团的更高一层发展。而伴随着以云计算为标志的新时代的财务共享模式，能够为大数据时代下企业集团再造财务管理流程、提高财务处理效率提供帮助。

共享服务中心（Shared Service Center，SSC）是一种新的管理模式，是指将企业部分零散、重复性的业务、职能进行合并和整合，并集中到一个新的半自主式的业务中心进行统一处理。业务中心具有专门的管理机构，能够独立为企业集团或多个企业提供相关职能服务。共享服务中心能够将企业从琐碎零散的业务活动中解放出来，专注于企业的核心业务管理与增长，精减成本，整合内部资源，提高企业的战略竞争优势。共享中心的业务是企业内部重复性较高、规范性较强的业务单元，而且越容易标准化和流程化的业务，越容易纳入共享中心。财务共享即依托信息技术，通过将不同企业（或其内部独立会计单元）、不同地址的财务业务（如人员、技术和流程等）进行有效整合和共享，将企业从纷繁、琐碎、重复的财务业务中剥离出来，以期实现财务业务标准化和流程化的一种管理手段。

就库存周转率来说，当已有细致每一天、每一种物料、每一次进出库、每一个批次的数据时，系统就可以结合次日的生产计划计算出即时的细致到每一个库存量单位的存货周转率。这种大数据基础之上的精益财务分析赋予了数据新的实在意义，并实际突破了学术上的库存周转率的限制。传统的用月度平均库存来计算库存周转，是因为当时的数据基础和计算条件所限，大数据时代，财务分析的方式与方法也要与时俱进。

三、如何提升大数据时代的财务战略管理水平

（一）合理利用数据

大数据并不是万能的，在企业管理中，数据只能作为参考或者作为指向性的方针。其并不能解决企业任何方面的问题，尤其在当前条件下，基础数据的真实程度十分低，如果说在数据处理的过程中错用了这些数据，那么得出的结论往往有所偏差，企业如果盲目地相信这些数据，那么所造成的后果会十分严重，所以，企业的运营管理还是需要结合自身发展经验和当前的社会现实的。

（二）注重防范危机

大数据不仅影响着人们的日常生活，同时也影响着企业的各项决策，企业对数据的依赖程度越来越高，对数据的处理技术也越来越成熟，但是现实的情况却是由于对数据的过分使用，导致企业在主观判断上失去了方向，造成很多企业出现决策失误的现象。这种现象的出现是由数据资源的现状所造成的，在这个信息大爆炸的时代，各种信息数据种类繁多、数量庞大，对这些数据进行严格筛选、提炼并通过各种精确的算法得出结论却是十分困难的。在当前的条件下，对社会上的数据资源进行筛选是一件十分困难的事情，何谈科学处理计算这些数据呢？原始的数据出现失误，那么结果自然不会正确。同时，在对大数据的处理上，主观色彩十分严重，对同一条数据有的人抱着乐观的心态，有的人却保持着悲观的心态去看，那么这样分析得出的结果自然是大相径庭的。因此，企业对大数据的判断需要更加理性，同时需要时刻注意对大数据危机的防范。

（三）以企业实际需求为出发点

由于大数据的利用需要大量的硬件设施投入和人力成本，所以在企业管理中，利用大数据时需要做一个全面的把控，结合自身实际制定适合自己的大数据框架体系。就国内对大数据使用的现状来看，我国商业智能、政府管理以及公共服务方面是大数据利用最多，同时也是贡献最多的领域，而企业需要结合自身的实际去使用大数据。从投入成本来看，大部分企业没有足够的能力来使用大数据进行企业管理变革，企业方不要一味地去追求建立自己内部的数据系统，可以考虑用其他的方式来解决，如将自己的企业数据外包出去。

第五章 大数据背景下企业投资管理

第一节 企业投资管理的基本内容

随着市场经济的快速发展，企业的投资管理步入了新的阶段，但是一些企业在投资实践的过程中仍会存在一定的问题，影响投资的效果，阻碍了企业的发展。

一、企业投资的概念

企业投资是指企业作为投资主体为达到某项收益而进行的资金投入活动。它囊括了构成企业投资内涵的投资主体、投资客体、投资动机和投资行为过程四项要素。要深入理解并准确把握企业投资的含义，需要对这四项要素做全面的了解：

（一）投资主体

作为从事投资活动的能动者，投资主体是投资运行的起点。企业投资的主体是具备一定条件的各类企业，这些企业具有几个共同的特点：①具有相对独立的投资权力，即企业能够根据市场需求、政策在国家法令政策允许的范围内，作出投资决策。②可以监督控制或者实施投资活动，对投资所形成的资产拥有所有权或支配权，并能相对自主地委托他人经营。③能够承担相应的投资风险或责任，并有权享受一定的投资收益。这三个方面也是企业成为真正意义上的投资主体的必备要件。

现代企业具有自主经营权，并拥有经济要素所有权，使企业有可能也有必要成为投资主体。可以说，投资主体就是经济要素所有权在投资领域人格化的表现。

（二）投资客体

企业以何种形式投资？企业投资的目的是什么？这是有关投资客体的问题。投资客体有两层含义：一是企业投资来源的形式，即企业投资手段的表现形态；二是企业投资的归宿点，即投资对象的存在形态。企业投资手段包括有形资产和无形资产。有形资产是指企业从各方筹措到的可用于投资的资金、有形物资等，它一般表现为资金形态；无形资产是指那些本身不具有实物形态的，能够在企业投资时发挥作用，使企业获得高于一般水平的投资收益的特殊性资产，如商标、专利权等，当其构成投资时必须使用价值尺度，转化为资金形态。企业投资对象的具体内容完全不同于投资手段，但究其形式的本源，也采取了有形资产和无形资产两种表现。因此，可把投资的客体概括为资产，既包括有形资产，也包括无形资产。

（三）投资目的

投资者为什么要投资，即企业投资的动机是什么？投资动机就是投资主体从事投资活动想要达到的目的。一定的投资动机，必然是特定的投资主体在一定的投资环境下产生的。投资主体是影响投资动机的主观的、内在的因素，是投资动机产生并起作用的本体；投资环境包括一切影响投资主体进行投资活动的客观外在因素，是决定投资动机的形成，又受到投资动机能动作用制约的客体。不同的投资主体，或处于不同的投资环境，其投资动机是迥异的。因此，考察企业投资的动机，就要从企业本身的内在冲动和经济环境对企业的作用两方面着手。

就企业来说，企业从事生产经营活动源于两个目标：一是企业本身的存续、扩展；二是作为社会经济的基本单位，维持或促进社会的发展。前者要求企业投资必须能收回，达到资本增值的目的，这就是所谓的营利性动机，它是企业投资的动力源。后者，在要求投资获利的基础上，更看重企业投资的社会效益，即通过投资，提高企业素质，一方面直接满足人民的物质文化生活需要，另一方面为社会综合经济效益的提高创造良好的条件，因为一个企业在创造自身的同时，也创造了别的企业所处的外部环境。

从投资环境来看，它包括投资主体在投资活动之前或之中所处的社会经济制度，所面临的国际国内政治环境、经济环境、文化背景以及科技进步和生产力进步状况等。投资环境首先作用于企业的投资心理，形成具有明显环境特征的投资习惯；其次，在企业出于盈利的初衷投资时，促进企业初始投资动机、中间投资动机形成，进而实现企业最终投资动机。譬如，某公司购买另一公司股票是为了控制其经营权，而控制经营权的目的是获得该公司的新技术，获取新技术的目的是生产新产品，最终是为了取得新产品带来的超额利润。可见，控制经营权是该公司的初始投资动机，获取新技术、生产新产品是中间投资动机，取得盈利则成为该公司的最终投资动机。一般地，投资环境决定的是企业的初始投资动机和中间投资动机，因为不同的环境，企业实现最终投资目的采取的手段、经过的途径不同。同投资环境密切相关的企业投资动机有：为投资者获取一定经济控制权的获权动机、开拓更广阔市场的获市动机、窃取和引进新技术的获技术动机等。

综上，企业投资的动机是预期收益，既包括企业预期获利，也含有获得控制权、市场占有权、新技术等预期目的，并兼有该项投资预期的社会效益。

（四）投资过程

企业投资是一个严密的行为过程。在这个过程中，随着资金的投入、使用、管理与回收，企业要发生投资筹措行为、投资实施行为、投资管理行为和投资回收行为。诸个行为的继起性，构成了企业投资行为整体。企业在投资时，应考虑各个行为的特点和要求，力求以最经济的行为组合，促成企业投资目标的实现。

二、企业投资的分类

（一）按投资客体的不同，企业投资可以分为实物投资和金融投资

实物投资也称为直接投资或经济投资，是投资者以现金或其他资产直接投入企业以形成生产能力的投资。它包括租赁投资和项目投资，租赁投资就是企业作为出租者，按合同规定将设备租给承租者使用，并向后者收取一定租金的交易行为。这对于出租者来说，相当于直接以设备投资；对于承租者来说，相当于取得一笔贷款用以购置设备，是一种筹资行为。项目投资可以分为企业的内部项目投资和对外项目投资。内部项目投资就是指企业对自身经营的投资，主要是用于构建固定资产和开发无形资产；对外项目投资是指企业直接举办、经营新企业或收购其他企业，或与其他企业合作共同从事某项投资而投放的资金，包括联营投资、房地产投资、企业合并与收购投资等。

金融投资也称为间接投资或财务投资，是企业用于购买国债、公司债券、金融债券或公司股票，收取股息和红利的投资。它包括股票投资和债券投资。

如果舍弃企业投资客体的一切中介，任何投资最后会归结到一定的固定资产、流动资产和无形资产上，所以说固定资产、流动资产和无形资产是投资的最基本的终结形式。

（二）按投资在企业生产过程中作用的差别，可以分为外延型投资和内涵型投资

外延型投资是企业用于扩大生产经营场所，增加生产要素数量的投资，它代表“投入生产的资本不断增长”。其投资形式如企业的新建、扩建和改建项目

投资。外延型投资的实质，是从规模经济的角度促进企业的发展。

内涵型投资是企业用于提高生产要素的质量，改善劳动经营组织的投资，它代表“资本使用的效率不断提高”。其形成如企业的挖潜、革新、改造等技术性投资。内涵型投资是从集约经营出发，通过提高经营效率扩大企业生产的。

对一个企业来说，投资时选择何种方式，应依据自身及环境情况取舍。世界各国在这两种投资方式的选择上，均遵循这样一条原则：凡是能用内涵型投资方式解决的问题，就不应该用外延型投资方式解决。

（三）按投资对象功能和投资效益的不同，可以分为积极投资和消极投资

积极投资又称为“主动投资”，是指用于厂房机器、设备等生产工具的投资，积极投资所形成的机器、设备是企业固定资产的核心部分，是企业生产技术水平高低和生产能力大小的重要标志。它的状况如何，从物质技术基础上制约企业的发展和竞争地位。由于积极投资的结果是高投资效益，因此企业在投资总量既定并符合配套生产的条件下，应尽可能提高积极投资的比重。消极投资又称为“被迫投资”，是指为形成固定资产而进行的辅助建筑和其他费用的投资。消极投资所形成的建筑物和构筑物，不直接加入劳动过程，不作为生产过程中的传导体，是投资过程中不可缺少的条件，没有它投资活动就不可能进行或不能完全进行。

因此，企业在投资时，应尽可能减少消极投资支出，但也须兼顾企业整体发展需要，避免因小失大。

三、企业投资活动规律

（一）企业主体行为规律

企业作为投资主体，其投资行为是按一定规律进行的，投资动机→投资行为→投资效果是一条必然的途径。企业投资刺激一般来自企业外部环境，如政府的经济政策、市场的短缺等。当外部刺激与企业投资目标一致时，企业就会产生投资动机，从而导致一定的投资行为，并产生一定的投资效果。若投资效果与企业最初投资目标一致，能够强化企业的投资动机，这样如果再出现同样的投资机会，企业会愿意采取同样的投资行为；若投资效果与企业最初的投资目标偏离，则无助于强化企业投资动机。因此，企业在受到外界刺激、产生投资反应时，要充分估计投资效果，而不能盲目投资。

（二）企业投资运动的一般规律

1. 现代企业投资具有社会化大生产的特点，投资规模具有明显的扩充性

在现代经济环境中，任何企业都不是孤立的。一种产出有赖于众多企业的

万千投入；一种投入也会促进众多企业的万千产出。这样单个企业的投资就受多方面条件的制约，成为社会性的活动，而且企业投资额的数量限制也越来越大，为发挥规模经济的效力，更强调企业投资要素的"集聚效应"。因此，企业在投资时，一方面要保证投资要素的数量，另一方面要考虑企业投资所处的社会环境，必须通过对相关因素的逐一分析，才能对投资效益得出准确结论。

2. 企业投资是一个复杂的、连续不断的循环周转过程

企业投资是通过具体的投资项目实现的。这就有一个投资项目选择、投资项目的准备、投资项目的评估、投资项目的谈判、投资项目的实施、投资项目投产和发挥效益、投资项目投资回收的完整过程，只有各阶段工作循序渐进地进行，才能达到企业投资的目的。否则就会形成投资基金在某一阶段的呆滞，造成投资物品的无效耗费，投资价值的损失，从而使企业既达不到投资目的，又不同程度地遭受经济损失。而且，由于投资是企业生产发展的重要途径，投资运动过程只有持续下去，经过投入到收回的不断循环和周转，企业才会有旺盛的生命力。但是，投资的循环和周转是一个不同于一般工业生产的特殊经济过程。由于企业投资客体在其相互联系又相互独立的运动过程中所呈现出的形式多样性，造成了企业投资周转上的复杂性。例如，企业投于固定资产的资金，其循环就不同于企业对流动资产的投资；企业对证券投资，其收回增值的方式，也不同于实物投资。这告诉我们，既然不同类型企业投资具有各自不同的运动形式，就应把握其特点，研究其规律，适应其要求，才能确保运动中的循环和周转不至中断，也才能达到企业投资的目的和要求。

3. 企业投资收益有一定的风险性，而且投资效益存在个别效益和社会效益的不一致性

企业投资之所以具有收益上的风险，是因为投资决策是人们的主观反映，投资实施与经营是客观过程，主客观完全一致是不可能的；再者，投资的实施和经营是一个变化发展的运动过程，这个运动过程会因为投资实施中的错误行为和经营管理中的调度不当而发生主观风险，也会由于其制约条件和生存环境变化，遭受意想不到的客观风险。另外，企业投资毕竟是单个企业的行为，在某项投资给企业带来很大收益时，也存在损坏或影响其他企业利益的可能性，个别效益和社会效益这种不一致性，从长远来看，势必会束缚企业投资的扩展。因此，企业在投资时，必须作好投资的预测和决策，而不能仓促拍板；必须进行正确的投资实施，严防错误行为发生；必须搞好投资经营中的协调工作；在可能的条件下，综合考虑社会的、政治的、经济的、自然的因素和环境因素，尽可能达到企业投资的个别效益和社会效益的趋同。

4. 固定资产投资是企业投资运动的主要部分，它有特殊的运动方式

在一定程度上，固定资产投资制约和影响企业投资总体运行。固定资产投

资有以下特点。①产品的固定性。固定资产产品的建设具有固定的地点、固定的用途、固定的对象，生产性项目还有固定的工艺、技术、装备和流程。一旦投资建成，很难改变地点、用途、使用对象和技术工艺。②生产过程的长期性。固定资产生产是一项在长时期内投入大量化劳动和物化劳动而没有任何产出的事业，需要企业用其投资资金做大量的垫付。③产品的单件性。这表现在固定资产功能的单一性、条件的差异性、生产的单件性以及成本价格的单件性等方面。④管理的特殊性。由于固定资产生产的特殊性，要求企业对固定资产投资采取特殊的监督方式和管理方式，在决策固定资产投资时，更应侧重可行性分析和研究。

四、企业投资的作用

（一）企业投资以企业为投资主体，有助于提高投资效益

企业是国民收入的创造者，是资金积累和投放的主要执行者，根据责权利相统一的原则，企业自然应拥有资金的筹措和投放决策权，同时对筹资与投资效果负责。从企业投资的条件来看，国家宏观管理部门无法把握众多的资金短缺和盈余信息，也无法管理繁杂的金融与投资业务；金融机构只是一个通过存放款业务为其他企业服务的企业，它的存在主要依赖企业的资金运动。企业不但掌握着主要闲置资金，还是主要的投资资金需要者，与各种资金来源和投资主体之间存在着直接的、广泛的联系，有能力也有条件管理企业投资的各种业务。企业投资效果与企业有最直接的关系，因而企业也最关心投资效果。在处理国家与企业的投资关系上，企业必须成为在国家宏观调控和经济政策引导制约下的投资主体。

（二）企业投资是企业存在和发展的原动力

首先，新企业的诞生依赖于投资，没有投资的注入，新企业就不可能产生。其次，现有企业的扩展也离不开投资，投资与再投资是企业的生命。最后，企业之间优胜劣汰，也是通过企业投资运行实现的。另外，现有企业的发展状况对投资也具有促进和制约作用。企业投资的经济要素除一部分以自然状态存在的自然资源外，其主要部分还是依靠现有企业资金积累和物资积累。因此，要提高企业投资效果，就必须经营管理好现有企业。

（三）企业投资是促进国民经济增长的重要因素

企业投资形成和改变着社会再生产的物质技术基础，创造着市场需求和供给，影响着人民的物质文化生活水平。因此，企业投资是关系整个国民经济稳定与发展的大事，投资的流向、比例、效果影响着国民经济中的产业结构、积累和消费、生产力水平的高低。

五、市场经济下企业投资目标

(一)企业投资目标的含义

投资目标是指在特定的环境中，企业通过投资活动所要达到的目的。从根本上说，企业投资目标取决于企业生存目的或企业目标，取决于特定社会的经济模式。也就是说，企业投资目标具有体制性特征，整个社会的经济体制、经济模式和企业所采用的组织制度，在很大程度上决定企业投资目标的指向。另外，企业的投资目标又是众多投资者投资目标约束下的综合变量。如何遵循客观规律，达到主观目标的最大实现，是企业投资的原则。

站在投资者的角度，投资者最为关注的目标是通过投资获得收益。但由于客观环境影响，企业投资实现投资者目标往往通过一些迂回的途径，这就会产生企业投资目标与投资者期望的一定程度背离，因此，确定企业投资目标必须了解企业投资的客观制约因素。现代企业投资的背景是市场经济，我们的讨论也从市场经济展开。

(二)市场与市场经济

现代经济学认为，市场是某物品的买主和卖主相互作用，以决定其价格和数量的过程。市场经济是靠价格和市场来解决生产什么、如何生产以及为谁生产等经济问题的一种经济制度。在市场经济制度中，起主导作用的是消费者和技术。生产什么东西取决于消费者的“货币选票”，而技术即如何生产则对消费者构成一种基本约束，企业受利润的驱使，不仅要根据消费者需求，更要根据自身产品的生产成本制定价格，这样通过市场中介，把需要和技术可能协调起来，从而完成市场运行过程。确切地说，市场经济有以下特点。

1. 由自主经营、自负盈亏的企业从事生产的组织和经营

在市场经济中，企业必须具备生产经营的自主权，除某些特殊行业的“公营”之外，绝大部分的物质产品由各企业独立决策、生产和销售。各企业在购买原材料、销售产品及录用员工等方面不受其他人约束，生产和投资的动力来源于赚取更大利润的期望。这样，通过市场中的资源和要素在所有者与经营者、买方与卖方之间不断地运动，形成庞大的交易市场。

2. 整个经济的运行都依赖于价格的控制

在市场经济中，市场价格不断发出信号，引导社会生产向各个特定方向发展，决定资源的分配、不同生产技术的选择，决定总生产在社会各分子之间的分配。消费者通过价格反映他的需求；生产要素所有者想通过价格获得尽可能高的报酬。当某一商品相对稀缺时，消费者争相购买，就会使价格上涨，从而使生产该商品的企业利润提高，结果，生产要素大量被吸引到该行业，该商品的供给依据消费者的需求得到了增加。反之则相反。这样，通过价格的自动调节，

整个市场得到了扩展，市场运行也循环持续下去。

3. 政府在市场中的特殊作用

在市场经济中，政府的作用局限于限制自由竞争带来的弊端，弥补“市场缺陷”，力保市场经济较为稳定的运行。对于企业的具体生产、投资、市场价格，政府控制权限很小，只在宏观上予以间接调控，企业以及消费者个人起决定作用。

市场经济还有许多其他特点，并且这些特点在不同的经济发展时期和不同的国家也有差异。了解这些特点，是分析市场经济条件下企业投资目标的前提。

（三）市场供求与企业投资目标

市场供求是影响企业投资目标的最重要因素。市场供求就其本义来讲，是指可能的价格水平及消费者和生产者的欲望。就其发挥的作用来讲，是启动市场，联结市场上各企业及企业与消费者之间的纽带。企业作为投资主体，既充当市场上的消费者，又充当市场上的生产者，企业投资总会通过直接和间接的途径引致社会供求。因此，企业制定投资目标必须从市场既定的供求结构、总量出发，并考虑到企业实现其投资目标可能导致的未来市场供求状况，尽可能达到两种供求态势都有利于企业投资。

首先，市场供求为企业投资提供了前提。市场需求对企业投资提出要求，指出企业投资的方向；市场供给为企业投资创造了条件，决定了企业投资可利用的生产资料、消费资料的质和量，从而规定了企业投资的规模。

其次，企业投资具有社会总供求效益，它既有可能促使供求平衡，也有可能造成供求失衡。一般来说，企业投资活动有可能在三个环节上造成供求失衡。一是在购买投资要素阶段，由于投资规模过大，导致要素供不应求；或由于规模过小，导致要素闲置。二是在投资产出品的销售阶段，由于产出大于需求或产出小于需求，或者是产出—需求的结构失衡，造成产销脱节。三是从长期来看，企业投资活动本身可能会引起供求的动态失衡。这种失衡，为企业确立投资目标提供了契机，但也会引致一些畸形的企业投资。

显然，企业投资与市场供求之间存在着微妙的制衡关系。一个合理可行的企业投资目标必须有利于二者关系的协调和配比。

（四）影响企业投资目标的具体因素

1. 投资的预期净收益

企业在决策一项投资时，无论是对新增设备，还是对其他要素的投资，都基于一个基本的原则，即该项投资的预期收益增加大于其成本支出时，也就是边际产品收入大于边际产品支出时，投资就会被实施和增加，直到边际产品收入等于边际产品支出为止。

由于时间因素和风险因素，固定资产投资的边际产品收益率无法精确地估计。通常采用直接计算投资边际效率的方法，也就是把各年预期收益用一个折扣率折算，使之等于最初的投资成本，这个折扣率就是投资的边际效率。

凡是具有较高的投资边际效率的项目都是企业可以选择的投资标的，而且高于利率或投资机会成本的投资边际效率会给企业带来边际产品净收益。但是，若企业投资不断增加，整个社会的设备总量增加时，投资的边际效率将会下降。这是因为，一方面投资使设备增加，设备提供的产品供给增加，产品价格将下降，预期收益也会下降，从而降低了投资的边际效率；另一方面，投资的增加刺激了投资品的需求，结果促使这类要素和设备价格的上涨，导致投资最初成本增加，这时，必须降低原来的投资边际效率，才能使折扣过的预期收益与之吻合。此外，由于投资的预期净收益是投资水平的决定因素，还须考虑投资的风险，因为风险可使预估的收益变小以至于消失，间接地影响投资水平。不考虑风险因素，会造成对投资的乐观估计，最终或许严重亏损，造成投资的失败。

2. 技术变革的因素

技术的变革包括新产品的发明及新方法的采用。技术变革是投资的根本动因，也是企业确定投资目标的指向。新产品的发明会使企业投资转向该产品或与之相关联的产品。新产品又是一个相对概念，马上会有更新的产品代替新产品。因此，投向新产品的投资一般不会持续很久，经过一段时间之后，新产品的优势会降低，企业投资将会把标的瞄准更新的产品。从联系的观点来看，企业总是设法把资金投向优势最大的新产品及其关联产品。例如，某种新产品的生产需要大量的机床，则在这种新产品发展期间，有条件的企业总是把资金投入机床的制造或与之有关的行当，相应地，使钢材、机床配件、零部件生产企业的投资增加。

新生产方法的发展也会吸引企业投资。一般来说，新生产方法的采用都需要使用较多的设备，起码在相对劳动的使用量和天然资源的使用量上要多。在这种情况下，企业在决定把新生产方法作为投资目标时，必须考虑转化为相关设备的投资。即使在新生产方法将减少设备的使用时，情形也是一样。

技术的变革可以引致整个社会投资的增减。有些技术的变革降低了设备的生产成本，由此增加了设备的相对收益。企业对于技术变革投资，只随新产品和新生产方法的不断发展而持续增加。企业在决定投资时，因技术原因而增加的投资也必须在投资边际效率之内，超出了这个限度，应考虑是否放弃该项投资。

3. 筹措投资资金的成本与难易程度

(1)留存收益转化为投资

这是企业投资最安全的来源。它的成本相当于把这笔资金用于其他投资上的机会成本。对一个企业来说，确定资金的机会成本，不仅要考虑市场资金的机会成本，还要考虑各种可能的投资机会。投资机会越多，成本越难确定。

（2）借款

借款的资金成本为其利息。若利率低于投资边际效率，并且借款条件成熟时，企业投资的收益将会超过筹资成本。但是，企业在考虑借款成本时，还必须想到还本付息的风险，一旦投资失败，企业可能会因此破产，而不仅是失去新增投资的问题，这是其他筹资方法所没有的。因此，也构成其资金成本。

（3）发行股票

采用这种来源投资，不需支付利息和偿还本金。但是，企业投资后新增盈利需在股票所有者之间按比例分配。这时的资金成本为股票的收益比率。出售股票，没有破产的风险，但发行量过大，也有失去对企业的控制权的风险。

企业在筹措投资资金时，要根据各种来源的相对成本和资金的可供量来选择。如果资金的供应是充裕的，企业取得资金的成本相对低一些，供应数量不会成为限制投资的因素。但受“资本定量配给”的影响，企业对投资资金的需求不能无限上升。以企业的内部资金为参照物，当所需资金超过某一点之后，可能再也借不到货币资金，出售股票的情形也一样，超过某一数额之后，企业很难再售出它的股票。当资金供应匮乏，可供利用的资金数量限制了企业投资，使之低于投资边际效率所能容许的最佳投资水平时，投资决策就成了对那些投资边际效率较高的项目选择。也就是说，此时企业的投资目标变成了如何从既定数量资金中取得最大报酬。

4. 政府政策

政府政策是企业确定投资目标时要考虑的一个重要因素。政府站在经济运行总体的高度，综合运用各种经济手段，辅之行政手段、法律手段，对企业投资进行有效的影响和引导。假如政府想刺激某一行业的投资，就会规定较为优惠的信贷条件，规定较高的固定资产折旧率，或直接给予补贴、间接参加股份，或采取其他方法予以支持。这些优惠与限制，对企业确定投资目标无疑是很重要的。

（五）发挥自我调节机能，制定合理的投资目标

1. 企业投资自我调节机制的含义

根本利益的一致性，构成了市场经济运行的前提条件，而利益差异所决定的利益竞争，则形成了市场经济中各个利益主体追求利益的动力。企业也不例外，其投资的直接动因是经济利益。另外，企业是一个多元性的有机体系，它从事生产和经营活动必须具备一定的信息接收和处理能力、条件资源，技术水平、管理能力、生产能力和销售能力等内部条件。同时，企业也是一个既受环境影响而又影响环境的开放系统，构成企业环境的各种要素，如价格、税收、利

率等经济参数，供给、需求和竞争情况都在不断地变化，这些变化直接影响企业的利益总量和利益结构。为了实现自己的目标，企业必须不断调整自身的经济活动，企业投资就是企业对外部环境已经出现和预期出现的更大变化而作出的适应性反应。

企业根据外部环境的变化而主动调整自己的投资，称为企业投资的自我调节。使企业进行投资自我调节的各种要素，按照一定的联系所组成的统一整体，叫作企业投资的自我调节系统。系统的结构、各个要素的功能以及它们之间的相互联系和相互作用方式，就是企业投资的自我调节机制。企业投资的自我调节机制，是通过它的调节过程表现出来并通过调节过程得以实现的，因此必须研究这个过程。

2. 企业投资的自我调节过程

在调节过程的起点，企业必须通过它的有关人员收集信息，这些信息是企业外部环境和内部条件变化状态的客观反映，经过企业内部信息处理系统的加工，变为主观见之于客观的产物，并输入企业决策系统。决策系统作出投资决策并传递下去。在执行决策的过程中，企业通过投资使生产要素的总量调整和重新组合，达到企业的外部环境、内部条件和投资目标三者之间的动态平衡。

企业投资的自我调节是一个循环不断的过程。由于企业每次所能获得信息的有限性，企业内部条件和外部环境的多变性，企业必须根据反馈回来的信息进行再调节。

由此可见，在企业投资的自我调节过程中，收集信息是前提，生产要素按比例组合是结果，二者的中介是投资决策。因为企业投资目标是通过投资决策制定的，企业投资的自我调节过程就相当于企业投资目标的确定和实现过程；该过程的循环进行，实质上是企业不断调整其投资目标并促其实现的行为过程。

3. 企业投资自我调节机制的作用——制定合理的投资目标

企业通过投资的自我调节，可以使企业内部以及企业与其环境之间处于一种动态平衡的协调，并使企业在适应外部环境的过程中壮大自身。如果单从企业投资角度来说，通过投资的自我调节，企业投资目标会更科学、高效和合理。原因如下：

第一，企业投资的自我调节机制会使企业在最恰当的时机进行投资，也就是在企业与外部环境的不适应程度达到非用投资解决不可的时机进行投资，根据需求效用论，这时投资效率最高。

第二，企业投资的自我调节机制会使企业保持合理的投资规模。因为企业投资只有在一定数量上才能和其外部环境协调相处，当企业投资规模小于外部环境的要求时，自我调节机制会使企业增加投资，反之，则停止投资。

第三，企业投资的自我调节机制会使企业投资结构保持最佳比例状态。企业投资有不同的使用方向，不同方向对外部环境的适应能力不同，在投资自我调节机制的作用下，企业总是把资金投向适应外部环境的方向，使这部分投资在企业投资总构成中的比例增加，从而使企业的投资结构不断适应外部环境。

第四，企业投资自我调节机制会使企业投资保持合理的空间分布。企业外部环境要求企业投资必须存在于一个特定的空间，否则企业投资自我调节机制会使企业通过横向投资来适应外部环境变化，以实现自身的经济利益。

可见，企业投资自我调节机制能使企业在适当的时候，通过适当的方式，进行适当的投资，一个合理可行的投资目标也从中孕育而生了。

（六）市场经济条件下企业的投资目标

1. 市场经济与市场经济一般有何不同？市场经济一般的规律是否在市场经济条件下同样起作用

可以肯定地说，市场经济一般的规律在市场经济条件下同样会起作用，其价值规律、供求规律、利益驱动规律都存在于市场经济中，并作用于企业，制约其投资活动；市场经济体制能够给企业创造公平、高效、稳定的投资环境，减少了在市场经济一般条件下的盲目性、自发性，有助于企业投资行为合理化，投资目标的实现。可见，市场经济体制更有利于市场经济一般规律的贯彻，也会给企业制定投资目标作出更明确、科学的指导。

2. 企业是否具有投资的自我调节能力

从我国企业的现状来看，投资的自我调节机能还很不完善、不健全，追求短期效应的扭曲现象大量存在。随着企业改革的深入，市场经济体系的建立，上述情况将会大为改观，以现代企业制度为特征的新型企业将成为具有成熟的自我约束、调节机制的集合体。

所谓现代企业制度，是一种由市场经济孕育而生的企业组织制度，它具有五个特征：一是产权关系明晰，企业中的国有资产所有权属于国家，企业拥有包括国家在内的出资者投资形成的全部法人财产权，成为享有民事权利、承担民事责任的法人实体。二是企业以其全部法人财产，依法自主经营，自负盈亏，照章纳税，对出资者承担资产保值增值的责任。三是出资者按投入企业的资本额享有所有者的权益，即资产收益、重大决策和选择管理者等权利。企业破产时，出资者只以投入企业的资本额对企业债务负有责任。四是企业按照市场需求组织生产经营，以提高劳动生产率和经济效益为目的，政府不直接干预企业的生产经营活动。企业在竞争中优胜劣汰，长期亏损、资不抵债的应依法破产。五是建立科学的企业领导体制和组织管理制度，调节所有者、经营者和职工之间的关系，形成激励和约束相结合的经营机制。可见，在现代企业制度下，自我约束、调节机制是企业的基本能力。

有人还从客观角度出发，提出了市场经济条件下，宏观经济和微观经济彼此衔接的内在调节机制的设想，即信贷、价格、税收三种调节相结合的内在调节机制。信贷内在调节机制，是对企业资金有偿使用而言的，资金有偿使用给企业压力和活力，促使其实现微观经济目标；对信贷资金的国家宏观调节和管理，使企业盈利增长和信贷资金总额增长相协调，有利于宏观经济的稳定。

价格的内在调节机制，是指企业产品价格放开而言，企业产品价格放开，在竞争中形成市场价格，有利于企业提高生产经营积极性，节约生产要素，增加盈利；国家通过向市场输入经济参数，影响和参与市场价格的形成，避免价格大幅度的波动。税收内在调节机制，是指企业必须依法纳税而言，企业效益提高，盈利增加，职工收入增加，国家税收随之增加；反之，企业经济效益差，企业税后留利小，职工收入也不多，税收内在调节机制既有助于微观经济目标的实现又有利于宏观稳定。可以想见，若宏微观经济内在调节机制构建成功，企业投资的内在调节机能将大大增强。

3. 市场经济条件下企业投资的目标是什么

我们知道，企业投资是宏微观相结合的范畴，企业投资目标也是如此。而且，不同企业有不同的投资目标，即使是同一企业对同一个项目，其投资的目标也是多样的。多元、分层、互相联系、纷呈而出是企业投资目标的特点，如何概括呢？只能抓其根本。追求经济利益最大化是企业投资的原动力。企业为扩大自身生产能力而进行投资，是为了生产更多社会所需产品和达到利润最大化目标，其最终相应地丰富了全社会的物质产品，满足了人们对各种物质资料的需要。因此，从根本上说，市场经济条件下，企业投资的目标是满足人们的物质文化生活需要。

第二节 大数据时代企业投资决策优化

随着大数据技术条件逐渐成熟，经济转型升级背景下的增长压力也促使企业希望借助数据制定科学的生产战略和营销战略。企业数据对企业的日常运营和未来发展来说都是一种十分宝贵的资源，也是一种“商品”，它可以用市场化的方式来流通。咨询机构，在找出各个行业企业生产经营管理上存在的问题、分析问题产生的原因及制订切实可行的改善方案等方面，具有相当丰富的经验。如果在此基础上通过掌握的大量数据建立大数据平台并精准高效化运营，将具有高效利用大数据资源的先天优势。对于投资者和被投企业来说，如果能利用大数据来管理企业，不仅可以帮助被投企业在技术上实现“精准营销和高效生产”，还可以为被投企业战略规划提供科学依据，建立集团管理和控制系统，有效优化管理模式，为投资者的投后管理提供数据依据和智力支持。

一、大数据使投资决策更科学

目前，领导干部在投资决策过程中，对于一些经常出现的问题，大多是按照老方法，依循旧案例。对于一些新发事件和突发事件，更多的是不知所措或者“拍脑门做事”“想当然思想”。如果领导干部只依靠掌握的已有工作经验对事态进行判断与决策，会增大投资决策难度，降低定位的准确率，加剧战略风险。

在大数据时代，拥有数据的规模、质量以及收集、分析、利用数据的能力，将决定企业的市场竞争能力，对数据的掌控能力将成为企业投资决策的法宝。企业决策部门应该通过收集和分析大量事件相关内部和外部数据，获取有价值的信息，建立投资决策咨询模型，立体化地展现投资决策方法和手段，进行智能化投资决策分析。

二、大数据使投资决策风险更可控

投资风险是企业投资后，由于内部及外部诸多不确定因素的影响，使投入资金的实际使用效果偏离预期目标结果的可能性。投资决策的风险主要是由于缺乏信息和决策者不能控制投资项目的未来变化等原因造成，所以任何投资决策都存在着或大或小的决策风险。企业项目投资（直接投资或者固定资产投资）的主要投资风险表现为经营风险，包括产品需求的变动、产品售价及成本的变动、固定成本的比重、企业的投资管理能力，以及经营环境的变化等。可见，固定资产的新建、扩建与改良是固定资产投资的主要形式，由于其投资变现能力最差，所以投资风险也相对最大。然而，一旦投资风险带来的损失超过企业的承受能力，企业只能停止经营，宣告破产。基于云会计平台，决策者可以通过数据分析得到可靠的信息，对可能存在的风险原因和后果进行细致的分析、估算，利用大数据的信息资源不断调整战略目标和投资方向，从而将决策风险导致的损失降到最低。

三、获取投资决策信息

大数据给企业投资决策竞争情报搜集、分析和利用带来了深刻的变革，竞争情报咨询机构和企业必须积极面对大数据的机遇和挑战。

对于这个世界上的大部分公司来说，至少有80%的公司，哪怕它们正高举大数据的旗帜，大数据本身仍然只是一个非常空泛的概念。它们虽然十分明白其重要意义，但言行却不一致，许多奇妙的想法也难以得到彻底的实施。

对于投资决策实施上的应用和大数据的实践，企业不仅难以参与，更是不容易对进程作到完美的控制。其中一个最常见的问题就是：每天都在产生的海量数据，应该如何采集和分析？这是一个很大的困扰，就像："我感觉自己守着一座金山，却无从下手！"还有企业决策者抱怨："这些数据有什么用？都说有价值，但在我这里只能让我每天头疼！"

对于任何一家公司，比如电信、金融、零售业的从业者甚至政府来说，它们都需要数据来帮助自己理性决策，都有对于信息采集与分析的强烈需求。但现状并不理想，在我们国内相当长的一段时期内，比较专业的数据分析只是局限于金融和电信业。其他行业的公司对此缺乏敏感度，甚至许多从业者采取的是抵制或者漠视的态度。

尴尬的地方就在于，公司的决策者有时候更愿意相信自己的直觉，而非数据。虽然这种意识逐渐在发生变化，但有的人从来没有想过要作出根本性的改变。思维的改变从来都是艰难的，它是一块坚硬的顽石。只有当一些新兴行业开始产生，并由此崛起了一批从大数据思维中获益的公司，他们才能意识到数据的获益是如此明显。但到这时候，大数据时代已在全球范围内到来了，这些人此时再奋起猛追，显然为时已晚。即便深刻反省并愿意付出代价弥补落下的功课，也会在一段时间内只能充当学习者和追赶者的角色。

我们都已经看到，大数据在管理领域内有望推动一场革命性的彻底改变。管理者利用大数据，可以做到很好的测量，并且做到对于数据的精确化利用，进而了解自己的公司，然后对业务作出更好的决策。

这具体表现在我们对于信息个体的重视上，管理者必须有勇气直接将这一认识转化为改进的决策和性能。从技术的层面去重视对于数据的采集和分析，实现"数据为王"，才能改变企业落后的命运，甚至让自己成为行业的龙头。

我们知道，诸如百度、腾讯和阿里巴巴这样的中国企业已经在这样做了。但是我们希望中国的所有企业都具有这种数据收集与分析的能力，而不仅是几个典型企业。这是我们对于"大数据中国"的梦想，也是一场与全民有关的数据管理变革的终极目标。

从实践来看，大数据管理的意义并不在于你掌握了规模多大的数据信息，也不在于你的理论准备有多么充分，而在于对这些数据进行智能处理、从中分析和挖掘出有价值的信息等工作做得是否到位。假如这些实际的工作有所缺失，之前的一切准备都将失去它们的意义。

现在大部分的公司还很难判断，到底哪些数据会在未来成为优良资产，我们需要通过什么方式将信息提炼和分析出来，转化为现实的收入。对于这一点，即便是许多从事大数据服务的专业公司也很难给出确定的答案，人们仍在继续琢磨和进步，在大数据的浪潮中，即便最好的公司也只是敞开了第一扇房门，进入了最外层的房间。但有一点是可以肯定的，在大数据时代，谁掌握了足够的数据，谁就有可能掌握未来。我们现在的数据采集，就是在为将来积累流动资产。

四、投资框架构建

（一）投资准备阶段的主要工作

在大数据环境下，数据作为企业最具价值的资产之一，数据质量与企业的决策投资之间存在着直接联系。高质量的数据可以使企业的投资决策更加科学、高效。在企业的投资决策过程中，数据的完整性、及时性、可靠性等质量特征对企业投资决策的数据收集、制定、监控都有着重要的影响。基于企业的投资决策流程，以数据为主线，在分析各个阶段对应数据源、数据质量特征、数据类型的基础上，构建大数据环境下考虑数据质量特征的企业投资决策框架。作好前期市场预测在投资项目前期准备管理中格外重要，有利于发现作为建设项目存在条件的现实和潜在的需要市场机会，从而使之转化为满足具体需求载体的产品或项目；有利于减少与避免因重复建设等非真实市场需求而产生的、不能在未来长时间内支撑项目生产与运营条件要求的虚假投资需求。准备阶段主要涉及数据的收集。首先，要确定投资目标，这是投资决策的前提，也是企业想要达到怎样的投资收益，这个过程需要企业根据自身的条件以及资源状况等数据来确定。其次，要选择投资方向，一方面需要根据企业内部的历史数据，另一方面还要结合市场环境状况等外部因素进行筛选，进而确定投资方向。在市场调查与预测基础上，根据项目及其载体形式，对有关产品的竞争能力、市场规模、位置、性质和特点等要素进行前期市场分析，作出有关“项目产品是否有市场需求”的专业判断，是一种分析技术，其基本内容是作好国内外市场近期需求情况的调查和国内现有产能的估计，并作销售预测、价格分析、产品的竞争能力、进入国际市场的前景等分析。其中，除应明晰市场容量的现状与前景外，还应预测可替代产品及由此可能引起的市场扩大情况，了解该项目现存或潜在的替代产品可能造成的影响；调查市场供求情况的长期发展趋势和目前市场与项目投产时市场的饱和情况，以及本项目产品可能达到的市场占有率。

（二）制订投资方案阶段的主要工作

制定和评估阶段主要涉及根据可行性制订投资方案并进行方案评估的相关数据。可行性分析主要涉及与风险相关的概率分布、期望报酬率、标准离差、标准离差率、风险报酬率等数据，要确保风险在企业可承受的范围内才说明此投资是可行的。方案评估主要涉及现金流量、各类评价指标，以及资本限额等数据。现金流量可采用非贴现现金流量指标或者贴现现金流量指标数据来衡量。投资回收期、平均报酬率、平均会计报酬率、净现值、内含报酬率、获利指数、贴现投资回收期等各类指标涉及的数据对投资决策的评估起着重要作用。这些数据的来源涉及多个利益相关者，同时来源渠道也比较广泛，多为非结构化数据且各类数据之间标准不统一，难以兼容。

（三）投资实施阶段的主要工作

在监控和调整阶段主要考虑企业实际的现金流量、收益与预期之间的比较，以及企业实际承受能力是否在可控范围内。如果相差较大甚至企业不可控，就需要及时查找出引起差异的原因，对相关数据进行分析处理并调整投资决策方案。目前，项目基础资料存在以下两个问题：

一是资料收集困难。公司基础资料主要来源于施工项目部，尤其是纸质资料，平时按照来源地在公司、分公司、项目部分级保管，项目部资料一般是项目结束后归档到公司总部。

二是项目基础资料结构化数据率低。即使是信息化技术应用程度最高的财务部门，也过滤掉了原始凭证中大量非结构化数据信息（如市场情况、环境、事件、时间等），无法将其提取转化为结构化数据。其他部门有关经营活动和财务活动等相关资料结构化数据率则更低。研究表明，日常工作中产生的非结构化数据约占整体数据量的80%。因此，大数据时代使得企业的整个投资决策流程都是基于云会计平台获取各种数据，然后通过大数据相关技术对各类结构化、半结构化、非结构化数据进行分析处理并存储于企业的数据中心等，这种处理模式可以在很大程度上提高企业整个投资决策过程中数据的完整性、及时性和可靠性，满足企业投资决策对数据的高质量要求。

五、集群融资方式的创新

筹资的数量和筹资的质量成为企业首先要关注的两个基本因素，也是最重要的方面。企业应在保证资金数量充足的同时，也要保证资金来源的稳定和持续，同时尽可能地降低资金筹集的成本。这一环节降低筹资成本和控制筹资风险成为主要任务。根据总的企业发展战略，合理拓展融资渠道、提供最佳的资金进行资源配置、综合计算筹资方式的最佳搭配组合是这一战略的终极目标。随着互联网经营的深入，企业的财务资源配置都倾向于“轻资产模式”。轻资产模式的主要特征有：大幅度减少固定资产和存货方面的财务投资，以内源融资或OPM（用供应商的资金经营获利）为主，很少依赖银行贷款等间接融资，奉行无股利或低股利分红，时常保持较充裕的现金储备。轻资产模式使企业的财务融资逐步实现“去杠杆化生存”，逐渐摆脱商业银行总是基于“重资产”的财务报表与抵押资产的信贷审核方法。

在互联网经营的时代，由于企业经营透明度的不断提高，按照传统财务理论强调适当提高财务杠杆以增加股东价值的财务思维越来越不合时宜。另外，传统财务管理割裂了企业内融资、投资、业务经营等活动，或者说企业融资的目的仅是满足企业投资与业务经营的需要，控制财务结构的风险也是局限于资本结构本身来思考。

互联网时代使得企业的融资与业务经营全面整合，业务经营本身就隐含着财务融资。大数据与金融行业的结合产生了互联网金融这一产业，从中小企业角度而言，其匹配资金供需效率要远远高于传统金融机构。以阿里金融为例，阿里客户的信用状况、产品质量、投诉情况等数据都在阿里系统中，阿里金融根据阿里平台的大数据与云计算，可以对客户进行风险评级以及违约概率的计算，为优质的小微客户提供信贷服务。

集群供应网络是指各种资源供应链为满足相应主体运行而形成的相互交错、错综复杂的集群网络结构。随着供应链内部技术扩散和运营模式被复制，各条供应链相对独立的局面被打破，供应链为吸收资金、技术、信息以确保市场地位，将在特定产业领域、地理上与相互联系的行为主体（主要是金融机构、政府、研究机构、中介机构等）建立的一种稳定、正式或非正式的协作关系。集群供应网络融资就是基于集群供应网络关系，多主体建立集团或联盟，合力解决融资难问题的一种融资创新模式。其主要方式有集合债券、集群担保融资、团体贷款和股权联结等，这些方式的资金主要源于企业外部。大数据可以有效地为风险评估、风险监控等提供信息支持，同时通过海量的物流、商流、信息流、资金流数据挖掘分析，人们能够成功找到大量融资互补匹配单位，通过供应链金融、担保、互保等方式重新进行信用分配，并产生信用增级，从而降低融资风险。

从本质上讲，大数据与集群融资为融资企业提供了信用附加，该过程是将集群内非正式（无合约约束）或正式（有合约约束）资本转化为商业信用，然后进一步转化成银行信用甚至国家信用的过程。大数据中蕴含的海量软信息打破了金融行业赖以生存的信息不对称格局，传统金融发展格局很可能被打破。

在国内，阿里巴巴将大数据充分利用于小微企业和创业者的金融服务上，依托淘宝、天猫平台汇集的商流、信息流、资金流等一手信息开展征信，而不再依靠传统客户经理搜寻各种第三方资料所做的转述性评审，实现的是一种场景性评审。阿里巴巴运用互联网化、批量化、海量化的大数据来做金融服务，颠覆了传统金融以资金为核心的经营模式，在效率、真实性、参考价值方面比传统金融机构更高。大数据主要是为征信及贷后监控提供了一种有效的解决途径，使原来信用可得性差的高效益业务（如高科技小微贷）的征信成本及效率发生了重大变化。但是，金融业作为高度成熟且高风险的行业，有限的成本及效率变化似乎还不足以取得上述颠覆性的成绩。

传统一对一的融资受企业内部资本的约束，企业虽然有着大量外部协同资本，但由于外部信息不对称关系，这部分资本无法被识别而被忽略，导致如科技型中小企业的融资难等问题。通过大数据的“在线”及“动态监测”，企业处于集群供应网络中的大量协同环境资本将可识别，可以有效地监测并转化成企业金融资本。

第六章　大数据背景下财务的风险及危机管理

第一节　大数据时代企业风险的管理

一、大数据时代数据收集中风险的管控

由于大数据的技术支持，企业决策能够获得更多的有用信息，并对这些信息进行有效分析，对财务流程、投资方案所带来的成本、收入和风险进行研究，选择能够使企业价值最大化的最优方案和流程，帮助企业减少常规失误，进一步优化企业内部控制体系，最大限度地规避各种风险。大数据时代将为企业筹资、投资、营运、利润分配等各项业务提供更精准、更全面的风险源数据，借助智能化内部控制和风险管理系统，财务人员能够更好地完成对数据的提炼、分析与总结。大数据时代智能化信息系统还可以自动计量风险资产，对公司各类资产进行盈利能力分析、偿债能力分析、敏感性分析、流动性分析等，并形成分析报告，给财务人员提供帮助。

（一）宏观数据收集的风险

1. 数据管理的风险

风险管理的职能在于建立适合公司的风险管理体系，包括风险点识别、风险估测、风险评估、风险监控技术以及风险管理结果检测，从而将风险控制在可影响的范围内，保证企业健康可持续的发展。面对日益发展的宏观经济环境，风险管理在企业财务管理中占据越来越重要的地位。企业面临的风险日益提高，企业环境的不确定性，将是一种常态。经济周期、资源的竞争、内外部环境的变化，都会成为企业不确定、不可避免的外部环境。

在大数据时代，数据产生的增值效益日益突出，由此对数据管理提出更高

的要求。企业财务数据管理风险主要表现在因数据管理不到位造成的各种不良后果，表现在财务系统因病毒、网络攻击、火灾及自然灾害等情况造成的无法正常使用；因管理不善造成的财务数据丢失、数据遭篡改，造成数据不能正常使用。这就要求企业在财务数据管理方面要做到以下几点：一要加强制度建设，建立异地备份等管理机制，特别是要考虑当前企业运转条件下信息系统一体化的数据安全问题；二要加强信息安全管理，通过可靠的杀毒系统、系统防火墙建立可靠的信息安全屏障；三要明确数据管理人员的职责，建立数据管理牵制机制。

2. 数据质量的风险

大数据时代企业所要处理的数据比较多，但数据的质量往往参差不齐，如有一些数据不一致或不准确、数据陈旧以及人为造成的错误等，通常被称为“脏数据”。由于数据挖掘是数据驱动，因而数据质量显得十分重要。“脏数据”往往导致分析结果的不正确，进而影响决策的准确性。由于大部分的数据库是动态的，许多数据是不完整的、冗余的、稀疏的，甚至是错误的，这将会给数据的知识发现带来困难。由于人为因素的影响，如数据的加工处理以及主观选取数据等，从而会影响数据分析模式抽取的准确性。大量冗余数据也会影响分析的准确性和效率。

因此，在大数据时代，不能不计成本盲目地收集各种海量的数据，否则将成为一种严重的负担。数据的体量只是大数据的一个特征，而数据的价值、传递速度和持续性才是关键。总之，通过对数据质量的控制和管理，可以提高数据分析的准确性。数据应用成为整个数据管理的核心环节，数据应用者比数据所有者和拥有者更加清楚数据的价值所在。在大数据爆发性增长时代，宏观数据的质量直接关系着甚至决定了数据应用的效率和效果。企业采用宏观数据质量风险主要表现在由于数据不准确造成错误的分析结果，误导管理层；因宏观数据不完整造成决策支持效果不佳。这就要求企业在数据采集、处理和应用的过程中必须确保数据的质量。在衡量数据的质量时，要充分考虑数据的准确性、完整性、一致性、可信性、可解释性等一系列的衡量标准。

（二）内部数据收集的风险

1. 成本数据的完整性

风险管理与企业内部控制的内容紧密联系，风险管理的风险处理点是内部控制的着力点，高效的内部控制会使企业对外部环境有更好的适应性，极大地降低了企业的风险发生率。成本的高低是企业获得市场的一个关键的因素。大数据时代下，专业的成本控制与分析人员不仅要具备一定的财务专业知识，还需要深入企业了解企业的工艺流程、生产过程、整个内控流程，关注生产效率、报废率、各种成本的差异、各种费用的使用合理情况，通过大数据技术，及时采集到与企业成本相关的数据，并应用于成本控制系统，进行分配与归集，分析成本构成，从而达到对公司进行有效控制的目的，为公司的决策提供依据。因此，企业应用大数据技术进行风险管理时，将会提供更为全面、准确的业务数据，借助财务云的智能化处理系统，准确地对风险进行分析与总结；大数据技术下的信息化处理系统，可自动评估企业的风险，对各资产情况进行智能分析，得出风险分析报告，帮助企业更高效地进行风险管理，同时实现事前的风险预测、事中的风险控制以及事后的风险管理。大数据处理系统可以在很大程度上提高企业风险管理的前瞻性。基于大数据技术的处理系统，企业能够获得更多有效的具有实时性的信息，可以帮助企业对投融资、收入、支出及风险控制等进行研究，从而对企业的运营决策进行指导，减少企业的无效流程及成本，优化企业的管理体制，从而进行有效的内部控制，尽可能规避企业的经营风险。

2. 财务数据应用风险

传统数据管理的重心侧重于数据收集，而在大数据时代，数据应用成为整个数据管理的核心环节，数据应用者比数据所有者和拥有者更加清楚数据的价值所在。企业数据应用风险主要表现在对高质量数据的不当应用，如使用了错误的财务分析模型，甚至是人为滥用造成偏离数据应用目标的情况；财务数据在应用过程中因数据管理不到位或人为因素造成企业商业机密泄露。这就要求企业高度重视大数据的应用管理，首先要明确数据应用管理的目标，并建立高效的数据应用管理机制，以确保数据的应用效果。其次要通过明确数据应用者的管理职责，加强数据应用过程中的核心信息管理，确保企业核心商业机密的安全性。

3. 财务数据过期风险

传统数据管理强调存在性，即只要能获取数据并能满足企业的要求。在大数据时代，企业对数据时效性的要求空前提高。企业财务数据过期风险主要表现在对数据的时效性管理不到位、财务数据反馈不及时造成决策不及时、贻误商业机会等情况。这就要求企业要从战略导向出发，高度重视数据应用的时效性管理，一方面在财务数据获取环节要充分考虑时间的及时性和可靠性；另一方面在数据应用环节要注意对数据的甄选，确保财务数据必须更多地立足当前，只有这样，才能帮助企业在瞬息万变的市场环境中充分发挥作用。

（三）大数据引发的会计信息风险

1. 共享平台建设略显滞后

在大数据环境下，云会计的推广和应用为企业带来许多益处。企业用户与云会计服务商签订使用协议，并按期支付费用以后，就可以获得海量的存储空间，将各种会计信息存放到云端，同时软件的开发和维护也全部由云会计服务商负责，企业用户的运行成本及维护成本大幅下降。云会计可以让企业将工作重心转移到经营管理上，而将会计信息化的基础建设和软件服务工作外包给互联网企业，这种模式所带来的优势和效率显而易见，将推动企业管理模式的转变和思维模式的转变。与此同时，要在企业中推广云会计的应用，还存在急需突破的困境，这些困境不但制约云会计服务商的发展壮大，而且无法消除企业采纳云会计的种种疑虑。

现代会计信息化的发展依赖共同资源共享平台的建设，如云会计的发展主要依赖云计算平台的技术发展。对于云计算供应商来说，在可扩展性较强的云计算模式下，他们通过专业化和规模经济降低提供软件服务成本的同时，需要依靠大数量的用户提高自己的经济效益。

面对客户的需求要提供一套与中小企业用户相符的会计信息化系统，这就需要进行大量的前期准备工作，主要是对用户的需求进行综合分析。不同于传统的按需定制软件，云计算供应商要求能够满足不同用户、不同地域和不同业务规则的需求，所以对服务的适应性、扩展性以及灵活性要求非常高，在技术上也提出更高的要求。因此，云计算平台建设的资金起点和技术水平较高，研发周期较长且风险较大。

2. 数据标准缺失困境

目前尚没有明确的指导性和约束性文件，云会计服务商只是凭着商业逻辑开发相关的软件并提供硬件基础服务，用户也只是根据自身需要选择相应服务，至于是否符合未来云会计数据的要求，则无暇顾及。各厂商在开发产品和提供服务的过程中各自为政，为将来不同服务之间的互联互通带来严重障碍。例如，用户将数据托管给某个云会计服务商，一旦该服务商破产，用户能否将数据迁移至另一个云会计服务商？如果用户将数据同时托管给多个云会计服务商，能否便捷地执行跨云的数据访问和数据交换？目前在数据的处理标准方面尚未有效突破，尤其是在数据汇集以后，如何整理、如何分析、如何访问，是三个密切联系又亟待解决的问题。

在大数据环境下，数据应该如何共享，如何保持一致性，也必须有标准来支撑。另外，数据的质量标准是保证数据在各个环节保持一致的基础，这方面的缺失使数据的应用范围受到极大限制。由于数据标准的缺失，云会计的应用及服务标准难以制定，如何对不同云会计服务商提供的服务进行统一的计量计费？如何定义和评价服务质量？如何对服务进行统一的部署？这些问题也使得云会计的普及举步维艰。

3. 安全问题困境

云会计的安全不仅涉及当事企业，也与许多第三方企业的利益息息相关，如果这个问题解决得好，就能极大地促进云会计的发展，否则将使涉事企业面临经济、信用等多方面的巨大损失。一是存储方面的安全问题，云会计的存储技术运用虚拟化及分布式方法，用户并不知道数据的存储位置，云会计服务商的权限可能比用户还要高，因此，云会计的数据在云中存储时，如果存储技术不完善，就会导致会计信息存在严重的安全隐患。二是传输方面的安全问题，传统的会计数据在内部传输时，加密方法一般比较简单，但传输到云会计服务商的云端时，可能就会被不法用户截取或篡改，甚至删除，将导致重大的损失。

在云会计中，企业的各种财务数据通过网络进行传递，数据的载体发生了变化，数据流动的确认手段也出现了多种方式，这时加强数据加密工作是云会计安全运行的关键。

事实上，在我国网络会计系统中数据的加密技术仍然不是非常成熟。大多数软件开发商在开发软件时，数据密钥模块的设置过于简单。加密则主要是对软件本身的加密，以防止盗版的出现，很少采取数据安全加密技术。虽然在进入系统时加上用户口令及用户权限设置等检测手段，但这并不是真正意义上的数据加密。

网络传输的会计数据和信息加密需要使用一定的加密算法，以密文的形式进行传输，否则信息的可靠性和有效性将很难获得保障。在数据没有加密的情况下，数据在互联网中传输容易出现安全性问题，企业竞争对手或网络黑客可以利用间谍软件或专业病毒，突破财务软件关卡进入企业内部财务数据库，非法截获企业的核心财务数据，并可能对正在传输的数据进行恶意篡改。企业最为机密的核心财务数据遭黑客盗窃、篡改，或是被意外泄露给非相关人员，这对企业无疑是致命的。

二、大数据时代财务风险预警和管理的新路径

过去财务核心能力包括财务决策能力、组织能力、控制和协调能力，如果这些能力能够超过竞争对手的话，企业就会在竞争中具有绝对的优势。随着时间的推移，目前企业环境的多变性和不稳定性加剧了企业之间的竞争，企业除了具备上述能力，还需要拥有很强的识别能力以及对风险的预知能力。因此，现在的财务风险防范胜于防治，作好财务风险的预警和控制就成为当今企业的重要处理对象。

财务风险管理者对大数据分析方法的研究应聚焦于基于大数据的商务分析，以实现商务管理中的实时性决策方法和持续学习能力。传统的数据挖掘和商务智能研究主要侧重于历史数据的分析，面对大数据时代的大机遇，企业需要实时地对数据进行分析处理，帮助企业获得实时商业洞察。例如，在大数据时代，企业对市场关键业绩指标（KPI）可以进行实时性的监控和预警，及时发现问题，作出最快的调整，同时构建新型财务预警机制，及时规避市场风险。

企业所面对的数据范围越来越宽、数据之间的因果关系链更完整，财务管

理者可以在数据分析过程中更全面地了解公司的运行现状以及可能存在的问题，及时评价公司的财务状况和经营成果，预测当前的经营模式是否可持续、潜藏哪些危机，为集团决策提供解决问题的方向和线索。

与此同时，财务管理者还要对数据的合理性、可靠性和科学性进行质量筛选，及时发现数据质量方面存在的问题，避免因采集数据质量不佳导致作出错误的选择。

（一）大数据时代对财务风险理论的影响

1. 传统的财务风险及预警

公司所面临的风险主要涉及商业风险和财务风险，以及不利结果导致的损失。商业风险是指在商业活动中，由于预期商业环境可能恶化（或好转）而使公司利润或财务状况不确定的风险；财务风险是指公司未来的财务状况不确定而产生的利润或财富方面的风险，主要包括外汇风险、利率风险、信贷风险、负债风险、现金流风险等。一个有过量交易的公司可能是一个现金流风险较高的公司。对库存、应收款和设备的过分投资导致现金花光（现金流变成负的）或贸易应付款增加。因此，过量交易是一种与现金流风险和信贷风险有关的风险。

对风险的识别与防控是企业财务管理的核心与灵魂。财务理论中有关风险的核心观点与内容应该包括如下内容：①财务理论中所指的“风险”主要来源于数理分析中的“风险性和不确定性”事件。虽然有时候财务理论也强调“风险性”和“不确定性”之间的差异，但是在“主观概率的”引导下，几乎把“风险性”与“不确定性”等同起来看待。②财务理论大多关注如何“减低”企业流动性风险（偿付能力）等具体的风险。③在风险防范的对策方面，财务理论所提供的解决方法，一是对资本结构进行适当水平的动态调整，二是结合证券投资理念中的投资组合思想。

2. 企业财务风险管理理论重构

在大数据时代，财务风险管理理论需要在多方面进行重构：

第一，财务风险概念重构。财务风险是一个多视角、多元化、多层次的综合性概念。一个现实的、理性的财务风险研究理论应该是在对风险要素、风险成因、风险现象等不同财务风险层次的理解和研究的基础上形成的。

第二，风险防控对策重构，要特别关注各类风险的组合和匹配。当经济处于低迷期，企业需要在投资导致财务危机的风险与不投资带来竞争地位的损失之间进行权衡。当经济处于萧条期，如果企业过度强调投资带来的财务风险，那将以承受不投资导致竞争地位下降的风险为代价。因此，企业需要根据对经济环境的判断，平衡投资财务风险和投资竞争风险。

第三，风险评估系统重构。企业应降低对防范风险金融工具的依赖。大数据背景下的财务管理理论应以实用为原则，围绕如何建立更加有效的评估企业经营风险状况的预警系统进行深入探讨，良好的风险预测能力是防范风险的利器。

对企业经营风险的控制，需要企业开发基于大数据、能够进行多维度情景预测的模型。预测模型可以用于测试新产品、新兴市场、企业并购的投资风险。预测模型将预测分析学和统计建模、数据挖掘等技术结合，利用它们来评估潜在威胁与风险，以达到控制项目风险的目的。

（二）大数据风险模型在信贷风险分析中的应用前景

以美国金融危机为例，这次危机肇始于房地产抵押贷款，雷曼兄弟、房利美、房地美、美林和贝尔斯登等财团相继破产或并购，倘若事前已经建立大数据风险模型，及时对金融行业的系统性风险及其宏观压力进行测试，这场波及全球的金融危机或许能够避免，至少可以避免房贷风险溢出而放大多米诺骨牌效应。

如果2008年以前华尔街就建立了大数据财务风险模型，雷曼兄弟等财团就能正确地对客户群进行预风险分析，如果美联储和美国财政部能早些时候关注宏观经济流量和金融市场变量的风险，及早利用大数据分析技术制订金融危机预案，切断风险传递，危机就不会严重冲击全球经济。

综上所述，作为集团公司要建立风险防控机制，通过大数据风险预测模型分析诊断，及时规避市场风险，最大限度地减少经济损失。

信贷风险是长期困扰商业银行的难题，无论信贷手册如何详尽，监管措施如何到位，信贷员们如何尽职都难以规避坏账的困扰，大的违约事件仍层出不穷。准确和有价值的大数据信息为银行的信贷审批与决策提供了新的视角和工具管理，信贷风险的难点在于提前获得某家企业出事的预警。以前，银行重视的是信用分析，从财务报表到管理层表现，依据历史数据，以历史推测未来。自社交媒体问世后，包括微信、微博在内的社交网站以及搜索引擎、物联网和电子商务等平台为信贷分析提供了一个新维度，将人们之间的人脉关系、情绪、兴趣爱好、购物习惯等生活模式以及经历一网打尽，为银行提供非常有价值的参考信息。银行凭借这些更加准确和具有厚度的数据完成对客户的信用分析，并根据变化情况调整客户评级，作出风险预判。这样一来，信贷决策的依据不再是滞后的历史数据和束缚手脚的条条框框，而参考的是变化中的数据。信贷管理从被动转变为主动，从消极转变为积极，信用分析方面从僵化的财务发展到对人的行为分析，大数据为信贷审批与管理开创了全新的模式。

第二节　基于大数据财务预警模型的企业危机管理

通过大数据财务预警模型的实证分析，发现网民情绪以及网民行为与企业财务危机具有密切的关系，网民情绪和网民行为在社交网络环境中整体表现为企业的网络舆情。随着科技的发展，企业的经营环境已经发生了巨大的变化，网络媒体作为政府、企业、公众信息发布、传播、交流的主要渠道，具有覆盖面广、传播速度快、实时交互性强等特点，网民可以更加主动和自由地传递个人情绪、与他人进行观点的交流。社会网络作为信息交流的重要平台，将用户的在线社会网络（Online Social Networks，OSN）与现实社会网络（Real-life Social Networks，RSN）连接在一起。人们每天在社交网络中创造和获取大量信息，信息在社交网络中得到快速而大规模的传播，并渗入到社会生活的各个方面，对现实社会产生重要的影响。越来越多的企业认识到，社交网络中存在巨大的市场价值，开始借助社交网络为企业服务。与此同时，网络舆情对企业经营绩效产生了积极的、重要的影响，在这样的市场背景下，将企业网络舆情的影响纳入企业危机管理的范畴显得尤为必要。

一、企业危机与企业舆情的关系分析

作为大数据财务预警模型指标的网民情绪以及网民行为，其在社交网络中整体表现为网络舆情。企业网络舆情具有群集特征，大数据财务预警技术可以根据舆情指标对企业危机进行预测，但由于这种影响关系并非简单的线性关系，为了能够根据这种预警来指导企业从网络舆情角度进行危机管理，应用群集动力学来明确企业危机与企业网络舆情的关系是必要且有效的。

企业网络舆情中个体是自驱动的，在自身行为规则的作用下，可以对周围实体和环境的刺激作出本能的反应，产生自驱动力和期望速度，根据每一时间每一个体的外部感知和内部状态，行为产生系统为个体产生一个行为，且对内部状态进行修正。

网络上网民聚集成群会产生群集现象。群体流动动力来自网民的合力，整个群体对外界环境呈反沉默螺旋特征。①群体中存在异向群集，也存在异质群集。群体中的个体运动力（包括力的大小和方向矢量）最小时，群体合力最大，反之合力最小。②网民个体需求得到满足，个体动力消失，最终导致群体动力消失，同时，群体有可能提高或者降低个体的需求。③企业网络舆情群集方向取决于所有作为利益相关人的网民合力。

二、企业危机管理的建议和措施

根据上述分析所得，企业根据大数据财务预警模型的预测结果，可以利用传统指标预测与引入大数据指标预测的差异选择网络舆情管理的时机。从网络舆情角度对企业进行危机管理的过程中，可以注意以下一些措施和建议。

企业网络舆情在疏导过程中，作为企业利益相关人的网民最为犹豫的时点，是企业参与治理的最佳时机。群集能够使个体实现个体无力实现的期望。比如现实生活中人车抢路现象，抢路的行人足够多了，可以无视红绿灯通过马路，导致车辆无法正常通行。在网络舆情中，一些极端事件甚至出现以言代法、舆情左右法律等现象，群集事件处理中，网民犹豫不决时，是群集发展最快的时期。因此，在舆情处理中，可以凭借大数据技术发现治理关键时点，企业在群集犹豫不决阶段一定要果断采取合适的策略，避免舆情力场环境恶化。只有真正解决了舆情背后的企业治理问题，使网民群体符合一定舆情力场条件时，才能切实对舆情变化产生影响。

企业舆论最终的演化结果不一定只有全部赞同、全部反对和赞同反对各占一半，更不能简单地认为，企业舆论负面信息占主要比例就代表企业的运作存在问题，或者简单地认为企业舆情正面信息占主要比例就代表企业不存在危机。这个比例和事件的群集力场变化有关，与人们的容忍度和安全承受能力有关，同时和该环境的人们所处的需求层次分布有关。所以，每个企业的网络舆情对企业造成的影响无法给出统一的判断标准。

作为支持企业发展的大环境，政府应该着手提高社会中高需求层次人群所占的比例，提高公民实际就业率，增大人群对外界的容忍度，减少超出人们承受能力的事件发生，保证社会中舆情力场的稳定性。政府应维护和促进良好的社会环境，在日常管理中落实“有法可依，有法必依，违法必究，执法必严”，使社会舆论力场在合理范围内波动，从而企业网络舆情就会更容易趋于稳定状态。

根据博弈论的理性人假设以及舆情群集动力学分析，发现舆情传播中，理性的网民更容易产生羊群效应和蝴蝶效应，对企业网络舆情的爆发起到了推波助澜的作用，在舆情疏导中，尤其要注意对理性网民的引导。企业要加强法治公信力，使利益相关者不需要获取群集动力就使期望得以实现，做到赏罚分明。

舆情疏导中，管理者的处理效率是舆情疏导的重要影响因素，同时不一定是信息越透明越好，企业要及时传播使舆情力场平衡的信息，而如果传播的方向相反，将会使舆情发展更为激烈，这要求企业能够根据大数据技术及时了解力场变化情况，同时信息发布要得体。企业为实现较好的舆情疏导，应该重点发展大数据技术对舆情的监测功能，通过高效的企业治理来实现企业网络舆情博弈中的动态惩罚策略。

第七章 大数据时代网络财务管理

第一节 网络财务管理概述

在大数据网络经济环境下，企业的经营方式和管理模式正在发生着巨大的变化，作为企业核心部分的财务管理也正在经历一个新的阶段。网络技术的快捷性和便利性的特征对传统财务管理的筹资管理、投资管理、财务风险管理和营运资金管理产生了重大的影响，同时为企业更好地进行财务管理提供了一种技术手段。财务管理网络化打破了地域限制，提高了信息传输速度，增加了信息的使用价值，降低了企业成本，并促使传统的财务管理演化为网络财务管理。

一、传统财务管理的局限性

（一）传统财务管理方法不能满足日益发展的电子商务要求

随着电子商务和网络经济的快速发展，传统的企业财务管理的弊端日益凸显。电子商务的特点是贸易双方从磋商、签订合同到支付均通过网络完成，整个交易远程化、实时化、虚拟化。这就使得财务预测、计划、决策等工作的时间缩短，对财务管理方法的及时性、适应性、弹性等提出了更高的要求。传统的财务管理是在没有实现网络化的条件下进行的，使得企业财务部门仍然处在“信息孤岛”上，只能进行事后算账，而无法满足日益发展的电子商务对财务管理方法提出的更高的要求。

（二）在传统财务管理条件下所获得的财务信息具有局限性

1. 财务信息失真

财务信息在企业内部和外部传输过程中有可能遗漏，也有可能被人为篡改或人为作假使得财务信息不具有价值，难以为企业管理层提供真实、有效的决策依据。

2. 财务信息分散

对于企业特别是大中型企业来说，其内部机构设置繁多，业务复杂，即使同一企业集团下的不同企业也存在着不同的利益关系，因此从企业整体利益角度出发，企业总部所获得的信息比较分散，并且很难获得齐全的信息，这就使得传统财务管理条件下的财务部门无法收集齐全的财务信息，导致传统财务管理的技术储量较低，无法形成高效、畅通的信息传输途径。

3. 财务信息滞后

由于规模企业的下属机构和部门较多，位置分布在不同地区，故从企业整体来讲，要对所有部门的财务信息进行汇总、分析，在较短时间内是无法完成的，这也就使得无法将有用的信息及时提供给企业决策层，也无法及时将信息传输给需要该信息的相关部门。

（三）传统条件下的财务管理与现代企业管理模式不匹配

在电子商务环境下，企业对财务管理方法要求更高，研究的内容更加广泛，并要求在财务管理方式上实现电算化、业务协同、在线管理、远程处理等。传统的财务管理不能真正打破时空限制，并且与业务活动在运作上存在时间差，这导致企业内部各部门之间的信息不能相互衔接、相互利用，企业的财务资源不能实现最优化配置。

二、网络财务管理的概念与特征

（一）网络财务管理的概念

网络财务管理是指在一定的网络环境下，以内部网和因特网为手段，将信息技术与财务管理技术相结合，实现对企业筹资、投资等财务活动的网络化管理的一种财务管理方式。作为一种新型的全面基于网络技术的财务管理模式，它具有以下特点。

从空间上来看，企业的一切业务活动都可以通过网络进行远程处理，便于整合企业的财务资源，全面提高企业的竞争力。

从时间上来看，企业的一切业务活动都可以通过网络进行实时报告，便于企业管理层进行网络化管理，从而提高企业的工作效率。

在网络财务条件下，电子化货币将得到普及，这不仅极大地提高了结算效率，更重要的是加快了企业资金周转速度，降低了企业资金成本。在这种条件下，企业财务信息能够以更快的速度、更灵活的方式及更强的共享性满足各个利益相关者不同的信息需求，进而帮助企业管理层更加有序地管理企业。

（二）网络财务管理的特征

网络财务管理突破了传统管理模式，形成了与网络技术相结合的全新的财务管理模式，其特征表现为以下几方面。

1. 实现资源共享

在网络化条件下，企业通过网络技术对信息进行整合，对各项经济业务进行网络化处理，并与企业外部的信息系统相结合，从而实现了企业资源的共享。

2. 实现远程处理

在网络技术普及之前，由于受空间限制，企业对不同地域部门进行财务管理的技术难度和成本都很高。网络财务管理则突破了这一空间限制，使企业各部门之间的物理距离大大缩短，企业财务管理能力能够通过网络延伸到全球的任何一个节点，从而强化了企业管理层对各部门的财务监控。

3. 实现财务管理方式和手段的创新

与网络技术相结合，促进了财务管理的现代化，为财务管理职能的拓宽提供了技术条件。企业通过建立现代化的财务管理系统，实现了高效的业务集成和财务管理角色的转变，并促进了企业财务管理手段的不断创新。

4. 实现财务集中管理

(1)信息的集中

在网络财务条件下，实现了信息的高度集中，这种集中改变了传统财务管理条件下的事后集中，实现了实时的动态集中。通过信息集中，可以将分散在各个部门的信息集中起来并作为信息资源提供给相应的部门，使各部门各尽其责，达到将集中的权力分解，调控资金流和物流的目的；也可以将分散在各部门的财务信息集中起来，为企业管理层提供决策依据。

(2)管理的集中

在网络财务环境下，企业进行集中管理，有利于整合企业的财务资源，全面提高企业的市场竞争力。利用网络财务管理系统对二级部门实现集中财务管理、集中资金调配，可为企业领导提供经营状况的实时信息，实现事前计划、事中控制和事后监督相结合的集中管理。

5. 实现财务信息与业务信息协同

(1)与组织内部业务的协同

它贯穿组织的全程业务中，包括网上采购、网上销售、库存管理、网上服务及网上费用管理等。财务部门的预算控制、资金准备、网上支付、网上结算等工作应与业务部门的工作协同进行。

(2)与供应链的协同

企业是整个供应链上的一部分，供应链上的其他部分为供应商、运输商、零售商和客户等。与供应链相对应的是持续不断的信息流、产品流和资金流，与供应链协同的目标是实现供应链的整体价值最大化。在企业内部，各部门在供销、控制、预测等业务活动过程中时时都会产生各种信息，并伴有财务信息，企业需及时将这些财务信息输入财务管理系统并进行处理，再将产生的结果反馈给业务系统，实现财务业务的协同处理并集成各种管理信息。

(3)与社会其他相关部门的协同

企业在发生经济行为的同时，需要借助企业外部的其他一些条件，以保证这种经济行为的顺利完成。

(三)网络财务管理的目标

传统财务管理的目标是实现企业利益最大化和价值最大化，这些目标均以本企业为主体，注重企业自身的利益。在网络财务条件下，财务管理目标向多元化发展，即在注重本企业利益和价值的同时，追求其他相关者的利益；既关注企业自身利益，也关注社会利益。由此可见，网络财务管理目标逐步演化为以下几点。

1. 兼顾相关利益主体的利益

相关利益主体包括股东、债权人、企业职工、顾客、供应商、政府部门和其他相关利益主体。不同相关利益主体所处的地位不同，其所体现的目的也不同，如企业股东期望财富最大化，企业员工期望薪金收入最大化，债权人期望能如期收回本金和利息等。因此，在网络财务环境下，企业需要兼顾和均衡各相关利益主体的利益要求：既要考虑企业股东的利益，又要兼顾其他利益相关者的要求；既要适应网络经济时代的发展要求，又要体现企业持续发展的财富特征。只有这样，企业才有可能实现目标，达到企业利益最大化和价值最大化。

2. 履行企业的社会责任

企业出于自身发展的需要必须重视社会责任。企业将履行社会责任纳入财务目标体系，既有助于企业实现经营目标，也有助于企业自身和社会的发展。

3. 保持企业的可持续发展

财务管理必须考虑企业未来的增长能力，不仅要追求现时利益，更要关注企业的未来预期利益，以保证企业的可持续发展。这就要求企业在现时利益和未来利益之间找到一个平衡点，以真正实现企业利益最大化和价值最大化。

网络时代的企业财务管理既要兼顾企业内部利益和外部利益，又要考虑现时利益和未来利益，从而实现相关利益主体的共同目标。

第二节 网络筹资与投资管理

一、网络筹资管理

(一)企业筹资概述

1. 筹资渠道

(1)国家财政资金

国家财政资金在过去一段时间一直是我国国有企业获得资金的主要来源。目前的国有控股企业的资本基本上来源于国家财政拨款。此外，通过国家的一些特殊政策，如税款的减免或退回也可形成国有企业的资本。尽管随着经济体制改革的不断深入，国家财政资金所形成的企业资本的比例不断缩小，但是国家财政资金仍然是一些企业，如关系到国计民生、基础性行业的企业进行筹资的主要渠道。

(2)银行资金

银行的贷款一直是企业资金来源的重要渠道。我国银行主要包括政策性银行和商业性银行，商业性银行根据偿还性原则和择优发放原则为各类企业提供商业性贷款；政策性银行为特定企业提供政策性贷款，其目的不是盈利，而是追求社会整体效益，服务于公共利益。这些银行为企业提供了主要的筹资渠道。

(3)非银行金融机构资金

非银行金融机构主要包括信托投资公司、租赁公司、证券公司和保险公司等。这些非银行金融机构主要通过证券承销和资金融通等手段为企业提供筹资渠道。目前在我国，非银行金融机构为企业提供的资金比较有限，但是具有非常广阔的前景。

(4)其他企业资金

一些企业出于某种目的，如控制原材料上游企业会进行股权投资。另外，企业在生产经营过程中，往往会有一部分暂时闲置资金，为了充分利用这部分闲置资金，企业之间也会出于经济利益进行相互投资。因此，对于资金短缺的企业而言，采用其他企业所提供的资金也是一种筹资渠道。

(5)居民个人资金

目前，游离于银行及非银行金融机构的居民个人资金数目非常庞大，企业可以通过发行股票及债券等方式，将这部分民间资金筹集起来，用于企业的生产经营活动。随着人民生活水平的不断提高，居民个人资金将更加庞大，因此，这种筹资渠道将越发重要。

(6)企业内部资金

企业内部资金主要有企业计提的各项公积金、折旧和未分配利润等。与其他筹资渠道不同的是，这种筹资渠道的资金不用企业特地去筹集，而是由企业内部直接转移而来，并且这部分资金的成本较低。随着经济的发展，这种筹资渠道将日益受到企业重视。

2. 筹资方式

(1)长期借款

长期借款是指企业向银行、非银行金融机构及其他企业借入的，还款期限在一年以上的借款，是企业长期负债的主要来源之一。

企业利用长期借款筹资，速度较快，时间较短，可以快速地获得资金；企业的借款成本较低，利息可以在所得税前扣除，从而可减少企业实际负担成本；企业的借款弹性较大，在借款时，企业可以直接与银行等商定贷款合同的一些条款。因此，长期借款对企业具有较大的灵活性。

长期借款的缺点是财务风险较大，如借款合同通常采取固定利率的形式，企业需要定期支付利息；限制的条件较多，这可能会影响到企业以后所进行的筹资和投资活动；筹资数额有限。

(2)融资租赁

融资租赁又称为财务租赁，是区别于经营租赁的一种长期租赁方式。它是指由租赁公司按照承租企业的要求融资购买设备，并在契约或合同规定的较长期限内提供给承租企业使用的信用性业务。融资租赁资产所有权的有关风险和报酬实质上已经全部转移到承租方。

承租企业采用融资租赁的主要目的是融通资金，因此它具有借贷性质，是承租企业筹集长期借入资金的一种方式。其优点是：这种方式的租赁期限一般较长，通常达到设备寿命的一半以上；租赁合同比较稳定，非经双方同意，一般不得中途解约，这有利于维护双方的权益；筹资速度较快，有利于保存企业的举债能力；财务风险较小，可以获得减税的利益。它的缺点是租赁成本较高，这主要是因为出租人所承受的风险较高，必然要求较高的回报，从而导致筹资成本比其他筹资方式要高；同时，还有可能存在利率风险。

(3)发行债券

债券是债务人为筹集债务资本而发行的，承诺在一定期限内向债权人还本付息的一种有价证券。我国股份有限公司和有限责任公司发行的债券为公司债券，非公司制企业发行的债券为企业债券。发行债券是企业筹集债务资本的一种主要方式。

这种筹资方式的优点是债务成本较低，债券利息可以在企业所得税前扣除，并享受税收优惠；可以发挥财务杠杆的作用，因为债券持有人只能收取固定利息，而不管发行债券企业的盈余多少，所以企业的更多盈余主要分配给股东或留存企业；企业股东能够保障其控股权，债券持有人无权参与企业的经营管理；企业通过发行债券还可以优化企业的资本结构，提高企业治理水平。

其缺点是企业财务风险较高，需定期支付利息，到期偿还本金。在企业经济不景气的情况下，会给企业带来财务困难；债券持有人对企业的限制条件较多，从而限制了企业的进一步筹资能力；企业通过发行债券的数额也有限。

(4)发行股票

股票是股份公司依照一定程序发行的，用以证明其持股人的股东身份和权益的一种书面凭据。股票可分为普通股和优先股。普通股代表持股人在公司中拥有平等的权利和义务，享有公司的经营管理权；优先股代表持股人优先于普通股持股人取得公司股利和公司清算时的剩余财产。我国公司所发行的股票指的是普通股股票。

公司发行普通股的优点是不承担固定的股利分配，是否分配股利视公司的盈利情况而定；没有固定的到期日，因为它是一种永久性资本，除非公司清算时有剩余才予以偿还；它还有助于增强公司的借债能力。

这种筹资方式同样也有缺点：公司发行股票的成本较高，这主要是因为投资者投资在股票上的风险较高，所以要求有较高的报酬，并且股利只能在税后利润中支付，不能减免税赋；公司发行股票有可能分散公司的控股权，降低公司的每股收益。

(5)吸收直接投资

吸收直接投资是指企业依照“共同投资、共同经营、共担风险、共享利润”的原则来吸收投资者资金投入的一种筹资方式，投资者可以以现金、实物或土地使用权等方式进行投资。企业吸收直接投资的方式与公司发行股票相似，它主要是非公司制企业筹集资本的一种方式。

这种筹资方式的优点是有利于降低企业财务风险，吸收的资金能尽快投入企业生产经营中。其缺点是资金成本较高，容易分散企业控制权。

(二)网络对企业筹资环境的影响

1. 金融市场环境

在现代社会经济条件下，企业开展生产经营活动所需的资金除部分由企业所有者投入外，其余资金基本上都是通过金融市场筹集而来的，因此，金融市场的完善程度直接关系到企业能否筹集到为开展生产经营活动所需的资金。而网络技术为金融市场的发展提供了技术支持和保障，促进了金融市场的全球化和自由化，同时为企业提供了良好的筹资环境。

网络技术的产生和发展为企业筹集资金提供了极大的便利和信息支持。在网络条件下，资金提供方可以将资金供应方面的相关信息随时随地发布在网络上，而资金需求方同样可以利用网络技术方便地收集与愿意提供资金的供应方相关的信息，这为企业筹资决策提供了极大的便利和信息支持。

网络技术的产生和发展大大提高了企业筹集资金的速度。由于网络技术具有便利性的特征，故筹资企业可以通过网络技术随时就资金提供的有关条件与资金提供方进行实时协商。一旦双方就有关资金的转移达成一致，筹资企业可以很快地获得资金，这极大地提高了企业筹集资金的速度。企业通过网络筹资还可以省去大量的中间环节，最大限度地提高筹资速度，降低企业的筹资成本。同时，筹资速度的大大提高也在一定程度上缓解了企业急需资金的压力，企业可以迅速地将所筹集的资金投入企业的生产经营活动中去。

网络技术的产生和发展为企业提供了更为广阔的资金筹集的空间。网络技术的广泛应用使得金融市场最终实现一体化，企业的筹资空间已不再局限于当前的金融环境。企业可以通过网络技术在全球范围内寻找资金提供者，并与资金提供者建立联系，这与受地域限制的传统金融环境是截然不同的，也是传统金融环境所不能比拟的。在这种条件下，企业筹资空间已不受地域限制，筹资范围得到极大的拓展，这对筹资企业来说无疑具有重大的意义。

2. 经济环境

网络技术的出现与社会经济的发展是密不可分的，二者之间存在着相互影响、相互促进的关系。网络技术对经济环境的影响主要体现在以下两个方面：

(1)促使经济全球化

网络技术的快速发展，促使世界范围内各国、各地区的经济相互交织、相互影响、相互融合成统一整体，并且使得生产要素在全球范围内自由流动和优化配置。

(2)知识资本越来越受到重视

网络经济时代拓宽了资产的范围，使得资本结构得到了改变，物质资产在企业资产中的比重相对下降，知识资本的地位不断上升。知识资本作为独特的生产要素，其价值和作用日益凸显。

网络技术的快速发展对企业筹资的金融环境与经济环境产生了深远的影响，也影响了企业的筹资方式和筹资的资金成本。

(三)网络对企业筹资方式的影响

1. 网络技术的产生和发展影响企业筹资方式的侧重点

网络技术作为企业进行筹资活动的一种重要手段，并没有改变企业所能选择的筹资方式，没有对企业所能采取的筹资方式产生实质性的影响。网络技术对企业筹资方式所产生的影响主要体现在企业对各种传统筹资方式选择的侧重点上。网络技术为企业进行筹资活动提供了便利，这就使得企业在方式选择上更偏好于选择方便、快捷的筹资方式。

2. 网络技术的产生和发展影响企业筹资方式的具体选择

企业筹资方式的选择与金融市场的发展有着密切的关系，并直接依赖于金融市场的发展和完善程度。网络技术的产生和发展则为金融市场的高效运行提供了技术支持和保障。网络技术对金融市场的影响主要体现在以下几个方面：促进金融市场的证券化，降低了证券的经营成本；金融市场规模不断扩大，促进了国际资本的有效流动；企业的各种筹资方式由于受网络技术产生和发展的影响，也会随着金融市场的不断完善和发展相应地产生一些变化。因此，在筹资方式的选择上，企业必须进行相应的策略调整。

在网络经济条件下，企业筹资方式选择策略的调整主要表现在以下几方面。

首先，证券筹资在企业所筹集资金中的比重不断上升。由于金融市场的证券化和证券筹资成本降低的影响，企业在进行筹集时将更多地选择发行股票或债券等有价证券的方式来筹集企业所需资金。

其次，在企业的各种可以选择的筹资方式中，融资租赁这一筹资方式可能会被越来越多的企业接受。融资租赁是在现代金融环境下发展起来的一种非常特殊的筹资方式，大到飞机小到机器设备，几乎企业使用的各种设备都可以通过融资进行租赁。但是由于融资租赁这种方式涉及的关联方较多，且多个关联方之间的联系与协商所带来的成本是任何采用这种筹资方式的企业都不可忽视的，特别是目前我国企业所融资的设备一般由境外生产的较多，企业在开展融资租赁业务时涉及境外关联方的情形也较多，无疑阻碍了这种筹资方式的广泛使用。

在网络环境条件下，企业可以通过网络技术方便、快捷地寻找到愿意提供资产租赁的供应信息，并且企业与租赁资产提供方可以通过网络技术实时进行交流与协商，这大大降低了企业融资租赁的成本。在美国，公司生产经营中所需的全部新设备中约有30%是通过租赁获得的，这也印证了网络技术的高度发达极大地促进了融资租赁业务的开展。企业采纳融资租赁方式筹集资金的各种障碍在网络技术下都可以得到很好的解决，同时还提高了企业采用融资租赁这种方式的积极性。

（四）网络对企业筹资成本的影响

1. 网络技术的产生和发展降低了资金筹集费用

如上所述，资金筹集费用主要包括发行股票、债券等期间发生的费用，如印刷费、手续费、宣传费、律师费及资信评估费等，由于这些费用是一次性支付的，并且属于刚性支出，所以企业在对资金成本进行分析时很少关注这些发生的费用。但实际上，企业在进行筹资活动时所发生的筹资费用也构成了企业筹资成本的一项重要内容，直接影响企业资金成本的高低。

2. 网络技术的出现极大地方便了企业的筹资活动

一方面，企业通过网络技术与资金提供者进行在线磋商等方式节省了筹资活动的前期成本；另一方面，由于网上证券业务随着网络技术的产生得到了快速发展，企业通过网络技术筹集资金又可以节省大量的发行股票、债券等的印刷费用。因此，网络技术的产生和发展为企业节省了大量的筹资费用，降低了筹资费用在企业资金成本中的比重。

3. 网络技术的产生和发展对降低资金占用费用产生了积极的作用

在传统筹资环境下，企业选择资金供应方一般受到信息传输的限制，并局限于某个区域内，企业筹资范围较小，从而导致企业需要付出较高的资金成本。在网络环境下，企业通过网络技术可以收集到更多的资金提供方的信息，筹资范围已不再局限于某一地域内，企业甚至可以在全球范围内寻求资金提供者，与资金供应方建立联系，洽谈筹资事项等。因此，网络技术的产生和发展，一方面为企业在更大范围内寻求资金供应方提供了支持；另一方面，由于企业有了更多的比较和选择，这就使得企业有更多的机会以较低的资金成本获得所需资金。

二、网络投资管理

(一)企业投资概述

1. 企业投资的概念及其意义

(1)企业投资是实现财务管理目标的基本前提

企业投资是指企业为了特定目的，与对方签订协议，促进社会发展，实现互惠互利，输送资金的过程。企业的财务管理目标是不断提高企业价值，增加股东财富，为此企业就要采取各种措施增加利润，降低风险。其中一项重要措施就是进行投资，在投资中获得收益。

(2)投资是企业维持和扩大再生产活动的必要手段

在社会经济快速发展的今天，要维持企业的再生产活动，扩大再生产经营规模，就必须不断更新生产所需的机器设备，增加人力、物力，对产品和生产工艺进行改革，同时不断提高企业员工的专业技术水平和文化素质等。企业只有通过一系列的投资活动，才能维持和扩大再生产活动。

(3)投资是企业降低经营风险的重要方法

企业把所筹集的资金投放到生产经营急需的关键环节或薄弱环节中，可以使各种生产经营能力配套、平衡，形成更大的综合生产能力。企业如把资金投放到多个非相关行业，并实行多元化经营，则能较好地降低企业经营风险，增强企业的盈利能力。

2. 企业投资的分类

（1）直接投资和间接投资

直接投资是指把资金投放于生产经营性资产中，以便获取利润的投资。在非金融性企业中，直接投资所占比重很大。间接投资又称为证券投资，是指把资金投放于证券等金融资产，以便取得股利或利息收入的投资。随着我国金融市场的完善和多渠道筹资的形成，间接投资将越来越广泛。

（2）对内投资和对外投资

对内投资又称为内部投资，是指把资金投放在企业内部，用以购置各种生产经营用资产的投资。对外投资是指企业以现金、实物、无形资产等方式或者以购买股票、债券等有价证券方式对其他单位进行的投资。对内投资都是直接投资，对外投资主要是间接投资，也可以是直接投资。随着企业横向经济联合的开展，对外投资将变得越来越重要。

3. 影响投资的因素

（1）筹资能力

投资是筹资的目的和归宿，筹资同时对投资起着约束作用。筹资的规模和时间不仅取决于投资的需求，还受许多因素的影响和制约，如金融市场行情的波动、投资者心理预期的变化等。面对好的机会，企业如不能及时筹集到资金，就有可能错失投资时机，因此，企业需要维持较强的筹资能力，以把握投资机会。

（2）投资动机

企业进行投资的根本动机是追求投资收益最大化。在筹资能力有保障的前提下，投资收益的高低是决定投资方案是否被采纳的关键因素。投资者要充分收集和积累各种信息资源，善于进行深入细致的市场分析，并在金融市场中寻找投资机会。投资者既不能因优柔寡断错失机会，也不能盲目地进行投资。

（3）投资风险

投资风险是指由于环境的不确定性而导致在投资活动上遭受经济损失的可能性，或不能获得预期投资收益的可能性。因此，企业要有风险意识，要分析各种风险产生的可能性以及对投资收益产生的影响，同时要建立风险预警和防范机制，预防风险的发生。风险一旦发生，应及时将其可能产生的损失控制在最小范围内。

（4）投资成本

企业进行投资时，首先要进行分析的就是投资成本。投资成本包括从分析、决策投资开始到收回全部投资的整个过程中所发生的全部支出。投资成本的高低直接决定了企业在投资活动中所能获得的收益高低，因此，企业进行投资活动分析时必须考虑投资成本，如果投资成本高于投资收益，那这种投资就毫无意义了。

(5)投资管理和经营控制能力

与对内投资管理相比，对外投资管理涉及因素多，关系复杂，管理难度大，因此，企业在进行对外投资前必须考虑企业自身的投资管理和经营控制能力。如果企业所进行的投资规模与范围超出了企业的管理能力，则这种投资不仅不能给企业带来收益，而且有可能使企业自身陷入困境，甚至有可能导致破产。

(6)投资环境

投资环境是指企业内外各种影响企业投资活动的因素总和。企业的投资活动都是在这样一个环境下展开的。由于现代市场经济下的投资环境具有构成复杂、变化快等特点，所以，企业在进行投资活动时必须对投资环境进行分析与把握。

(二)网络对企业投资环境的影响

1. 网络技术的产生和发展对社会文化差异产生的影响

网络将“你”“我”彼此联系在了一起，使得边界概念日趋模糊；信息通过网络技术在全球范围内传输，使得投资者可以轻而易举地获得投资信息，投资者的投资范围也就扩大到了全球范围。企业在进行跨区域，特别是跨国投资时所面临的最大问题是不同文化之间的价值观、思维方式和行为准则之间存在着明显差异。例如在跨国投资的企业中，不同国籍、不同文化背景的人员在一起工作，管理原则与方法却各不相同，美国鼓励员工积极参与，以个人主义为核心；而日本则强调共同合作、团结共进等。因此，在母国文化中行之有效的管理原则与方法，在异国文化中却不一定能达到预期的效果。但是网络技术的产生，在促使全球一体化进程的同时，也增加了各国各民族之间的相互联系与相互了解，加强了不同文化的交融和相互认同。通过网络可以方便、快速地了解不同民族和国家的文化与风俗，了解他们的思维方式和价值观，这就为企业进行跨国投资活动提供了方便。因此，企业在进行跨国投资活动时，首要条件是对不同国家、不同地区的文化差异进行全面的了解和掌握，同时要“入乡随俗”，这也是企业进行跨国投资活动能否成功的一个关键因素。

2. 网络技术的产生和发展对管理差异产生的影响

网络技术的产生和发展促使跨国投资迅猛发展，与此同时也带来了一系列跨国投资活动中的投资管理差异问题。如中国的管理重视人情，讲究关系；而西方的管理则是以“法”为中心，在管理上表现为规范管理、制度管理和条例管理，从而实现了管理的有序化和有效化。当人情化管理遇到刻板化管理，就会发生冲突。因此，在进行跨国投资活动时必须要改变管理方式。在具体管理细节上，将网络技术运用于企业管理中使远程进行实时监控成为可能，这也解决了跨地区、跨国投资导致的监控难的问题。同时，应针对不同国家、不同地区采取不同的管理方式，只有这样，才能保证企业的跨地区、跨国项目的投资管理质量，同时减少为管理投资项目而付出的管理成本。

3. 网络技术的产生和发展对企业选择投资机会产生的影响

企业在进行投资活动时，首先要选择投资机会。投资机会的选择有赖于企业对自身及外部环境的了解和认识，也有赖于企业对商业机会的把握。商业机会与企业外部环境的变化息息相关，在变化之中又孕育着商业机会。网络技术的出现提高了企业在选择投资机会时收集信息的速度，并使企业能及时对信息进行分析，从而提高其选择投资机会的效率和效益。

（三）网络对企业投资方式的影响

企业的投资活动都要通过一定的投资方式进行。一般来说，投资方式主要分为对内投资和对外投资。对内投资主要包括固定资产投资、流动资产投资等；对外投资主要包括股权投资、金融资产投资等。企业所能选择的投资方式一般要受多种因素的影响，而网络技术的出现是影响企业投资方式的一个重要原因。

网络技术的产生和发展对投资方式的影响主要有如下方面。

1. 以组建虚拟企业形式进行产权投资

在传统的经济环境下，企业一般采取纵向一体化的方式来保证企业与其供应商及分销商之间的稳定关系。这种纵向一体化是指企业通过采取投资控股或兼并等方式来实现对提供原材料、半成品或零部件的企业及分销商的控制，也即以产权为纽带来实现核心企业与其供应商及分销商之间的稳定关系。进入网络经济时代后，企业的经营环境发生了显著的变化，这种变化突出表现在企业面对的是一个变化迅速的买方市场，在这一环境下，企业对未来的预测显得越来越难把握，相应地，企业要保持在市场竞争中的主动地位，就必须具有对市场中出现的各种机会作出快速反应的能力，而以往的纵向一体化模式显然难以实现这一要求。因为在以产权为纽带的纵向一体化模式下，企业与其供应商及分销商之间是一种非常稳固的关系，这种稳固关系是为把握以往的某种市场机会而建立的。当以往的市场机会已经不存在，或者企业需要把握更好的、更新的市场机会时，企业将更多地选择以组建虚拟企业的形式进行产权投资，通过与供应商及分销商之间建立伙伴关系而结成利益共同体，形成一个策略联盟；当相应的市场机会消失时，这种伙伴关系的解除不管是从时间上还是从成本上都比纵向一体化的影响要小得多，同时，网络技术的快速发展又为企业在寻找合作伙伴上提供了更加广阔的空间。

2. 无形资产投资比重加大

这是由网络经济的自身特点所决定的。在企业的资产结构中，以知识为基础的专利权、商标使用权、人力资本及产品创新等无形资产的比重将会大大提高，无形资产将成为促使企业快速发展的一个重要动力，成为企业生产和再生产过程中不可或缺的重要因素。因此，网络技术的产生和发展促使企业不断完善资本结构，充分利用知识资本为企业创造价值，挖掘知识资本潜在的收益能力。

3. 金融投资中的证券投资比重提高

在网络环境下，证券市场交易的便捷性和资产证券化趋势的凸显将使企业在考虑投资方式时，对金融资产投资予以更多的关注，企业在股票、债券等方面的投资在其全部投资中的比重将有更大的提高，这主要是由于以下几个原因：

(1)网络技术具有成本优势

在传统证券业务模式下，在作为交易中介的证券商经营证券业务的过程中必然会产生许多交易费用，这些交易费用在网上证券业务模式下都将大大下降。

(2)网络技术的便利性和快捷性

网络技术的这些特点使得企业在进行证券投资时，无论处于何时何地，只要通过网络技术就可以非常便利、快捷地获得相关信息以进行证券的买卖。这也是网上证券业务迅猛发展的重要原因之一。

(3)网络技术能使企业快速获得证券投资的相关资讯

企业要进行证券投资，前提是要掌握充分的投资决策的相关信息。网上证券业务的开展可以使企业通过网络技术获得及时更新的以及经过深入分析和研究的证券投资的相关信息，这些信息的获取可以在极大程度上支持企业的投资决策。

(四)网络对企业投资决策的影响

1. 网络技术的产生和发展对投资决策方法的影响

对于企业投资决策而言，其可以采纳的投资决策方法很多，一般可以分为定性决策方法和定量决策方法。定性决策方法主要是指依靠企业管理人员的主观判断和历史经验而进行的投资决策；定量决策方法是指应用数学模型和公式来解决一些决策问题，即运用数学工具，建立反映各种因素及其关系的数学模型，并通过对这种数学模型的计算和求解选出最佳的决策方案。

从定性及定量决策方法的发展与运用方面来看，定量决策方法有迅速增长的趋势，对决策问题进行定量分析，可以提高决策的时效性和准确性。随着企业投资活动的增长及其所考虑因素的不断增加，企业在进行投资决策时所需要考虑的变量也将随之增长。在这种环境下，定性决策方法所能体现的作用越来越小，定量决策方法则越来越重要。

在网络环境下，随着影响企业投资决策因素的增加，且各种因素之间也存在着相互影响和相互作用的关系，因此，对于与网络环境关系较为密切的决策问题而言，定性决策方法适用的范围进一步缩小。而定量决策方法具有科学性和准确性的特征，且不受人为因素的影响，网络技术的产生正好符合了定量决策方法的这种要求，并为定量决策方法提高决策的准确性提供了技术条件，因此，定量决策方法在网络环境下将有更为广阔的运用空间。

2. 网络技术的产生和发展对相关投资决策信息的影响

企业要进行科学合理的投资决策，前提是要获取充分的投资决策的相关信息。在传统条件下，企业要收集支持投资决策的信息比较困难，并且要花费大量的前期成本。网络技术的产生则为企业及时收集各种决策相关的信息提供了一种科学而先进的工具，使得企业可以以较低的成本方便、快捷地获得为决策提供依据的相关信息。因此，网络技术的产生和发展将促进企业投资决策的科学化，为企业投资决策质量的提高提供信息保障。

3. 网络技术的产生和发展对相关投资决策者的影响

网络经济环境下的投资活动往往不会仅仅局限于某个单一领域，而是会涉及多个不同的领域。因此，在企业进行投资活动时，相关决策人员必须具备较高的知识水平和文化素质，并且要善于把握企业所进行投资活动的本质，进行科学合理的投资决策。在个人知识水平无法达到特定投资决策的要求时，组织决策团队解决特定的投资项目将成为必然。

在网络经济环境下，相关项目的投资决策人员必须对网络经济模式有较好的了解，必须在具备多学科知识的同时具有团队精神，所有这些都是网络经济环境下对相关投资决策者的能力提出的要求。

第三节 网络运营资金管理

一、网络流动资产管理

（一）流动资产概述

1. 流动资产的概念及其特点

（1）周转快，变现能力强

流动资产是指企业可以在一年或者超过一年的一个营业周期内变现或者运用的资产，是企业资产中心必不可少的组成部分。流动资产可以在较短时间内耗用或变现。一般情况下，它在一个生产经营周期就可以周转一次，即从货币形态重新回到货币形态。流动资产中的货币资金具有完全的变现能力，其他流动资产在正常情况下的变现能力也比较强。流动资产之所以具有较快的周转速度和较强的变现能力，主要是因为垫付在流动资产上的价值只要经过一次性转移，就可以转换为货币形态，并得到价值补偿。

（2）形态多样，经常变动

流动资产在企业生产经营过程中，一般从货币形态开始，依次经过采购、生产、销售等过程，在这些过程中它具体表现为原材料、在产品、产成品、应收账款等形态。随着生产经营的顺利进行，不同形态的流动资产要依一定的顺序依次转化。企业中不同形态的流动资产一般都是并存的，在数量上有相对稳定的比例，只有这样，才能保证企业资金的正常运转及生产经营的正常进行。

（3）数量不稳定，有较强的波动性

流动资产的数量随着企业内外条件的变化而变化，时高时低，波动很大。从生产经营业务量在全年的分布来看，在整个年度中经营业务完全均衡的企业并不多见，在绝大多数情况下，企业的经营业务量或多或少具有季节性的特征。

2. 流动资产的分类

（1）现金

现金是指企业占用的各种货币形态上的资产，包括库存现金、银行存款及其他货币资金。它是企业流动资产中流动性最强的资产，可以直接支用，也可以立即投入流通。拥有大量现金的企业具有较强的偿债能力。

（2）短期投资

短期投资是指企业持有的能随时变现的有价证券，或时间不超过一年的其他对外短期投资。

（3）应收和预付款项

应收和预付款项是指在企业生产经营过程中所形成的应收而未收的或预先支付的款项。它属于企业债权性资产，包括应收票据、应收账款、其他应收款、预付货款等。

（4）存货

存货是指企业在生产经营过程中为了销售或耗用而储存的各种资产，包括产成品、半成品、在制品、原材料、低值易耗品、燃料及包装物等。存货在流动资产中所占的比重较大。

（二）网络现金管理

1. 企业持有现金的目的

（1）交易动机

在企业的日常经营活动中，为了正常的生产销售周转必须保持一定的现金余额。由于销售产品所得收入往往不能马上变为现金，而采购原材料、支付工资等则又需要支付现金，为了进一步的生产交易，企业必须持有一定的现金余额。虽然在企业的生产经营过程中，现金收入和现金支出的可能同时存在，但是由于任何企业都无法保证其现金收入与现金支出在任何时点上完全同步，所以，企业需要保留一部分现金以应付支付动机的需要。在企业安排现金收支中，应尽量做到收支同步，以减少交易所需的现金。

（2）预防动机

预防动机是指企业持有现金，以应对意外事件对现金的需求。企业预计的现金需求量一般是指正常情况下的需求量，但有许多意外事件如企业遭受自然灾害、生产事故等都会影响企业现金的收入和支出，打破企业的现金收支计划，使现金收支出现不平衡。因此，企业现金收支预测的可靠程度越高，现金流量的不确定性越小，企业临时借款能力越强，预防性现金的需求量就越小；反之，就应增加预防用现金数量。

（3）投机动机

投机动机是指企业持有现金，以便能够抓住回报率较高的投资机会，获得投资收益。在企业的外部环境中，机会与威胁几乎可以说是无所不在的，如果企业经营者对证券市场上证券价格的波动规律有所掌握，能够较准确地判断其价格走势，就可以在低价位时买进股票或债券，在高位时将其卖出，从中获利。但是如果判断失误则有可能造成企业损失。事实上，企业因为投机动机而持有较多数量的现金，这种情况对于大多数企业来说并不划算，所以，除非一些特殊的情况，企业应减少出于这一目的而持有的现金。

企业现金管理的核心实际上是合理确定企业的现金持有量。因此，企业对现金进行管理时，应力求做到既保证企业交易所需现金，降低经营风险，又不使企业有过多的闲置现金，以增加收益。

2. 现金管理的方法

（1）现金流量同步化

企业的现金流入与流出一般来说是很难准确预测的，为了应对由这种不确定性带来的问题，企业往往需要保留比最佳现金持有量多的现金余额。为了尽量减少公司持有现金带来的成本增加，企业财务部门需要提高预测的准确性和管理的能力，使现金流入与流出能够合理匹配，以实现同步化的理想效果。企业现金流量的同步化可以使企业减少现金余额，降低持有成本，提高企业盈余。

（2）合理使用现金浮游量

由于企业支付、收款与银行转账业务之间存在的时滞性，会使本应显示同一余额的企业账簿和银行记录之间出现差异，故企业应合理预测现金浮游量，有效地利用时间差来提高现金的使用效率。

（3）加速应收账款收现

企业为了增加销售额，一般同意购货方推迟付款，这就意味着企业并不能马上得到可以自由支配的现金收入。为保证应收账款方面的现金能收回，企业应尽量在不损害企业与客户之间关系的前提下，采取一些措施，如开户银行的选择、应收账款的信用政策等，以加速应收账款的收现。

3. 网络对现金管理的影响

(1)网络技术的产生和发展对企业现金存在形式的影响

现金主要由企业的库存现金、各种形式的银行存款、银行本票、银行汇票以及在途货币资金等几部分构成。企业的现金存在形式实际上受到金融市场技术条件的影响。在网络环境下，电子货币的出现必然使得企业持有的现金存在形式发生重大变化，由于电子货币的快捷方便，使得企业持有的库存现金大大减少，银行本票及银行汇票的比例有所增加。与此同时，金融机构之间的资金划转速度大大提高，缩短了资金“在途”时间，使得企业的在途货币资金在现金中所占的比重也大大降低。

(2)网络技术的产生和发展对现金最佳持有量的影响

企业持有现金的成本包括持有成本、转换成本和短缺成本。持有成本是指企业因保留一定现金而增加的管理费用，以及企业不能用这部分现金进行其他投资并获得收益的成本。转换成本是指企业在现金同有价证券等之间进行转换而发生的成本。短缺成本是指企业因现金持有量不足而又无法及时将其他资产变现而造成的损失。在这三项成本中，持有成本在很大程度上受到网络技术的影响。当网络环境下的电子货币被广泛采用后，企业库存现金就会大大减少，企业花在库存现金的保管及采取的安全措施上的费用也会大幅减少。因此，企业在确定现金最佳持有量时，可以考虑减少现金持有成本。另外，由于网络技术在证券交易中被广泛使用，企业通过网络进行有价证券买卖时的交易成本也大幅减少，转换成本在企业现金成本中的比重也会逐步减少，所以，企业在对现金进行管理时需更多地考虑短缺成本因素。

(3)网络技术的产生和发展对现金集中管理的影响

在传统环境下，对于大型企业集团而言，由于子公司、分公司众多，且分散在不同地域，每个下属企业各自设定有现金持有量，在集团下属企业之间要作到现金供求信息的实时沟通有较大的困难。随着网络技术的广泛应用，可以在企业集团内部建立局域网，则内部各企业之间的现金供求信息就可以做到实时传输。因此，由企业集团对现金进行统筹管理，从整个企业集团出发设立最佳现金持有量也成为可能。单从金额上来讲，企业集团整体考虑设立的现金持有量会大于单个企业设立的现金持有量，但会远小于集团下属企业的现金持有量之和，这就使得企业集团节约了不少持有现金的成本，同时减少了企业的管理成本。在由企业集团统筹管理现金的情况下，下属企业可以将更多的精力放到生产经营活动中去。

(4)网络技术的产生和发展对现金预算编制的影响

企业应当保持一定的现金来防止可能的现金短缺，但又不能把过多的现金置于这种没有收益的用途上。企业通过编制现金预算可以较为有效地预计和控制未来现金流量，这是对现金进行动态管理的一种有效方法。在传统环境下，由于受到现金供求信息滞后性的影响，企业在编制现金预算时的预算编制时期较长，而时期较长就会导致预算的准确性较差。但这一状况在网络技术出现后得到很大的改善，企业通过网络技术可以方便、快捷地获取有关产品销售后的现金回收信息和企业采购材料，以及接受劳务、支付工资等方面的现金支出信息。在此基础上，企业现金预算的时期可以进一步缩短，则现金预算编制周期也将不断缩短，这不仅能提高预算编制的准确性，而且能及时为企业管理层提供决策信息。

(5)网络环境对企业现金管理方法的影响

为提高现金使用效率，企业一般要在收支管理上采取一定的方法，这些管理方法主要有现金流量同步化、合理使用现金浮游量及加速应收账款收现等。这些方法的使用可以提高企业现金的使用效率和效益。但随着网络技术的广泛使用，这些方法所能体现出来的作用将会有所变化。

(三)网络应收账款管理

1. 应收账款管理的目的

当企业在销售产品或提供劳务时同意接受方暂缓交付款项，便形成了企业的应收账款，该款项构成了企业流动资产的一部分。应收账款已经成为企业扩大产品销售，提高市场占有率，从而最终提高企业竞争力的有力工具。它对于企业经营活动的良性发展是十分必要的。实际上这可以认为是企业为扩大产品销售、增加收益而做的一项投资。应收账款产生的根源是商业信用，因此要加强对信用的管理。

应收账款管理的目的是通过应收账款管理发挥应收账款强化竞争、扩大销售的功能，同时尽可能地降低投资的机会成本、坏账损失与管理成本，最大限度地提高应收账款投资的效益。

2. 信用政策

信用政策也就是应收账款的管理政策，是企业在给客户提供赊销时应遵循的原则、标准、条件、程序和对策等。企业通过制定和执行信用政策，可将应收账款的事后管理转向事前管理。信用政策主要包括信用标准、信用条件和收账政策等。

(1)信用标准

信用标准是客户获得商业信用所具备的最低条件，通常用预期坏账损失率来表示。制定信用标准，通常是指对客户进行调查了解，对其信用进行评估后确定是否给客户提供赊销，以及提供多少赊销。客户信用标准的确定受多种因素的影响，如信用品质、偿付能力、资本、抵押品和经济状况等，即通常所说的“5C”标准。在充分考虑这些因素的情况下，企业可以通过定性分析、定量分析，或二者相结合的方法来确定信用标准。

（2）信用条件

信用条件是指企业接受客户信用订单时，在对客户信用等级进行评价的基础上所提出的付款要求，主要包括信用期限、折扣期限和现金折扣。信用期限是企业为客户规定的最长付款时间；折扣期限是企业为客户规定的可享受现金折扣的付款时间；现金折扣是在客户提前付款时给予的优惠。

通过信用分析确立的信用条件随企业经营环境的改变而改变。因此，企业在提供信用条件时必须进行权衡，即放宽信用条件后，由于销售的扩大而增加的收益必须要高于由于信用条件的放宽而新增的坏账损失，并能够满足企业对应收账款增加部分的投资对收益率的要求。

（3）收账政策

收账政策是指客户违反信用条件，拖欠甚至拒付账款时企业所采取的收账策略与措施。企业如果采取较积极的收账政策，可能会减少应收账款投资及坏账损失，但会增加收账成本；如果采用较为消极的收账政策，则可能会增加应收账款投资及坏账损失，但会减少收账费用。企业在实际工作中，可参照测算信用标准、信用条件的方法来制定收账政策。

3. 网络对应收账款管理的影响

（1）网络技术的产生和发展对客户信用等级评估的影响

客户的信用等级与企业的客户信息管理工作密切相关。没有一家企业的信用等级是常年保持不变的，它总会随着企业一些条件的变化而变化。在传统条件下，企业很难收集全有关客户的信息，即使收集到信息，它也有可能是滞后的，并且收集成本较高，这必然影响企业对客户的信用评估。在网络环境下，企业就能解决上述问题。利用网络技术，企业可以方便地收集与客户自身有关的信息，如注册资本、业务范围等，也可以收集影响客户生存和发展的一些外部信息，如行业景气度、客户在其所处行业中的位置等，同时还可以通过当地工商管理部门和银行等机构获取有关客户诚信状况的信息。这时企业就可以通过所收集的信息对客户进行客观、科学的评估，确定适用于企业自身的信用条件，针对客户的信用等级确定每一位客户的信用警戒线，将客户的信用等级及信用警戒线纳入客户诚信网络资源库进行管理，并随客户信息的更新及时调整客户的信用等级。

（2）网络技术的产生和发展对应收账款具体管理的影响

在商品经济高度发达的现代社会里，商品购销业务往往会在企业销售部门以外的区域发生，这就有可能使得企业财务部门不能及时了解发生在异地的赊销情况，不能满足企业对客户的信息需求。通过网络技术，可以使这一问题得到较好的解决。只要利用网络便可及时将发生的经济业务的详细资料传送给其所归属的销售部门，使相关信息实时更新，动态地反映应收账款的实际情况，这样既方便业务人员与企业联系，又方便企业管理者进行管理与控制，使得管理部门能迅速将工作安排和有关信息发送给各个下属部门。各业务单位每天发生的业务、客户往来情况通过网络技术，可准确、自动地汇总到企业的数据库中，从而实现企业内部数据汇总的自动化。企业还可以随时更新资源库中有关客户的诚信等级。

(3)网络技术的产生和发展对收账成本的影响

企业收账成本的高低主要受企业收账政策的松紧程度的影响。企业对应收账款的催收主要通过与客户之间的沟通来实现，而沟通的具体方式以电话与传真等为主。在网络化条件下，企业主要以发送电子邮件或电话的方式进行应收账款的催收，特别是电子邮件的采用可以大大降低企业的收账成本。同时，企业利用网络可以及时跟客户沟通，了解客户应收账款逾期未付的原因，如客户确实是因暂时的经济困难而不得已延缓，则企业可以适当放宽收账政策，避免采取不必要的法律手段，同时也可以留住客户。

(四)网络存货管理

1. 存货管理的目的

为了保证生产或销售的正常进行，并且出于对价格的考虑，企业需要保持一定的存货。存货的增加可以增强企业组织生产、销售活动的机动性，但过多的存货因占用较大的资金，会增加与存货有关的各项开支，这样会导致企业成本上升、利润受损。因此，存货管理的目的就是在充分发挥存货作用的同时降低存货成本，使存货效益和存货成本达到最佳结合，保持最优的存货量。企业在充分发挥存货功能的基础上，应努力控制存货的数量，降低存货成本，加速存货资金的周转。存货的成本主要包括储存成本、订货成本和缺货成本。

2. 网络对存货管理的影响

(1)网络技术的产生和发展对订货成本的影响

在传统条件下，企业为了订购材料或商品，通常会通过电话或传真的方式向供应商发出购货意向，一旦供应商有企业需要的材料或商品，企业就会派采购人员直接到供应商单位，了解货物的质量等情况，并且就货物价格与供应商进行协商，如果在价格问题上存在差距，企业就需寻找其他供应商。因此，在传统经济环境下，订货成本是不可避免的，而且寻找符合企业要求的供应商通常会花费很长一段时间。在网络经济环境下，寻找合适的供应商的时间会大大缩短，并且会使企业的订货成本大幅下降。由于网络技术快捷、方便的特点，企业可以轻而易举地寻找到符合要求的供应商，并就价格等问题通过网络技术实时磋商以达到双方满意的结果，如果协商不成，又可以快速地寻找下家。因此，通过网络技术，企业能够快速订购到符合要求的货物，并大大节约订货成本。

(2)网络技术的产生和发展对缺货成本的影响

企业为了减少缺货成本，通常会设置存货安全储备量，这在降低缺货成本的同时增加了企业储存成本，因此，最优的存货政策就是在这二者之间进行权衡，选择使总成本最低的订货点和安全储备量。在网络化条件下，由于企业可以通过网络技术与货物供应商实时进行联系，因此，在存货达到安全储备量的情况下，企业可以利用网络技术及时向供应商发出提货通知，而供应商也可以通过网络技术向离购货企业最近的办事处或仓库发出供货通知，及时将货物运送给企业。由此，从企业发出提货通知到货物运达企业之间的时间可以大大缩短，时间的缩短又大幅减少了企业的安全储备，从而降低了企业的缺货成本。

二、网络流动负债管理

(一)流动负债的概念及特点

流动负债是指需要在一年或者超过一年的一个营业周期内偿还的债务。流动负债又称为短期融资，具有成本低、偿还期短的特点。

(二)流动负债分类

流动负债主要包括应付款项、短期借款、应付票据、应付工资、应付税费及应付利润等。

(三)网络应付账款管理

1. 应付账款管理的目的

应付账款管理是企业控制资金流出的一个重要环节。企业对应付账款管理的目的是在维护企业信誉前提下延迟付款。拖延款项的支付实质上就等于增加了企业的流动资金，改善了企业的资金流状况，另外还能够获得一定期限内的利息收入。

2. 网络对应付账款管理的影响

企业通过网络技术可以定期分析应付账款，规定付款程序，采取多种方式(如抵抹账、优先支付有折扣的货款等)定期清理应付账款，对无人追索的款项进行调查。如发现该款项确属不需支付款项，则及时将其转入收入账内。因此，通过网络技术可以简化应付账款管理程序，大大缩短采购周期和降低管理费用。

（四）网络短期借款管理

1. 短期借款管理的目的

借款利息在企业费用支出中占有一定比例，对企业的现金流影响明显。企业对短期借款进行管理是为了在满足企业近期对资金的需求及维持正常生产经营的前提下，节省利息支出。

2. 网络对短期借款管理的影响

借款资金的管理是企业财务管理的一项重要内容。企业可以充分利用网络技术加强合同管理，正确计算利息，编制还贷计划，定期与银行核对借款金额和应付利息，发现问题，及时与银行进行协调。企业还可以通过网络技术合理调度资金，利用借短还长等手段减少财务费用。

第八章 大数据背景下的会计人才培养创新

第一节 大数据时代会计人才培养发展现实

一、大数据时代会计人才培养新模式

（一）大数据时代会计人才培养新模式的创新之处

1. 采用新的招生模式

传统模式下的高等院校招生主要是考核学生的高考成绩，但由于各个地区在政治、经济、文化水平上面的偏差，导致教育领域存在不平衡现象。近年来，高等院校的招生规模呈现出人数越来越多的趋势，招生方式相对松散、指向性不强。在"互联网 +"、大数据、网络化、智能化等高精尖技术的时代背景下，一方面，各个高等院校必须遵从教育部颁发的相关规定以及硬性规则开展招生工作；另一方面，各个高等院校可以从自身特点出发，采取个性化的招生政策和方针，这些政策和招生方针的更新调整，意味着院校自身对人才培养的希冀以及院校当前阶段的办学水平和办学实力。尤其对于会计专业而言，既需要文科生，又需要理科生，因此，高质量的生源是各大院校争相抢夺的稀有资源，会对自身院校的未来发展起到积极的作用。除个性化的招生政策外，各个高等院校还可以把"互联网 +"、大数据、网络化、智能化等高精尖技术引入招生环节中，推动院校教育部门、行政部门、会计行业以及外招企业之间的互联互通，借助大数据快速的信息传递作用，匹配合适的招生规模和招生结构，在招生环节就规范好国家、社会需要的会计人才的标准，然后给予定向培养，形成一个良性循环，从根源上提升当前社会所需的会计人才的基本素养。

2. 采用全新的教学模式以及课程设置

由于“互联网 +”、大数据、网络化、智能化等高精尖技术的参与，当代高等院校大多已经配备了电子设备、多媒体投影仪等电子化教学仪器，有一部分教师或者学生认为这些仪器的应用就属于信息化教学新方式，这种思想存在一定的片面性。现阶段，部分教师即使应用了这些电子仪器，也只是利用其最基本的功效，如播放演示文稿或者搜集资料，这在一定程度上是对互联网资源的铺张浪费，国家投入了大量的物力、财力发展的高精尖科技，也就丧失了其更长远的作用和影响力。在大数据背景下，无论教师还是学生，首先要学会借助互联网技术来搜集和整理大数据信息，然后对其作进一步的分析对比，通过更加精细化、有针对性的管理方式，最终归纳出对会计教学有用的数据信息，以此来帮助会计教学的质量和效果都能够达到更高的层次。除此之外，教师和学生还可以借助多项数据处理功能，开展多元化的学习。比如，自动记录学习数据、自动采集教学质量、评价结果数据分析、个人成绩排名等。借助“互联网 +”、大数据、网络化、智能化等高精尖技术，教学活动已经由传统的线下发生扩展到线上开展，而且随着技术的不断深入，课程设置有着向线上转移的趋势，如直播教学等。之所以出现这样的一个良好走向，得益于虚拟现实技术、网络平台以及高精尖信息技术的辅助作用，将所有的人、事、物提升到在线平台中来，突破时间、空间、人物之间的局限，获得较好的教学效果。基于以上分析可见，采用全新的教学模式和课程设置，必然要求教师拥有互联网思维、大数据思维、智能化思维以及网络化思维，能够用最新的眼光来看待教学活动，通过信息技术带来的巨大变革，不断调整优化自己的教学行为，使其能够和时代需要、科技进步紧密结合。

3. 知识获取领域的全新变革

在传统的教学课堂上，学生获取知识的途径是固定的，教材传输和教学教师的讲授内容，学生记录知识也往往采取了记笔记方式，借助记忆的渠道内部消化，绝对不会选择将这些知识存入电脑，因此自律性不强的学生很难进行二次的笔记梳理，往往只是在考试之前匆匆忙忙进行临时抱佛脚的复习，但是在“互联网 +”、大数据、网络化、智能化等高精尖技术的时代，这些遗憾之处都有着对应的解决方法。具体到会计专业，可以新建专门的数据库，用于存储、强化每门课程的重难点。除此之外，还可以应用“区块链”的方式来进行个性化学习。比如，学生可以根据自己在会计专业学习过程中的薄弱环节制定优化课程，将自己学习中的薄弱之处导入数据库中，进行阶段性分析，每当一个模块学习结束，考评合格后才可以开启下一个模块，这种阶段性、模块式的学习方法有利于增强记忆，使学生有成就感。

4. 教学评价领域的优化变革

传统的教学评价往往从整体角度出发，没有特殊关注到每个学生的个性化和不可复制性，往往采用的是“一刀切”的评价方式，而且参考的评价标准不够细致。现阶段，通过“互联网 +”、大数据、网络化、智能化等高精尖技术，可以充分参考美国职业篮球联赛联盟对运动员的考核评价数据采集方案，针对每位学生构建属于他个人的数据模型，以全面性的数据采集来支撑模型分析，通过这些高精尖技术，该模型的采集功效得以全面发挥，能够综合、细致地评估学生学习任务的完成程度和具体的学习状态，然后将采集到的数据信息加以对比分析和深度处理，由此进行科学的监督评价，衡量其学习效果和质量，并且及时将这种检查结果和学生进行沟通反馈。与此同时，根据大数据的采集功效还可以进行有针对性的督导建议，通过“互联网 +”、大数据、网络化、智能化等高精尖技术，颠覆传统的高等院校评价模式，由数千年来固有的线下纸质分析转向线上数字化、信息化分析的趋势靠拢。希望在这些高精尖技术的辅助之下，学生能够切实掌握会计专业知识，提高职业能力和职业素养。

大数据时代会计人才培养的新模式已经在悄然地发生改变，可以说这是教育界的一次针对传统的变革，其效果较为明显，愿景也是美好的，希望以此为契机，能够深化“互联网 +”、大数据、网络化、智能化等高精尖技术在会计领域、教育领域、高等院校领域，进一步发挥优势作用。

（二）大数据时代会计人才培养新模式的转变渠道

1. 构建互动联动机制

当前阶段，“互联网 +”、大数据、网络化、智能化等高精尖技术为社会注入了新鲜的血液，给传统教育带来了新一轮的冲击，带动了我国高等院校会计专业向新的教学模式和教学方法转变，未来会计专业的发展方向也更加明晰，培养出的人才也会更加符合社会和产业的需要。不管是站在学校的立场还是社会立场来看，人才的培养都绕不开构建相应的互动联动机制，那么如何构建呢？在互联网背景下，对高等院校会计专业的培养计划进行过滤，留下符合社会产业与市场发展的人才培养模式，从而构成“产学研”结合的培养体系。同时，随着经济迅速发展的迫切需求，要求对当下的高等院校会计专业教育培养模式进行市场融合，以此来构建结果导向培养模式，以就业需求作为考核标准，适当给予竞争压力，使高等院校会计专业的教育水平能够在发展水准、创新能力、适应能力三个方面得以提升。此外，还要搭上互联网的高速列车，通过便捷的网络渠道为学生搭建线上课堂，改进传统教学范式，探究“双师型”的新兴教育路径，从而培养学生的学习和实践能力，使其能够在日后的实习就业中获得更多的优势和准备，并在不耗费多余的教育和管理资源的情况下，能够更快地了解并适应实际企业的运作方式。

2. 优化调整资源配置

若要将“互联网 +”、大数据、网络化、智能化等高精尖技术引入高等院校，并和其发展路径相结合，就一定要重视资源的优化配置，这里的资源优化配置不仅指的是教学资源方面的调整升级，还包含资源库的构建。“互联网 +”、大数据、网络化、智能化等高精尖技术和高等院校教学资源配置之间的结合可以有效地增强高等院校的发展潜力，借助这些高精尖技术的优势和作用，高等院校能够顺利解决当前在资源分配过程中存在的诸多问题。具体而言，可以从以下几个方面入手：优化会计专业的电子仪器配置，使其能够得到更大范围的覆盖，使更多的学生能够享受高新技术带来的办学优势；建立健全基础设施建设，综合管理学校的教学事务，加大在物力、人力资源方面的多方配置。总而言之，其根本目的就是拓宽高等院校教育的覆盖面，加深其教育层次。

3. 建立新型的学习理念

通过多元化的学习方式和办学模式，鼓励传统的线下教学向线上教学靠拢，努力优化“互联网 +”、大数据、网络化、智能化等高精尖技术的学习理念，借助网络快速传输数据的功能促进学习效率的提升，增强人与人、人与事之间的沟通。未来，大数据时代会计人才培养新模式应该向被动接受和主动迎合两个方面发展。具体来说，被动接受指的是“互联网 +”、大数据、网络化、智能化等高精尖技术给高等院校尤其是会计专业未来的发展带来了全新的变革和冲击，基于此大环境，高等院校的会计专业必然面临着被迫改革、调整优化的局面，在重重压力之下，高等院校自身的创新步伐得以促进。主动迎合指的是将“互联网 +”、大数据、网络化、智能化等高精尖技术引入教育领域，这意味着教育形式和教学技能方面的更新，高等院校特别是会计专业，为了能够培养出新时代所需要的高素质复合型会计人才，必定会紧抓时代脉搏，主动出击，顺应发展形势，彻底将这些高精尖技术渗透到教学过程中去，努力开拓高等院校会计人才培养的新模式。

现阶段，我国高等院校在构建会计人才培养新模式的过程中，作出了多种努力，也取得了不少的成效，然而我们不能一叶障目，还需要正视其中存在的不足，日后着力加以改善。比如，受到经济条件、地域条件等多重因素的影响，互联网资源建设在全国范围内并不是均等的，少数地区仍然存在着网络教育资源匮乏的情况，这种地域之间存在差距的问题亟待解决，所以各区域和党中央要加强对教育资源的深入普及。经济基础决定上层建筑。除了要保证足够的资金支持，还需要建立一系列的评估准则来衡量“互联网 +”、大数据、网络化、智能化等高精尖技术和教育之间的融合程度，以及新教育模式获得的成效。

（三）大数据时代会计人才培养新模式的具体策略

在大数据时代，想要让高等院校的会计人才培养向新的模式转变，就要从上层组织结构入手加以改革，这是整个模式转变的基础所在。

1. 从全局出发，调整教学模式和上层组织工作

具体来说可以分为以下几步：第一步，以教学规律为基础，改变过去的粗放式培养模式，执行精简化的培养方式，充分借助“互联网 +”、大数据、网络化、智能化等高精尖技术，将其加入教学的总体架构之中，保持步调的一致。与此同时，要充分考虑地域因素、学校自身的办学水平、学生的差异，开展个性化培养，这也就意味着高等院校在保证自身整体院校统一管理的同时，也可以根据会计专业的优势和未来的发展需要，自行编写内部教材，或者是寻求外部合作单位，推动资源的链接，合理安排教学方式。该模式给予会计专业更多的发展可能性，不再拘泥于把它规范到传统框架之中，希望以此培养出来的会计专业学生，能够更加符合社会、行业、企业的需要，拥有更多的灵动性。第二步，确保教育基础的踏实可靠。各级教育主管部门要切实落实中央对教育工作的各项决策部署，确保教育基础是坚实可靠的，能够形成统一的认知。这种统一的认知，可以推动“互联网 +”、大数据、网络化、智能化等高精尖技术在教育领域的顺利应用，确保会计专业所接受的教学理念、学习理念是正确的、积极的、向上的，能够和社会需要、教学需要达成一致。第三步，教育系统内部严选。从本区域内的多个高等院校财会专业的负责人中挑选一名任组长，其工作主要是抓会计教育，因此必须确保责任到人，权责分明，而且确定追责制，可以参照人大代表的选举方式予以定期换届选举，具体的选民除了各个领导班子，还可以选择一定数量的学生代表，让学生充分发挥主观能动性，选择自己信任的教师，带领本专业走向新的发展道路。

2. 实现资源的覆盖率和层次的提升

将“互联网 +”、大数据、网络化、智能化等高精尖技术引入会计专业教学的过程，实现资源的覆盖度和层次的提升。在大数据时代，人才培养新模式工作中的重难点就是如何借助“互联网 +”、大数据、网络化、智能化等高精尖技术拓展教学资源的深度和广度。

教师和学生是学习方式中的两个主体，二者发挥着各自的作用，缺一不可，想要真正实现会计专业师生学习方式上的调整和优化，可以从以下几个方面入手。第一，充分了解“互联网 +”、大数据、网络化、智能化等高精尖技术的内涵定义。区别于传统的会计，当代会计需要适应高科技技术的转变，并且充分利用这些高科技技术辅助自身的财务工作。第二，高等院校培育新型复合型会计人才，需要借助网络平台的支撑作用，所以要着力建立高效的、实用性的网络平台，可以依靠国家教育系统的力量统一建设，也可以从自身院校的需求出发，建立个性化的网络平台。网络平台建成之后的日常维护运营也至关重要，需要切实保障信息系统的更新和安全性，使已经投入了诸多财力、物力、人力的网

络平台能够发挥它的优势作用。良好的运营效果需要定时巡检的督促，及时发现漏洞并予以补全。第三，教师要从自身出发，树立求学精神，使自身的职业技能跟得上时代需要，充分学习先进的互联网工具与时俱进，学校也需要给予教师有针对性的技能培训，将最新的互联网技术、大数据技术、智能化技术、网络技术等，传递给每一位教师。在不断督促和相关政策要求下，教师自身的职业能力和教学方式在不断完善，也能主动站在学生的角度看待问题、思考问题，充分重视学生的主体地位，使最终的教学效果得以提升。第四，借助网络在线课程促进学生学习。在当代高等院校会计人才培养的过程中，除了依靠本校的师资力量，也要充分借助社会力量，如今网络上大范围覆盖的免费公开课、直播授课等。各高等院校可以鼓励学生通过网络平台广泛学习更多的会计知识，为日后走上工作岗位提前储备技能。这种在线平台授课能够有效节省人力、物力以及教育资源，同时也可以拓宽学生的眼界，但这要求学生必须具备较高的计算机应用水平，并且有着较好的自控力，能够真正利用互联网平台达到学习的目的。与此同时，教学教师也要突破传统思维的禁锢，正视互联网的优势作用，确保自身的教学能力能够与时俱进，在互联网的帮助下，获得较好的学习成果。

（四）“大数据 + 会计”和传统会计专业有何不同

1. 培养体系

“大数据 + 会计”专业侧重于培养更具有综合能力、更具有前瞻性、更符合当前大数据与智能化发展趋势的高端会计人才。

2. 未来职业定位

“大数据 + 会计”的学生将不仅具备专业会计知识和技能，更能游刃有余地与技术部门、业务部门人员对接融合，并具有分析决策能力，能在业务中熟练应用大数据技术模块，更符合当前时代发展趋势。

3. 课程设置

“大数据 + 会计”专业新增了大数据分析、财务共享与智能财务、基于大数据的商业智能分析、大数据供应链成本管理、企业税务管理、大数据财务决策、IT 审计等课程。

4. 师资配备与教学资源

配置优秀的跨学科师资团队，依托理工背景，并与国内外名校定期开展学术交流合作。

二、大数据在会计人才培养中的运用

（一）关于在会计人才培养中运用大数据的相关思考

在高等院校会计人才培养中，应用“互联网 +”、大数据、网络化、智能化等高精尖技术已不是首创之举。从社会环境出发，顺应大数据潮流的会计学人才培养模式改革势在必行。一方面，高等院校会计专业人才培养模式的改革并不意味着对传统教学模式的全盘否定和抛弃，因为传统意义上的教师课堂教学以及人才培养方式依然有诸多的可取之处，确实可以对一些自控力稍差的学生起到一定意义的监督作用。因此，处于大数据时代背景下的高等院校会计专业人才培养模式的重点工作之一，就是大数据在会计人才培养中的运用以及与传统教学方式中较好的地方相结合，助力教学效果和质量达到最优的标准。另一方面，对高等院校会计专业人才培养模式的改革不能蜻蜓点水，而需要将大数据贯穿教学的每个环节和整体过程中，从线上教学资源的建设、教学备课、课前自学、课堂学习、课后提升、反馈评价等各个环节都要精心设计，以最大限度地满足学生的学习需要，提高学生的学习热情。大数据在会计人才培养中的运用本身就是一项大工程，要想达到预期的良好效果，单靠某一方的力量是远远不够的，无论是高等院校管理者、教师还是学生，无论是硬件设备还是应用信息技术的软实力，都需要投入足够的支持与努力，而且教学改革的路上也会遇到各种各样的阻力与困难，这不是一朝一夕就能见到卓越成效的。

（二）大数据在会计人才培养中的运用实践

1. 以大数据为基础建立数字化资源库

高等院校建立以大数据为基础的数字化资源库，其体系可以分为三大部分：管理层、用户层及应用层。具体来说，数据库的资源需要不断地更新，资料需要源源不断的补充。高等院校可以在会计领域邀请名师进行网络课程的在线讲解，或者邀请专家团队解答学习过程中的重难点，利用多元化、网络化的教学模式调动学生的积极性和参与度。教师录制的视频或者是课件可以作为数字化资源库的有效补充内容，学生想要搜索资料就可以进入资源库中按照关键词来搜索，还可以直接下载。因此，这就要求高等院校必须充分重视大数据资源库的运营和维护，要选择专人负责这项工作，并定时予以升级调整。这种以大数据为基础的数字化资源库，能够有效地帮助教师提升教学技能，推动网络教学水平的升级，带动学生更加积极主动地进行在线学习。

2. 借助大数据丰富教学形态

以大数据为基础，建立和传统课堂教学方式紧密结合的新型教学形态，即线上教育与线下教育相结合。大数据在会计人才培养中的运用需要渗透到教学过程的各个方面，具体可以从以下几个环节入手：首先，教师在开展会计信息化理论知识教学时，要快速摆脱传统的灌输式的守旧模式，积极地开展现代化教学模式，借助电子设备、多媒体技术深层次地开展对会计理论知识的教学，以帮助学生更好地理解和把握理论基础知识。现阶段，企业借助网络信息化技术对会计人才的需求进行大数据的筛选，然后加以科学的模拟与分析，学生只有具备更加扎实的大数据应用能力，才能快速地适应社会和行业、企业的岗位需要。其次，在大数据时代背景之下，会计专业人才培养需要充分地借助信息技术、大数据和网络技术，将云端设施与会计专业的相关信息课程予以整合，及时导入学习数据库，为学生提供可借鉴的学习资料，并结合大数据时代特点，鼓励学生在教师统一的教学课堂以外的第二课堂学习，对会计信息化教学进行研究，从而使学生能够更为灵活地利用各种信息化技术，会计信息化教学也能够更好地符合企业、行业、时代需要，一同致力未来会计行业的高速发展。

3. 大数据技术培养学生会计工作宏观把控的能力

对于某一时间段所采集和统计的信息数据，大数据技术可以通过对比、分析、处理，综合性地把控这些数据所呈现出来的发展状态及趋势。例如，借助大数据技术采集处理我国的企业数量表，能够非常明显地看出国内企业的数量呈现连年持续上涨的趋势，由此可直接证明国内的各个企业总体上呈现出稳步发展的良性态势，借助大数据技术采集处理分析的过程，能够在一定程度上把握和预测国内经济走向。除此之外，大数据技术还可以帮助企业提升信息化水平，更好地预测并且出具具体的措施防范风险。例如，将企业数据全部收集到一起，并整理相关度较高的市场数据，分析数据关联程度，从而筛选出有利于企业发展的信息。在完成分析的基础上，建立财务管理模型，识别模型中存在的风险点，并挖掘管理中的潜在风险，组建对应的风险预警模型，当系统挖掘到风险时，预警模型会提醒管理者优化管理方案；或者是借助数据库技术，对历史风险数据的存储进行分析，采用财务管理比照现有数据库，若存在风险则跟踪业务流程，便于及时处理突发类风险问题。数据库将跟踪收集到的资料进行分类，按照风险评估模型给出的结果，然后划分风险级别。数据库通过对风险点的分析，初步拟定应对策略，并将策略共享到各个部门，为部门降低自身运营风险提供借鉴。此外，各部门定期将工作数据上传到数据库，保证上级管理者掌握部门最新动态，加快上下级之间的信息流通。在大数据时代，大量的实践表明，外部资源已经成为一种更加实用和更加直接的工具。比如，我国的各家银行做过一项调查，银行借助大数据技术对自家发行的信用卡使用情况进行统计，发现信用卡的逾期、违约、延迟还款等现象都是可以进行预测的，而这种预测主要是借助对持有信用卡人的消费情况进行研究，如从他们所购买的商品、所居住过的酒店等就能够进行预测。由此可以看出，大数据技术能够展示出一个全面的景象，而会计人员则可以借助全面景象的优势，将更加多样化的数据加入其中进行计算，最终加深企业、政府等对风险的认识。这就要求高等院校在开展会计专业教学的过程中，加大大数据技术的普及力度，更好地培养学生宏观把控的能力。

4. 将大数据引入教学活动环节

以大数据信息技术为代表的新型教学模式，是时代发展的产物，但不能完全替代传统意义上的课堂教学，究其根本，二者之间其实是相辅相成、相互配合的关系。所以，在大数据背景下，线下课堂教学依旧需要存在，不过有所升级的是学生不再是单纯的客体，教师也不再是课堂上的主体掌控者，大数据背景下的高等院校会计专业课堂人人平等、互相学习。例如，教师将学生划分成独立的小组，每组设置一名组长，由其整理各个组员课前线上自主学习网络课程资源的学习成果，将学习过程中无法解答的疑难点归纳出来，教师再针对学生学习成果汇报过程中的失误环节或者疑难问题予以解答。最后，教师组织学生开展互评或者自评活动，在彼此的对照评比中发现自身的不足之处，查漏补缺，互相借鉴学习，推动课堂氛围的活跃，最终达到共同进步的目的。

在大数据时代，会计行业的转型发展势在必行，高等院校想要调整人才培养模式，提升会计专业学生的综合能力，首先要培养学生自主学习能力。古语有云："授人以鱼，不如授之以渔。"在大数据环境下，学习资源是源源不断、层出不穷的，借助网络平台，几乎全部的知识都可以获取到，在课堂上由于多种因素的影响，学生的学习效果无法得到完全的保证，而学生要想更好地提升自己的会计专业素养，跟上时代发展的步伐，就不能依赖教师的课堂讲解来获取全部的知识。鉴于此，如果学生能够具备自主学习能力，自然也就意味着有了更多的学习机会，可以自主地搜索会计学知识，碰到不懂的知识还可以自主反复观看学习。大数据在教学过程中的应用，能够有效地提升学生的会计综合技能，使学生真正成长为当代环境下企业、行业、社会需要的复合型会计人才。其次，高等院校需要培养学生的会计信息化技能水平，在大数据时代下，拥有着无法简单统计、海量的数据信息，而且数据的更新日新月异，作为一名合格的会计人员必须对数据库以及财务软件等了如指掌，该能力有利于会计岗位的计算和数据信息获取工作。在实际的学习和能力培养过程中，要借助会计信息化技能。由此可见，无论是日常学习还是实际操作，学生都需要端正态度，抓住每一次的实践机会，尽可能地熟悉应用财务软件和数据库，建立健全数据筛选、计算以及分析处理能力。最后，学生必须及时关注行业发展动态，建立终身学习制，不断地提升个人能力。

在日新月异的环境背景之下，想要培养符合社会需要的会计专业学生，仅仅借助课堂教学尚不能完全达成这一愿景，还需要学生积极地寻找机会，参与到各项实践活动中，践行"实践出真知"的思想，一步一个脚印地提升自己的能力。在互联网时代，全方位地了解各方面的信息甚至比课本上的理论知识更为重要。区别于其他行业，会计行业的各种政策、法律法规等也在不断地发生新变化，学生只有充分了解这些信息，了解该行业对于会计人才的基本需求，才能设计出适合自己学习目标的学习方法和未来发展道路，否则学生很容易走上岗位之后，在短期内无法快速适应工作状态，导致工作效率低下，影响自身的职业发展。

三、大数据时代会计人才培养改革的思路与发展趋势

（一）大数据时代高等院校会计专业人才培养途径的改革思路

1. 大数据时代高等院校会计人才培养改革三大目标

高等院校会计专业在“互联网+”、大数据、网络化、智能化等高精尖技术的介入下，需要达成三大人才培养目标。

第一，全面提高高等院校会计专业就业率。现阶段，我国高等院校应届毕业生整体就业水平仍有可提升空间，特别是会计专业，在就业率较高的情况下，就业质量仍有所欠缺。而且国内各大高等院校的会计专业培养策略大同小异，教学质量参差不齐，这就决定了必须全面地提高高等院校会计专业就业率。借助多样化的方式提高就业率水平，不只是会计专业的未来发展之路，同样也是整个中国高等院校教育的未来发展之路。而在当今这个时代，高等院校利用“互联网+”、大数据、网络化、智能化等高精尖技术来提高会计专业人才的综合能力和技能水平，无疑是提升就业率的最佳渠道。

第二，提高会计专业知识储备率和转化率。在“互联网+”、大数据、网络化、智能化等高精尖技术模式下，强大的数据存储水平以及分析水平，是知识“运转”的最佳渠道。借助点对点、面对面的知识传播和引导，使国内的会计专业教育模式、理念、知识架构、知识体系和国外优秀经验之间融会贯通；借助专业的、专门的数据分析处理，构建适合国内社会实际情况的会计专业知识库和培养方案库。只有率先拥有多元化、内容丰富的知识储备和库存，才能支撑高等院校会计专业的优化和升级。

第三，构建高等院校会计专业人才精英库。知识的传播需要载体，教育的传播也必须依靠载体，而人才是最合理的选择。中华民族历经5000年历史长河的洗礼，留下了博大精深的中华优秀传统文化。古往今来，文人墨客的佳话层出不穷，也留下了无数典籍名篇。无论是“时势造英雄”学说，还是“英雄造时势”学说，人都在其中发挥了决定性的作用。优秀的事物必然需要分享，杰出的会计专业人才也会给高等院校会计专业的良性发展提供最佳的动力支持。就目前来讲，国内高等院校会计专业的发展趋势是不断被优化的。根据“在线高等院校会计专业教育产业调查报告”可知，在国内的高等院校中，每年在线学习的学生人数呈现不断上升趋势，同时在整个国家市场中的比例也是直线上升的。

2. 将“互联网 +”、大数据、网络化、智能化等高精尖技术普及到高等院校会计专业人才培养模式中

国内教育领域的杰出代表李明在《机械高等院校会计专业教育》中发表了文章，阐述了个人观点，深入剖析了“互联网 +”、大数据、网络化、智能化等高精尖技术与高等院校会计专业教育相辅相成的特色。文章进一步解读了“互联网 +”、大数据、网络化、智能化等高精尖技术对高等院校会计专业人才培养模式产生的影响作用，并且严谨分析，大胆论证，得出“互联网 +”、大数据、网络化、智能化等高精尖技术有效作用于高等院校会计专业人才培养模式这一基本结论。纵观教育行业的变革及现状，该论点客观公正且科学。“互联网 +”、大数据、网络化、智能化等高精尖技术正在多角度、全面性地影响着高等院校会计专业人才培养模式的扩充与重构，而且还会继续影响其专业结构、办学理念等各个方面。立足于理论的角度考虑，“互联网 +”、大数据、网络化、智能化等高精尖技术时代的到来，直接影响了高等院校会计专业教育中的核心关键点——人才培养机制的调整和升级；立足于内容的角度考虑，“互联网 +”、大数据、网络化、智能化等高精尖技术推动了高等院校会计专业人才培养模式走向成熟，未来在高精尖技术的作用下，财会类必然会衍生出更多全新的岗位；立足于具体执行方式的领域考虑，互联网和万维网等大规模的应用，使高等院校的运行模式发生改变；立足于宏观上的角度剖析，“互联网 +”、大数据、网络化、智能化等高精尖技术会冲击传统产业的运营模式。归根结底，高精尖技术对高等院校会计专业人才培养模式的作用基本涵盖了以下几项：①调整专业结构，避免出现界定不清、边界模糊的问题；②调整课程结构，降低知识复杂难度；③调整技术结构。将“互联网 +”、大数据、网络化、智能化等高精尖技术渗透到高等院校会计专业人才培养模式的变革中，是一项长远的任务规划，需要循序渐进，不能操之过急。任何历史决定的作出，必须以时间、地点、条件为参考因素，坚持因地制宜，立足于差异化区域内的经济发展的实际情况和当地高等院校会计专业的教育水平，对“互联网 +”、大数据、网络化、智能化等高精尖技术引入高等院校会计专业人才培养模式变革进行投资规划和建设掌控，以保证新型人才培养模式的合理并且能够切实执行下去。高等院校会计专业应该从全局考虑，把控风险，做好顶层架构、结构设计，制订可持续的整体发展规划，把人才培养模式更新作为头等大事和长期任务，去投入，去创造。当前阶段，将“互联网 +”、大数据、网络化、智能化等高精尖技术引入高等院校会计专业人才培养模式必然迎来一场超乎想象的变革，甚至会催生一场新的工业革命、教育革命。这一切都等待后来者的检验和审视。

3. 将“互联网 +”、大数据、网络化、智能化等高精尖技术引入高等院校会计专业人才培养模式的创新意义

在高等院校会计专业人才培养过程中，加入“互联网 +”、大数据、网络化、智能化等高精尖技术必然产生重要的影响，主要体现在以下两个方面：一是“互联网 +”、大数据、网络化、智能化等高精尖技术对于高等院校会计专业教育途径的直接影响，即“互联网 +”、大数据、网络化、智能化等高精尖技术与人才培养直接进行对接；二是“互联网 +”、大数据、网络化、智能化等高精尖技术对于高等院校会计专业人才培养模式的间接影响。目前，高等院校会计专业的某些传统理念或者因素可以在当下与互联网相结合，以推陈出新，不断进步，跟上现代化的发展节拍。

（二）大数据时代会计人才培养改革的发展趋势

1. 人才类型向着大数据时代的应用复合型靠拢

大数据时代应用复合型会计人才的背后不仅是信息技术革命，还与个人相关，改变着人们解读世界以及预测未来的方式。复合型会计人才的出现，也是产品创新、服务创新的原动力。高等院校理应立足于大数据时代对会计人才的实际需求，更新人才培养模式，力求能够培养出符合大数据时代要求的应用复合型会计人才。

（1）需要明确大数据时代应用复合型会计人才的定位

大数据的确能够创造价值，但这种价值并不是凭空产生的。大数据将从根本上改变社会组织的竞争和运营方式，在这一过程中，必然需要传统财务部门的支持，为决策者提供数据参考，借助洞察财务信息和非财务信息，对基于历史的、动态的数据进行聚合和分析，总结分析出更智能、实时和基于事实的决策。由此可见，社会组织中的会计人员不仅需要具备扎实的财务会计知识，也需要掌握大数据的处理能力和技术。“大数据 + 会计”专业毕业生将不仅能够掌握在金融行业、跨国公司、会计师事务所和国家机关、科研院所、高等院校等企事业单位从事会计理论、会计实务及科研方面与财务工作相关的专业技能，更能够基于突出的数据分析能力将战略、财务、业务、会计、商业分析有机整合，为组织提供决策支持。因此，大数据时代应用复合型会计人才应定位于“适应大数据时代需要，能够将财务会计、信息技术和大数据分析技能融会贯通地应用于商业活动的复合型人才”。

（2）构建大数据时代应用复合型会计人才的知识领域

信息技术是会计人才的一项必备能力。国际会计教育准则委员会（IAESB）制定的11项专业胜任能力中就涵盖了信息技术国际商学院协会出具的国际会计认证标准。高等院校会计专业的毕业生须能够进行数据的创建、共享、存储、分析、报告和挖掘等。现阶段对于高等院校会计专业而言，以大数据为代表的

信息技术显得尤为重要。用数字驱动决策将是社会组织进行有效管理的方式，未来的会计人员需要具备数据思维方式。为了胜任大数据时代的专业化岗位，应用复合型会计人才需要全面掌握财务会计、数理统计、统计分析软件应用、数据库和建模、数据可视化应用等多方面知识和技能。综上所述，大数据时代下，应用复合型会计人才的知识领域应涵盖三部分：一是拥有财务会计核心知识以及技能。学生应掌握管理学、经济学、财务和会计的理论和知识，可以正确解读产生财务会计信息的业务过程，掌握财务会计信息的编制原则、方法。二是具备财务会计大数据分析能力。学生应掌握数据库管理、数据建模、数据分析工具和技能，如Python、R语言、SASS等具体的使用技能，具备大数据分析能力，能够发现对企事业单位具有真正价值的数据集。三是具备财务会计大数据应用能力。学生应掌握预测学、供应链和人力资源分析、商务分析、财务与风险分析、数据可视化等知识和技术，具备预测分析能力，从而通过对财务会计大数据的分析，洞悉企事业单位的供求趋势和业绩趋势，并通过实现“数据可视化”和控制表等方式与非财务信息相结合，为企事业单位的战略和决策提供依据。除此之外，高等院校还需要根据本科、硕士、博士的不同培养阶段来设计人才培养知识和技能的进阶和递进。

2. 构建与行业紧密协作的跨学科人才培养体系

会计环境的发展变化对会计教育会产生颠覆性影响，需要高等院校不断向社会输送具备核心胜任能力和职业道德素养的专业人才。高等院校应顺应时代要求和发展机遇，培养应用复合型会计人才，在传统会计人才培养的基础上进一步转型升级。构建依托行业的跨学科人才培养体系，加强会计专业的重构和升级建设。目前，高等院校会计专业本科阶段细分为财务会计、管理会计、会计电算化等；研究生阶段划分为会计学术硕士、审计学术硕士、会计专业硕士、审计专业硕士；博士阶段设有会计、审计专业，其中除了会计电算化方向人才培养，信息技术在高等院校各培养阶段课程结构中的比重都不高。进入大数据时代，并不意味着会计要让位于信息技术、统计学科，而是迫切需要高等院校将传统会计专业进行重构与升级，这不可避免地需要突破多重困境：与大数据时代应用复合型会计人才培养的需求相比，传统会计专业人才培养方案中会计课程的比重较高。高等院校对传统会计专业进行重构与升级，需要结合大数据时代的发展趋势，树立清晰的专业发展目标，制订有序的专业建设规划，对人才培养方案、课程建设、教学资源、实践教学、师资队伍等多个领域展开全方位的提升，对于现阶段较为薄弱的应用能力培养课程、大数据财务会计分析能力加以优化建设。高等院校必须加大投入的力度，尽快形成专业发展支撑。

3. 建立跨学科合作的人才培养体系

培养下一代会计师，塑造未来的卓越会计人才，已成为世界各国的战略选择，会计高等教育已进入发展的关键段。高层次的应用复合型会计人才，能够适应大数据时代的复杂环境，因此会计、信息技术、统计相关学科应深入合作，开展富有成效的教学和科研。由于会计、信息技术和统计学科之间存在差异，且大多数高等院校分属不同的院系，需要从学校层面建立跨学科协作平台，汇聚不同领域的教学教师，发挥各自的学科和专业专长，进行互补性教学和研究，实现N个1相加大于N的共赢效果。高等院校需要建立跨学科协作的长效机制，在管理体制和机制上进行创新。由于不同学科、院系的利益目标存在差异和冲突，会在一定程度上对跨学科人才培养造成障碍，因此为了突破学科界限和阻力，高等院校可以设立会计跨学科委员会，在教学和科研方面发挥重要的桥梁搭建作用，将一个个专业和学科的孤岛连接成网络，推动各专业教师开展跨学科协作。长期而有效的跨学科人才培养，需要持续建立跨学科合作载体和工作机制，如开展跨学科系列讲座、跨学科研究项目共同体、多学科的选修课程等。项目负责制培养方式以研究和探索项目、实践项目等为载体，为不同学科的教学教师和学生设立短期和长期的合作项目，激发学生对项目的好奇心和兴趣，在学习中锻炼学生的沟通、合作与互信、纪律和操守，鼓励学生发挥探索精神，促进学生对专业知识和新技能的理解和实际操作。项目制培养方式以实现一个目标、解决一个困难、突破一个难题为突破口，推动教学教师和学生跨学科合作，在专业应用领域推陈出新，逐步积累和凝练专业特色。此外，高等院校还可以在人才培养方式上进行创新，如设立会计专业与信息技术专业、统计专业双学位，培养跨学科复合型人才。

4. 与行业组织和实务界紧密合作

大数据时代应用复合型会计人才具有很强的时代性特征，存在巨大的社会需求。大数据的应用从实务界兴起，行业组织快速响应，高等院校接力发展。国际四大会计师事务所竞相在审计大数据、税收大数据等业务领域展开应用创新。高等院校需要立足于行业发展的长远目标，从人才培养的全局入手，集会计教育、会计研究以及会计实践于一体，拓宽校企、校政合作的深度、广度，才能培养出适应当前需要的专业会计人才。高等院校要保持学科和专业的开放度和融合度，与行业组织、会计师事务所、政府等单位和部门紧密合作。成功的校企、校政合作，需要高等院校与合作单位共享知识和最优实务，其中包括共建科研机构、合作研究、共同开展技术咨询和攻关；联合开展本科及研究生教育合作，如在高等院校成立企业学院；需要聘请实务界专家担任兼职导师；需要向合作单位开展员工培训；需要共同申请专利，共享知识产权。高等院校只有在多方面拓展与合作单位的合作空间，形成立体、稳固的校企合作网络，才能为大数据时代应用复合型会计人才培养提供有力支撑。

5. 加快大数据资源建设

大数据时代应用复合型会计人才的核心价值是对大数据的分析和应用，这就需要在人才培养过程中将专业知识与数据思维相结合。然而，目前我国高等院校对应用复合型会计人才的应用能力培养还处于起步阶段，大数据资源相对匮乏，在一定程度上形成掣肘。在大数据时代，数据成为一种重要的资源，对复合型会计人才的培养来说不可或缺。高等院校所使用的大数据，包括源自我国和其他国家政府的开放数据、知名企业的开放数据以及从数据公司购买的数据。根据2015年国务院发布的《促进大数据发展行动纲要》，我国将加大政府数据开放共享的力度，建成国家统一的数据开放平台，从平台上可以获取政府向公众开放的有关经济建设、资源环境、教育科技、道路交通、社会发展、文化休闲、卫生健康、城市建设、信用服务等方面的大数据。随着平台的逐步完善，政府数据开放平台将成为高等院校开展应用复合型会计人才培养的重要数据来源。此外，高等院校还需要根据学科和专业特性，购买或获取反映特定企业、特定行业业务和交易特征的大数据，用于开展教学和科研。例如，应用大数据分析审计电子商务平台时，所运用的是电子商务平台一个年度的交易数据；利用大数据分析识别税务风险时，所使用的是一个城市所有企业若干年度的税务大数据等。由于教学和科研的大数据需要采集或购置、整理、挖掘、分析、存储、更新、访问，有条件的高等院校可以建立大数据共享中心，配备信息技术设备、软件以及相应的技术人员，为学校的学科建设、教学和科研，以及学生的学习和实践提供有力保障。此外，高等院校还需要建立大数据管理制度，规范师生在使用大数据的过程中对知识产权的保护。

6. 打造优秀的师资队伍

高等院校的办学层次和社会影响力，主要取决于其培养的人才对社会的贡献，高等院校应培养符合社会需要的卓越人才。在大数据背景下，信息技术的更新加速影响深远，因而，只有拥有适应时代发展的高水平师资队伍的高等院校，才能获得竞争优势。高等院校应在管理体制、机制上适应这种变化，推动教学教师积极融入变革的洪流，成为变革的引领者和推动者。为此，高等院校要注重师资队伍建设的长效机制和教学教师的可持续发展。

第二节 多元化教学模式在会计教学中的应用

一、翻转课堂在会计教学中的应用

(一)翻转课堂定义以及将其引入会计教学中的意义

1. 翻转课堂定义

翻转课堂，顾名思义，指的是对课堂上学习到的知识在课堂内外的时间加以颠覆性的调整，将学习的主动权从教师转移到学生身上，因此又被称为“颠倒课堂”。诸多的专家和学者对翻转课堂有着各自不同的定义。例如，张福寿和王发国阐述了自己对翻转课堂的理解，即教师负责设计教学视频并播放给学生，学生通过观看视频内容展开学习，然后在课堂上和同学、老师进行交流，最终完成教学目标。

2. 将翻转课堂引入会计教学中的意义

将翻转课堂引入会计教学中具有以下意义：第一，学习方法的转变。在传统的教学课堂上，教师作为主导力量进行教学，并不能保证所有学生都能够掌握复杂枯燥的理论知识；但是采用翻转课堂的教学方式，学生可以在自学阶段根据自己的学习习惯和薄弱环节来自主学习，然后在实际课堂上和教师、同学展开交流讨论，以便夯实之前自主学习的知识，这是一种较为轻松的学习氛围，更容易培养学生的自主学习能力。翻转课堂也有利于学生主动学习、自觉学习，对于枯燥的会计理论知识，也能抱着愉悦的心情。拥有较好的自控能力的学生在翻转课堂上更容易收获成功。第二，教师教学能力得到一定的提升。在翻转课堂的教学模式下，教师需要提供教学资源，这就要求教师自身必须拥有扎实的设计教学内容的能力，能够更好地把握教学环节、教学目标以及教学方式。充满趣味性的课堂教学内容更容易调动学生的积极性，提高学生的参与度。因此，在翻转课堂中，有着较强个人能力的教师更容易获得成功。第三，促进师生关系更加融洽和谐。改变传统的教学课堂中教师和学生之间疏远的角色关系，在翻转课堂的教学模式下，教师和学生之间是一种互相促进的合作关系，教师不再是课堂的主体，而是为学生提供有针对性的帮助，拉近了教师和学生之间的距离。

（二）翻转课堂在会计教学中的应用设计总思路

1. 设计理念

在翻转课堂的教学模式下，任何一个环节、任何一个细节都着重强调教师的主导地位和学生的主体地位。在传统的会计教学课堂上，由于受到空间、时间等多重因素的限制，从事会计教学的教师为了尽快完成教学目标，往往采用传统的讲解式、“填鸭式”教学方式，这在很大程度上无法满足学生的学习需求和情感需求，不能调动学生的积极性，最终使整个会计教学课堂的效率无法得到有效的提升，教学目标无法实现。在翻转课堂的教学模式下，学生的时间更加充裕，对于较为枯燥复杂的会计学理论知识，完全可以放在课下时间完成，这在一定程度上体现了学习的自主性。翻转课堂上，学生可以利用已经打好的理论知识基础来解决实际问题，充分表达自身的学习诉求和情感需求，由此会计课堂的教学效率得到了显著的提升，教师完成教学任务也不再是一件艰难的事情。传统的会计教学更多的是倾向于对理论知识予以讲解和夯实，对于教学目标，虽然会有实践能力、理论知识等方面的要求，但是由于受到多重因素的影响和限制，想让学生拥有较强的实践能力，掌握丰富的理论知识相对较为困难，这和新时代所需要的综合性会计人才的培养目标显然是不相符的。在翻转课堂的教学模式下，对于理论课程的学习和巩固，更多的是利用课外的时间，课堂上则是让学生有更多的时间来对已经学习到的基础知识加以深化理解，在教师的帮助下，学生借助实践提高自身的综合能力，并且对理论知识加以进一步的验证和深化理解，使得学生掌握理论知识、提高实践技能变得更加有可能性。因此，教师在设计翻转课堂的学习目标时，需要着重关注如何能够实现学生的自我价值以及提高其实践能力。

2. 教学流程设计

将翻转课堂引入会计教学过程中，教师首先就需要在课前设计好教学视频资源，学生通过这些视频内容进行自发学习，在此学习阶段学生不必受到教师的监管，时间相对自由，完全可以按照自己喜欢的方式、能接受的学习时间完成学习，自身真正成为学习过程中的主人。除此之外，学生需要对教师制定的学习任务加以分析，对学习内容、概念有一个系统化的认知，然后在课堂上对这些知识进行二次理解深化，后续再通过实践教学对其进行第三次夯实。翻转课堂上，学生借助小组团队的方式来解决问题，不仅可以充分感受到合作的魅力和乐趣，有利于促进同学之间的紧密关系，还可以提升学习效率。教师在收集到学生的任务单之后，根据实际的完成情况，对后续的教学活动予以调整优化，使其真正符合学生的情感需求和知识需求，真正做到以学生为主体。在实际的教学课堂上，对于学生在自学阶段以及小组合作阶段遇到的问题，教师应在第一时间给予疑难解答。同时，教师必须观察每个学生，给出教学反馈以及教学评价，旨在帮助学生扬长避短，取得更大的进步。最后，学生根据教师以及同学给出的评价结果来审视自身，明确自身在学习知识的过程中的优缺点，便于日后改正。

3. 课前活动设计

将翻转课堂引入会计教学中，课前活动设计环节包含了三项任务：一是教学资源的准备，二是任务单的设计，三是学生自身的学习活动。教学资源的准备环节涵盖内容非常广泛。比如，实地考察视频、互联网资源上的视频教学、教师自制的教学动画或者视频等，通常较为常见的是教学视频，其中包含了教师自创的教学视频和在互联网上下载的微视频两类。在教学资源的准备环节，教师需要关注以下几个要素：一是时长控制。教师在设计一个教学视频的时候，需要考虑将具体的课程内容分为多个知识点，最终合成的视频时长要控制在8～10分钟。之所以考虑将视频的时长控制在8～10分钟，是从心理学的相关研究出发的，当一个人在集中精力做一件事情的时候，通常注意力完全集中的时间不会超过10分钟，之后就会被外界的客观因素或自身的主观因素干扰。因此，在课堂一开始的前10分钟内，学生的精力相对集中，之后就会呈现逐步下降的趋势，而将教学内容浓缩于10分钟的视频里，可以让学生充分地感知到知识中的精华所在。因为只有8～10分钟的教学时长，所以教师在讲解知识点的时候要坚持精简原则。除此之外，教师可以分散讲解知识点，学生在先前掌握的知识的基础之上可以将分散的知识点串联起来，形成一个完整的知识体系。二是教学语言设计。视频中的教学语言和教师在实际课堂上的教学语言之间存在差别。在教学课堂上，教师会表述“我们”“大家”“同学们”“你们”这样的词汇，但是在视频资源里，教师需要营造一种有针对性的、一对一的教学氛围，因此需要用到“你”“我”“咱们”这样的用语，拉近自己和学生之间的距离。翻转课堂借助语言模式中的调整功能，可以让学生获得更多的心理认同，感受到自身的重要地位，从而推动学习效率的提升。三是添加动画或者字幕。虽然教师设计了视频教学，但这并不是将课堂的教学内容简单地进行信息化或者电子化，而是需要用简短的语言搭配一定的动画或者字幕对知识点予以精练化的传授。在传统课堂上，教师传授知识的方式主要是语言的讲解，因此学生想要抓住学习的重点，就要重点关注教师的话语，这就要求学生注意力高度集中，如果学生自身属于注意力较为分散的类型，那么其能够学习到的知识也就有限。但是翻转课堂借助动画或者字幕的方式突出重点，有利于学生第一时间抓取重难点，还可以反复观看视频，在提升兴趣的同时，有利于增强学习效果，推动学习效率的提升。四是任务单设计。如何能够检验学生在自主学习阶段的最终成果，必须依赖任务单的考核，通过参考任务单的具体情况，教师也可以对后续的教学活动设计予以优化调整。教学任务单的主要内容包含学习任务、学习目标、疑难问题等。学习任务主要是引导学生进行自主学习，并且指导其应用何种学习方法来理解教学内容。学习任务分为两类：个人学习和团队学习。其中，个人学习主要是针对自学成果的检测，团队学习主要是针对集体逻辑思维以及知识体系的裁定。疑难问题则是将自身在学习过程中以及团队合作过程中无法解答的问题记录下来，寻求教师的帮助。教师通过对任务单完成情况的核定，决定是否需要进一步调整自己接下来的教学工作。

4. 课堂活动设计

教师对课堂活动进行设计的根本目的是，巩固学生在自学阶段的学习成果，因此教师需要严格参考学生提交的学习任务单的具体情况来对课堂活动进行调整。课堂活动设计包括以下几个部分：第一，对自主学习阶段成果的检验，包含对知识点的把握和理解。第二，对重难点知识的反复练习，其目的在于帮助学生深刻理解重难点知识。第三，实践能力的培养，通过小组合作或者个人考核的方式，帮助学生提高实践技能。对于课堂活动的设计，需要坚持目的性原则和趣味性原则，在保证学生对知识能够深刻理解、夯实基础的同时，不能忽略趣味性的渗透，不然就会使课堂氛围沉闷，形式固化。例如，可以借助游戏比赛的方式，将学生分成固定的小组来进行对抗比赛，对于最终表现优异、得分最高的小组，教师可以给予一定的奖励或者口头表扬，在这些评分较高的小组内再奖励表现最为优异的学生，这样既可以帮助学生建立集体荣誉感和自信心，又可以发挥较好的表率作用，促使其他同学向优秀者学习，整体性提高课堂的教学效率，尽快达成教学目标。除此之外，教师在对成绩较好的小组团队予以表扬的同时不能够忽略其他小组，需要对其存在的问题予以归纳和解决。第四，评价环节。在课堂活动的最后，教师要设计一定的评价环节，对大部分学生都容易出现的问题予以归纳分析，对课程章节中的重难点细节再次进行强调，以充分引起学生的重视。这种评价和反馈的机制有利于帮助学生认知到自己在学习过程中的不足，后期能够扬长补短，不断进步。

5. 课后活动设计

课后活动设计包括两大部分：课后巩固活动设计和课后评价设计。在课后巩固环节，教师要从翻转课堂的目的出发，帮助学生掌握理论知识，提高实践技能，因此可以借助绘制概念框架图的方式，评价学生的综合掌握情况。每名学生都需要提交概念框架图，将自己日后需要注意的重难点进行标注。除此之外，为了能够考核学生的实践能力，教师还可以在课后要求学生完成与本章内容有关的实践活动。在课后评价环节，可以借助小组互评和教师评价两种方式，让小组成员之间通过优势和劣势互补的方式加以配合，形成互帮互助的良好氛围，促使每名学生充分发挥个人优势，在学习他人优点的同时弥补自身的不足。

（三）翻转课堂实施要点及保障条件

1. 翻转课堂实施要点

将翻转课堂引入会计教学过程中，在具体的落实环节需要关注以下几大要点：第一，要确保学生在自主学习阶段拥有足够的自觉性。后续所有教学过程中的设计和落实环节以及保证最终教学目标的实现都有一个统一的前提，即学生在自主学习阶段能够完整地观看视频，并且收获一定的知识。如果学生无法进行自主阶段的学习，那么后续的课堂活动将不能顺利开展，自然也就无法提高教学质量。第二，要确保教师提供的教学资源有一定的趣味性。虽然学生在自主学习的阶段不受教师的监管，但是会受到周围其他客观因素的影响，这就要求教师提供的教学资源拥有一定的趣味性，能够充分吸引学生的注意力，抓住他们的兴趣点。第三，在设计课堂活动的过程中，要目的性和趣味性并存。在翻转课堂的教学模式下，学生已经完成了自主阶段的学习，而在实际的课堂上，主要是在夯实理论基础的同时培养实践能力，所以教师要充分重视课堂活动设计的目的性和趣味性，让学生有兴趣积极配合教师完成教学过程，达到良好的教学目的。第四，要注意课堂纪律的维持。不同于传统教学课堂上采用的学生坐着听、教师站着讲的方式，在翻转课堂的教学模式下，学生有了更多的主观能动性，教师将学生分成了若干小组团队来参与教学活动，所以需要对课堂纪律加以把控，以保证良好的课堂纪律，否则就会影响教学活动的落实情况，难以有效地提高教学质量。第五，反馈机制。对于学生在翻转课堂模式下的具体表现，教师要予以及时的评价，以便其能够更好地进步。在传统的教学过程中，评价反馈的滞后性会在一定程度上影响学生的进步，但是翻转课堂解决了这一弊端，能够予以学生及时的、全面性的评价。

2. 落实翻转课堂的保障条件

要想保证翻转课堂教学模式的正常实施，就需要具备以下几个方面的条件：第一，部分学生在报考会计专业之前，自身有着一定的专业盲目性，积极性有待提升。然而，学生应对新事物，特别是对高科技事物有着较强的接受能力，我们要遵从这些特点设计教学环节，翻转课堂的教学模式要符合学生的个性化特色。第二，学校信息技术和网络设备的完善至关重要。翻转课堂是在网络技术和信息技术的基础上出现的，所以想要落实发展翻转课堂在会计教学中的应用，学校就必须重视信息技术和网络设备的完善。第三，会计专业教材优化调整。翻转课堂的应用着力于培养学生的实践能力，但是现阶段随着社会的进步，对于专业的财会人员的工作要求也在不断调整，翻转课堂培养的人才所具有的技能要符合社会的需要，所以教材内容与时俱进是必备的。第四，教师需要不断完善自己，以符合翻转课堂和信息化时代的要求。与传统课堂不同，学生在翻转课堂上主要以完成教师设计好的教学活动为主。基于此，从事会计教学的教师，除了必须具备一定的教学技巧和丰富的教学经验，还需要能够维持好课堂纪律，把控课堂进度，这是确保教学活动顺利开展的法宝。第五，对教师予以精神激励或者物质奖励。有别于传统课堂，翻转课堂的应用本身对于教学老师而言就是一项突破和挑战。要想使翻转课堂在会计教学中得到大范围的应用，并且取得良好的教学效果，就需要对教师予以一定的物质奖励或者精神奖励，推动其使用翻转课堂的积极性的提升。

（四）将翻转课堂引入会计教学中的具体策略

1. 课前准备

将翻转课堂引入会计教学过程中，教师要根据班级人数的实际情况对学生进行分组，每组确定一名组长，确保每个学生都知晓接下来的课堂活动和教学安排计划。在传统的教学过程中，虽然会有课前预习环节，但是由于课程内容较为庞杂，学生首次接触无法及时抓住重点和难点，而且教师也不会将自身的教学设计思路讲解给学生，所以预习效果不佳。在翻转课堂的教学模式下，教师要将自身的教学安排计划告知学生，以便学生能够达到更好的预习效果。翻转课堂教学模式在我国现阶段还没有进行大范围的普及，所以如果在互联网中寻找相应的教学资源，很容易出现时间过长、重难点不突出的问题，这就要求教师要自行整理教学内容和重难点，自己录制视频传递给学生。

教师事先要准备关于“复式记账与借贷记账法”的多个短视频，每个视频保持在8～10分钟为宜。在录制视频的过程中，教师要充分参考学生自身的学习水平，逐级、逐层次地讲解内容，并按照会计知识章节制作短视频，为后期开展模块化教学奠定基础。采取模块化的教学方式，能充分激发学生的学习兴趣，对制作的视频进行整理，生成目录，将视频字幕、动画和课本的知识融合起来，突出重难点的同时要建立知识体系。具体的视频内容包括借贷记账法的定义内涵、特点，借贷记账法下的账户结构，借贷记账法的具体应用。教师要控制好每一个视频中的知识含量，对知识点合理划分，结合理论知识和实践操作，对知识内容细化分类。教师可以借助动画形式、动态展示效果等，帮助学生理解知识。例如，学习“投资项目财务评价指标”这一模块时，教师可以借助制作曲线图的过程，直观地展示经济寿命周期。在“复式记账与借贷记账法”模块中，具体的教学目标分为以下三项：一是情感目标，通过对“复式记账与借贷记账法”的学习，树立对本专业的学习信心，能够培养基础会计扎实严谨的工作态度；二是能力目标，参考不同的经济业务画出不同科目的账户结构并展开试算平衡；三是知识目标，掌握借贷记账法的定义，区分单一记账和复式记账，了解记账规则以及记账符号等。比如，在“计提坏账准备业务”的相关内容学习过程中，教师可以结合实际情况，将其中的内容直接设计为“某企业在日常经营管理过程中，已经连续两年出现应收账款余额以及整个过程中出现的坏账损失问题。

在这一背景下，企业必须要从中得到相对应的资产负债表、坏账准备等，这样才能为企业的日常运作提供有效保障”。通过这种类型问题的提出以及这些问题在实践中的有效落实，引导学生针对这些问题进行思考，主动了解和认识教学内容。除此之外，教师还可以将理论知识分为预测、规划、控制、决策、考核等模块，将模块化知识点制作成完整视频，激发学生学习兴趣的同时，提高会计专业学生的职业能力。

教师提供了充足的教学资源，将其上传到校园云平台之后，还需要配备一定的解说词，以便学生在观看视频的过程中能够更好地理解知识点。除此之外，教师还要积极鼓励学生开展自学行动，学生根据教师要求自行学习，可以下载观看、在线观看视频内容，并且参照任务单要求绘制出本章节的概念框架图。虽然教师对学习模块的重难点在视频中予以了梳理，但是不可能涉及全部的教学内容，为了呼应翻转课堂内容，教师在教学中应注重让学生自主解决问题，必要时对学生进行点拨、指导。例如，在课堂教学开始之前，让学生针对自身的特点列出本节课需要完成的目标，让学生朝着完成目标努力，提高学生自主学习能力。一般情况下，由于学生本身存在个体差异性，他们在预习完成之后对视频中所呈现出的内容也会有不同的理解，所提出的问题也具有明显的不同。这时候，学生就需要将自身在学习过程中无法解决的疑难问题记录下来，汇报给组长，由组长整理好表格汇总给教师，教师以学习任务单的具体情况为参考依据，调整接下来的教学活动。

推行翻转课堂的教学模式对部分自控能力较差的学生而言具有一定的挑战性，因此需要教师的辅助，教师可以布置一定量的学习任务，督促学生完成自学任务。

2. 课堂教学活动的组织与开展

针对“复式记账与借贷记账法”的学习目标，教师要合理组织和开展课堂教学活动。第一，学生自行学习，自行总结出关于借贷记账法的定义、特点等概念性的基础知识。第二，参考教师给出的理论知识模板，对自己总结出的基础知识加以修正。第三，以实际的经济案例为参考，画出不同账户类别的基本结构。第四，编制会计分录，登记各类账户，进行试算平衡实验。将翻转课堂引入会计教学中，有利于师生互动。教师扮演了知识引导的角色，需要对学生出现的问题及时予以疏解，不断深化学生的自学内容。教师先按照不同的组别将问题发给组内成员，让学生积极地讨论交流，目的是让学生之间建立合作学习的氛围，引发学生自主思考。在这个过程中，教师要协助学生一起解决问题，待问题解决之后，由组长将结果汇报给教师。每个学生都有各自的思考和观点，最后归纳出一个结果的过程就是对知识再度梳理的过程。在小组的正常沟通和交流过程中，小组成员可以对一些简单的问题进行处理，教师则可以通过一些测试对学生解答问题的正确率进行评估。在这个过程中，教师要对正确率较低的问题进行重点讲解，将正确率较高的问题交给学生，让他们在小组内处理。在翻转课堂教学过程中，通过现场提问、补充回答、学生抢答等方式都可以很好地检验学生的学习效果，学生也可以在课堂上收获自信，展示出自己对理论知识的了解程度，获得教师的表扬和激励，还能认识到自己和其他同学之间存在的差距，为日后的学习进步奠定基础。在课后，教师需要布置作业帮助学生对所学知识进行深化巩固，提高学生的实践能力。具体来说，课后作业既可以是练习题，也可以是实践范例。在实践技能上，教师可以让学生上台操作具体的会计仿真软件。比如，在学习 Excel 中财务函数 DB、DDB、SLN、SYD、FV、PMT 时，教师要先让学生在上机前观看对应视频，了解教师的规范操作，对课本中对应指令有清楚的认识，然后引导学生对照课本中的操作知识进行上机学习。学生在学习中应结合财务信息及任务，选择合适的函数，通过规范操作计算机，输入信息完成工作。教师在学生上机操作的过程中，要注意观察学生的操作，及时发现问题，及时解决。比如，“Excel 在会计工作中的应用”这一章节，涉及 Excel 的一些基础操作（如分类汇总、筛选、排序等），部分学生本身已经掌握了这些操作技能，但是并不具备将其和会计核算相融合的水平，这就要求教师要了解学生的计算机使用水平，引导学生在具体的财务信息处理上进行操作。教师也可以在课堂结束后，为学生布置会计电算化、基础会计、成本会计、财务会计等方面的学习任务，将课堂上涉及的知识及 ERP 软件操作规程的练习作为作业，让学生在课下自主完成。在下次上课之前，教师可以通过书面检查、收作业、学生之间交叉检查或者提问的方式，检查上节课布置的作业的具体完成情况。除此之外，随着学习通、QQ 软件、微信等的广泛普及，教师还可以借助这些电子设备对学生进行指导，对他们遇到的重难点问题予以解答，帮助学生提升专业会计能力。

3. 评价反馈环节

传统教学模式下的评价只是对学生的课堂表现、学习成绩等方面进行简单的评价。在翻转课堂教学模式下，这种评价方法有所调整，教师和学生都能够对课堂内容进行评价，不管是对教材的设定、学生的自主学习能力，还是对课上、课下的作业完成程度，都能够进行全方位的反馈。比如，教师在实际教学中要着重关注学生的自主学习效率、实践能力等，并以此作为评价指标，结合知识的重要程度，对知识进行不同等级的划分，从而对学生的学习能力进行评价。学生可以对教师的讲课方式、趣味性、深入性等方面进行反向评价，这也是教师获得学生反馈，并提升自身教学水平的重要方法。评价与反馈的方式复杂多样。学生对教师的评价可以以小组为单位，开展及时、公开、公平性的考核；教师对学生的评价则主要以学生的课堂表现、学习效果以及作业完成情况等为依据，及时反映学生学习的真实水平。此外，教师还要引导学生观察，相互评价。需要注意的是，这种评价并不是要让学生相互挖掘对方的缺点，而是要相互督促，共同进步。教师通过多元化的评价方式，能够及时解决教学中存在的诸多问题，从而提升课堂教学水平。

二、微课在会计教学中的应用

（一）微课特点

与传统教学方式相比，微课具有以下特点：第一，时间短。微课一般集中对某一个具体问题或知识理论展开有针对性的描述，时间通常控制在10分钟内。从时长的角度出发，微课和网络课堂二者之间存在着较大的差异，微课时间短，网课时间长。第二，交互性强。微课的制作过程并不完全是由教师一人负责的，还有企业人员或者学生的参与。第三，多元化的表现形式。微课的表现形式不仅包括短视频，还包括电子课件、电子教案、知识延伸等。它不仅是对传统教学理论知识点的精练和讲解，还可以对教学内容展现的工作场景予以模拟。第四，短而精。这里的短而精主要是针对教学内容而言的。虽然微课的授课时间较短，教师难以在短时间内阐述过多的知识内容，但是在短时间内能够将知识点进行较为深入的讲解，加深学生对知识的理解。在充分认识到微课的特点后，教师才能够更新创作思维，借助微课提升会计教学质量，培养出符合现代社会需要的综合性会计人才。

（二）微课的分类

1.PPT 型

PPT 型微课是当前阶段会计教师较为青睐的展示方式之一，其制作较简单，展示直观，既可以是图片、文字，也可以配上动画、视频、音乐等，适合大多数的会计课程内容，如知识点之间的区别、具体的操作步骤、知识分类或概念类的内容，可以借助 PPT 型微课来展示。在制作 PPT 的过程中，要想最终呈现出的视觉效果是协调的、具有美感的，必须尽量压缩文字部分，多用图片展示内容，可以插入动画、视频、音频等。PPT 制作完成之后，要将其转化为可播放的视频文件，以方便学生观看。

2. 拍摄型

拍摄型微课更加适用于操作类型的知识展示。与 PPT 型微课相比，拍摄型微课对拍摄人员的要求较高，而且需要一定的时间和精力进行后期制作。受到客观因素的影响，部分教师会采用手机或家用摄像机进行拍摄，总体视觉效果稍差，但是依然可以发挥微课的作用。对于高等院校的会计教学而言，拍摄型微课更加符合操作类知识的展示需要。比如，会计账簿种类、凭证装订、原始凭证种类、原始凭证整理等，记账凭证种类、资产负债表的编制、结账等知识借助拍摄型微课记录操作过程，更加直观。

3. 动画型

动画型微课制作过程较为复杂，但是最受学生欢迎，它要求教师有一定的Flash制作基础。比如，会计处理程序、资金运用等内容借助动画型微课，能够在形象活泼的展示中突出重难点。

4. 录屏型

录屏型微课较为专业，主要借助电脑软件进行课程的录制，后期需要一定的剪辑。对于需要更多电脑操作的会计课程，可以用录屏的方式进行课件展示，通过外接话筒，教师的讲解声音还可以收录其中。比如，报表编制、资金运用以及会计处理程序等都可以进行录屏展示。

以上是目前使用较多的四种微课展示形式，它们有着各自的优缺点，教师可以根据实际的教学需要单独使用或者搭配使用，但是无论采用何种微课，都要求选题清晰、控制时长、突出重难点、录制的语音清晰、展示到位，不会造成学生观看上的困扰。

（三）将微课引入会计教学中的意义

1. 有利于演示教学和情境教学的结合

借助微课，教师利用现代网络技术将教学内容展现在屏幕之上，有利于演示教学和情境教学的结合。这种教学模式，可以展现多重的会计教学内容，如会计报表、会计账簿、会计凭证等，借助声音、图像、图形的刺激，以便激发学生的学习欲望。除此之外，借助微课，教师可以模拟真实的工作场景，给予学生较强的真实体验感，让他们有宛如身临其境一般的体验。例如，在微课的制作过程中，教师可以插入一小段视频，主要内容是企业的一套会计处理流程。另外，随着AR技术、VR技术的渗透，学生也可以模拟不同的会计类岗位来完成申报纳税等基础工作。在高新技术飞速发展的今天，微课完美地融入了现实性、虚拟性情境、声音、图像、文字、图形、动画等多样化的内容，营造了融合式、交互型学习环境，促进了传统会计教学模式的优化。

2. 有利于调动学生积极性，实现个性化教学

“兴趣是最好的老师。”在会计教学中，学生只有对学习产生兴趣，才能发挥主观能动性，自觉地、主动地、积极地进行专业学习。不可否认的是，部分学生在入学之初对会计专业的选择并不是主动的，而是被迫调剂或者亲朋好友的建议，所以先要调动学生的积极性。会计课程集理论和实践于一体，这就要求学生在充分掌握理论知识的基础上，能够具备较强的实践动手能力，于是，微课应运而生。微课短小精悍，是充分体现学生学习主体地位的一种教学模式，教师可以将碎片化的内容录制成微课，通过生动形象的微课激发学生的学习兴趣，

满足学生的个性发展要求，实现个性化教学。

3. 有利于学生形成自主学习能力

教师在设计微课视频的过程中，可以设置一定的悬念，或者提出需要学生思考的问题，使学生在学习过程中集中注意力，思维跟着教师的思路走。同时，在课堂教学中，教师要着重学习方法的讲解和传授，让学生形成解题思路，这样一来，有利于学生形成自主学习能力。随着学生自主学习能力的不断提升，教师在教学中要设置一定的难点障碍，提升自主学习的难度。在课堂教学中，教师要引导学生积极发言，以检测其自主学习的效果，或者提供一定的平台，让学生以教师的身份讲解学习内容，这有利于学生深化对知识的理解。除此之外，合作学习也是微课学习模式的重要组成部分，通过合作学习，小组成员之间积极讨论，一起致力于疑难问题的解决，有利于学生充分发挥主观能动性，提升学生的沟通能力、自主学习能力。

（四）将微课引入会计教学中的具体路径

1. 将微课引入会计教学的导入环节

在课堂教学中，导入部分起到了至关重要的作用。尤其是会计理论知识的学习较为枯燥，将微课引入导入环节，可以增强导入的生动性，吸引学生的注意力，调动他们的学习积极性，使学生以良好的心态投入本节课的学习过程中。比如，在讲解“非货币性职工薪酬——自产产品”模块时，以每年大型企业的年终奖作为导入，可以播放联想公司、小米公司等发放员工福利的视频，让学生体会企业家的“大方”，随后将关联知识点抛出又可以让学生明白企业家如此“大方”地发放自产产品作为职工福利的意义，从而进一步体会非货币性职工薪酬在实践中的应用；在阐述“收入”这一模块时，可以将守株待兔这一广为人知的寓言作为导入，阐述本节课知识点，即农民日常劳作的农作物收入是其主营业务收入，处理变卖一些劳动用具获得的收入是其他业务收入，而通过守株得到的兔子属于营业外收入。将微课引入导入环节，通过生动有趣的导入，可以营造轻松愉悦的课堂氛围，激发学生的学习兴趣，深化学生的思考，为教学目标的实现奠定基础。

2. 以微课的形式展示会计教学重难点，突出教学主题

一般来说，微课是针对某一个具体的知识内容进行讲解。将微课引入会计教学中，教师要明确教学主题，把握教学内容中的重难点，为学生营造友好、和谐的氛围。比如，在学习“审核原始凭证”这一模块时，教师可以将审核原始凭证在实际操作中的重难点设计成微课，突出教学主题，突破教学重难点，让学生更好地理解和掌握所学知识。这样，学生在观看视频的过程中就能够了解本节课的重难点，对整个章节的知识点有一个大体的感悟和认知。

（五）夯实知识，巩固复习

无论采用何种教学模式，想要提升教学质量，取得良好的教学效果，巩固复习环节必不可少。微课除了可以用于课前预习、知识小结，也可以用于巩固复习环节。在会计教学中，教师可以将需要巩固复习的知识点以思维导图的方式串联起来，并借助微课这一方式展现给学生，使学生形成知识框架，巩固所学知识。另外，在课后巩固环节，微课也发挥了重要的作用。教师可以将一些需要重点复习的知识制成微课视频，发给学生或发布在相应的平台上，让学生随时随地通过手机、电脑等移动设备进行学习，巩固课堂所学知识。这样一来，就完全实现了学生自主学习的要求，培养了学生的自学能力。

三、慕课在会计教学中的应用

（一）慕课的特征

一是大规模开放式的网络环境。慕课最突出的特征就是其大规模开放式的网络环境，基于此优势，学生可以摆脱经济能力、地域范围，以及空间和时间上的束缚，无论身处于何时何地，只要有网络就能学习。学生可以通过免费注册账号的方式，利用网络，享受到各种各样的资源。这种大规模的开放式网络平台不会因为人数限制而影响学习，所有人都处于同样的学习环境下，大家都是平等的，因此这种开放式的网络平台也有利于教学成果的展现。

二是自我导向的学习方式。每个学生都有自己的性格特点，兴趣不同，所以其学习的方式存在很大的差异，对此，教师可以利用慕课教学为学生提供更广阔的学习空间。在慕课教学背景下，学生可以选择自己感兴趣的学习平台和教学工具，以取得良好的学习效果。与传统的教学形式相比，慕课教学能够真正实现教学课件的反复观看，让学生根据自身的学习情况来调整学习进度，真正做到合理安排教学内容，实现高效教学。

三是更加和谐的师生关系。在慕课教学中，教师不再采用“灌输式”“填鸭式”的教学方式，从单纯的引领者转变为参与者，与学生真正实现了互动。对于学生而言，在慕课的学习环境中，一旦遇到不会的问题，不再抱有恐惧的心态，而是积极主动地向教师请教。在这种情况下，教师和学生之间的距离被不断拉近，其关系也趋向和谐。

（二）将慕课引入会计教学中的基本路径

1. 整合教学内容

区别于其他课程，会计教学是一门兼具理论性和实践性的课程。在学校期间，教师应当充分调动学生的学习积极性，让学生对会计理论有全面的认识和了解。由于会计专业知识点较为繁杂，因此在课堂教学中，教师要引入慕课，整合现有教学内容，包括会计凭证认识、基本的会计知识以及财务报表认识等，需要学生对这些学习内容都有全面的认知和了解。因为在日后的工作中，实践是核心，理论是基础，只有让学生全面熟悉会计岗位的工作性质和工作内容，才能更好地开展相应的教学工作，为我国未来社会和企业发展培养高素质人才。慕课教学具有一定的优势，教师在实际教学中可以充分利用慕课来拓展教学内容，讲解重难点，让学生在课中、课后都能够实现网络化学习。

2. 改革教学方式

(1)案例教学法

在慕课教学中，教师可以将一些案例穿插进来，引导学生在自身已掌握的知识基础上，分析具体案例，进而培养学生的分析能力。教师在引入案例的过程中，需要遵循循序渐进的原则，避免让学生直接面对较难的案例问题无从下手，进而产生厌学情绪。

(2)模块化教学

虽然会计教学是一个整体化的体系，但是将其分成模块进行教学，更有利于发挥慕课教学的特色。在实际教学中，教师应当编写详细的教案，运用模块化教学，将教学划分为教学计划、教学目的、策略执行、目标达成。在课堂上，教师要将这些模块全部展现给学生，让学生在脑海中有明确的梳理导图，对本节课所要讲述的内容有全面的认识与了解。

(3)课堂模拟情境法

会计课程具有较强的实践性，在教学中，教师要重视学生实践能力的培养。在慕课教学中，教师要结合教学内容，运用现代化的教学工具，为学生创设一定的教学情境，让学生犹如身临其境，从而提升学生的实践能力，确保学生未来顺利走上工作岗位。

3. 设计测验环节，创新考核方式

精心设计一些练习、测验，促进学生对知识的掌握，是慕课教学的核心教学理念之一。测验内容可以分为小单元测试和期末考试两种类型。小单元测试的目的是了解学生对章节知识和技能的掌握程度；期末考试则是要测试学生对整个课程的知识和技能的掌握程度。一般做法是在汇总所有小单元测试题目的基础上，附加一些难度高的题目。测试时，学生用随机生成试卷进行测试。借助信息技术，慕课课程的测验允许学生尝试3～5次，从中取最佳成绩作为有效成绩，这在一定程度上提高了学生的学习兴趣和自信心。

现阶段，会计教学不断改革，因此考核方式、评价方法也要有一定程度的创新。需要注意的是，不仅教学方法要创新，教学内容也要创新。然而，目前仍然有部分高等院校在会计课堂上推行的主要考核方法是评估学生的出勤率，这种方法较片面、单一，无法真正评估学生的学习质量。因此，教师要引入创新式的个性化考核方案，用以评估学生的各方面情况，如任务完成进度、课程掌握情况、自学水平、学习态度、心理状况等。据相关的数据调查可知，从事财会类工作的人员的心理承受能力在很大程度上会影响他们工作能力的发挥，如果无法拥有较好的心理承受能力，那么在数据统计、数据分析、财务做账等环节就很容易产生畏难情绪。因此，在会计教学中，教师要着重培养学生良好的心理承受能力，通过慕课为学生提供一些心理辅导资源，缓解学生的紧张情绪，帮助一些心理状态较差的学生及时调节不良情绪。对于在考试中发挥失常的学生，还可以多给其一次补考的机会，这样人性化的考核方式更受学生的欢迎。

4. 拍摄教学视频

微课中使用的教学视频可以直接应用到慕课中，时长控制在5～10分钟，要求针对学科内容中的核心知识点、重难点予以解说。以“支票填制”教学为例，可拍摄某财务人员真实填写支票的全过程，或者为学生提供通过计算机技术模拟出的支票填写过程。以这些内容为主的视频短小精悍，通常在3分钟左右，通过学习视频中的内容，学生能够确切地认识到支票填写所要求的格式和内容。

5. 注重实践教学

在传统的会计教学中，受到客观条件的限制，教师更多的是传授财务学相关理论知识，很少为学生提供实践机会，导致学生的实践能力不强，在实践工作中无从下手。将慕课引入会计教学中，解决了这一问题。在慕课教学中，教师可以为学生提供更多的练习机会，在练习中深化学生对理论知识的理解。比如，在学习 Excel 基础知识时，教师可以为学生提供一些关于 Excel 在会计专业应用的视频，帮助学生掌握 Excel 技巧，尝试解决现实中的财务问题。

第三节　大数据时代会计教学改革的价值、措施与展望

一、大数据时代会计教学改革的价值

大数据时代赋予了会计教学新的发展理念，因此需要会计专业的教学工作作出新的转变，以与大数据时代会计教学的发展理念相吻合。大数据时代下，会计、教育、营销、管理等知识领域均发生了一定程度的转变，需要人们以一种全新的方式重新适应这个时代社会的生存与发展。就会计教学而言，其需要将

自身的知识内容与大数据的应用处理方式相结合，从而为社会培养出专业会计人才，以推动社会发展。这是会计教学的根本目的。会计教学的根本目的虽然不会发生改变，但是教学方式需要不断进行调整，并进行一定的教学改革。具体而言，大数据时代会计教学改革的价值主要体现在以下几个方面。

第一，转变了会计教学的理念。正所谓“心之所向，素履以往”，无论是大数据时代下会计教学方法的转变，还是会计教学模式的转变，均需要以一定的教学理念为指导，否则就难以产生后续的教学改革。大数据时代是转变会计教学理念的助推器。在以往的会计教学中，教师以知识的传输为主，即教师将知识完整、准确地传输给学生，至于学生对该部分知识的理解则不在教师考虑范围内。这并不是说会计教师不负责任，只是这种教学理念存在不合理之处。其实，这种“填鸭式”的教学理念在教学中的应用并不少见，如今，很多教师仍然把自己当作教学主体，一味地讲述知识，而忽视了学生对知识的理解，或者说忽略了学生才是教学中的主体。然而，大数据时代的到来改变了这一教学理念。可以说，在大数据时代背景下，会计教师不再把自己当作课堂教学的主体，而成了学生的引导者；不再把自己当作课堂教学的权威，而成了会计知识的探索者。这种教学理念的转变对会计教学的开展具有重大意义。其实，与教师的教学理念同时发生转变的，还有学生的学习理念。在以往的教学中，学生始终处于被动接收的学习地位，不自觉地就把自己放在了课堂知识的倾听者和被动接收者的位置。在这种学习理念下，受到影响的不仅是学生的学习效果，还包括学生的学习思维。正所谓“书到用时方恨少，事非经过不知难”，会计专业的学生如果没有经过一番思考，那么很难对所学会计知识有较深的理解，更不可能掌握会计知识的思维方法。因此，在大数据时代背景下，会计教学必须进行适当的改革，而这场变革的根本就在于会计教学理念的创新。

第二，契合了国家教育改革的要求。从我国的整体教育情况来看，主要还是应试教育问题，也就是说大多数学生学习文化知识更多的是为了应对考试。其实，造成这种结果的原因是多方面的。从学校和教师的角度来看，为了提高学校的升学率以及班级的升学率，学校和教师都将教学的重点放在应对学生考试上。大数据时代背景下的会计教学理念与传统的教学理念不同。在大数据时代背景下，学校和教师更加注重学生的学习效果，更加注重知识的实践与运用，这种教学理念以及模式才更加契合国家教育改革的要求。

具体而言，在大数据时代背景下，以学生为中心的教学理念逐渐形成，这使得学校和会计教师意识到教学的根本目的不是仅让学生取得好的考试分数，而是让学生理解与掌握会计知识，能将会计知识灵活运用于社会实践中。同时，学生在新的教学理念影响下，自身的学习理念也开始朝着“为我所用”的方向转变。所以，大数据时代对会计专业教学改革所产生的价值并不仅仅在于学校和教师教学理念的转变，还在于会计学生学习理念的转变，只有学校、教师、学生的理念统一，才能真正做到符合国家教育改革的要求，才能更好地促进我国教育发展。

第三，丰富了会计教学的形式。大数据时代，以往“以教师为主，以学生为辅”的教学理念已经得到一定的转变，而且教学形式越来越丰富。具体而言，教师现在的教学方式已经完全脱离了以往平铺直叙的教学方式，而是向着生活化教学、问题引导式教学、小组合作式教学、身份互换式教学等转化。

生活化教学：所谓生活化教学，指的是教师在会计教学中，将教学内容与学生的生活相结合，以此组织和开展教学活动。这样一来，既能够拉近学生与会计知识之间的距离，也能够降低学习难度，进而提高学生的学习效率。具体而言，教师可以提前观察并挖掘教学内容与学生日常生活之间的联系点，然后以此为契机进行教学。因为自身有过相同的生活经历，所以学生在理解该方面的会计知识时能够得心应手。然而，并不是所有的会计知识都能够与学生的实际生活相关联，这时教师可以通过引导学生展开联想的方式进行教学。比如，教师可以引导学生将自己想象成为某企业的首席会计师，再有针对性地开展教学活动。当学生融入这一角色之后，便不再以学生的身份看待问题，而是以首席会计师的身份对如何保证和提高会计管理水平进行思考。这对加深学生对所学知识的理解至关重要。

问题引导式教学：所谓问题引导式教学，指的是教师在会计知识教学中不通过直接讲解知识的方式开展教学，而是通过提问的方式进行教学。这是一种与传统教学方式相反的教学模式，教师需要提前将教学内容转化为具体的教学问题，然后在课堂上进行提问。问题引导式教学的作用主要体现在两个方面：一是能够促进学生思考，进而锻炼和提升学生的自主思维能力；二是能加深学生对所学知识的理解。需要注意的是，问题引导式教学的开展并不是将知识转化成问题那么简单，而是需要教师进行专门设计，如何才能更好地引导学生思考，如何才能加深学生对问题的理解，如何提问才能使教学思路更加清晰等，这些都是教师需要提前准备的工作。在具体的提问过程中，教师要给予学生一定的时间思考，因为教学内容都是一些新的知识点，学生学习起来有一定的难度，需要时间思考。此外，教师在提出具体问题之后，最好不要告诉学生答案，而是先倾听学生的解答思路，再对学生的答案进行汇总，从学生的回答中挖掘潜在的问题，再有针对性地教学，这有利于提高学生的学习效率。

小组合作式教学：所谓小组合作式教学，指的是教师在开展会计知识教学时，引导学生进行小组合作学习，这样不仅能够有效锻炼和提升学生的自主探究能力，还能够有效拉近学生与学生之间的距离，提高学生的合作学习能力。教师在开展小组合作教学时，要为小组合作讨论指定具体的方向。也就是说，教师需要为学生设定探讨的问题或者方向，然后引导学生进行集体探究，这是开展小组合作式教学的前提。一般而言，教师在进行探究问题设计时，要适当增加问题的难度，这样才能够激发学生的探究兴趣，使学生的探究更有效果和价值。此外，教师也可以引导学生探究一些具有开放性的问题，这也是锻炼和发散学生思维的有效方式。教师在进行小组合作教学时，还要注意学生的分组方式，即保证学生小组成员之间的差异性，而不能进行随意分组，否则不利于学生之间展开深入而有效的沟通。具体而言，教师可以按照“组间同质，组内异质”的原则进行分组，既保证小组内成员之间的差异性，又保证小组间成员的差异性，这样才能更有效地探讨和交流。在学生小组进行知识探究的过程中，教师要进行现场监督，以了解学生的探究思路，也可以参与学生小组的探究，为学生的探究提供思路。在学生小组探究结束之后，教师再邀请各小组代表进行结论阐述，然后要针对所有学生小组的探究结果进行统计和归类，再以学生小组的探究结果为蓝本开展教学，从而使教学更有针对性，效果更好。

身份互换式教学：所谓身份互换式教学，指的是教师在开展会计教学时，可以转换自身与学生的身份，这样既有助于加深学生对所学知识的理解，又能够全面展现学生在知识理解中产生的问题。此外，身份互换式教学还有助于锻炼和提升学生的语言表达能力、临场反应能力等心理素质，对于学生综合能力的提升具有很大的帮助。具体而言，教师可以在开展教学工作之前，先引导学生进行知识预习，并明确告知学生明天的教学工作将由学生自主展开。此时，教师可以为学生指定预习内容的重点，为学生预习以及教学准备工作的开展提供指导。在次日的课堂教学中，教师要安排学生上台讲课，而自己坐在学生的位置倾听。需要注意的是，在学生讲课的过程中，无论其内容讲述得是否正确，教师都不宜打断学生，因为这很有可能会打断学生的讲课思路，甚至造成学生不敢讲的局面。在学生站在讲台上讲课的过程中，教师要对学生讲的知识点以及讲学能力进行点评，并在学生讲学结束之后将自己的指导意见告知学生。此外，教师不能将整体课堂教学过程都交给一名学生，而要分散进行，同时锻炼和培养不同学生的讲课能力，这样才能保证全体学生学习能力的全面提高。

除以上四种教学方式外，在大数据时代影响下产生的教学方式还有很多，如游戏式教学、情境式教学等，此处不再一一赘述。

第四，降低了会计教学的难度。会计学是一门知识难度较高的学科，其所涉及的内容以及知识范围相对较广，所以学生在进行会计知识学习时，学习难度也相对较大。或许在外界看来，会计工作所负责的主要内容就是记账，但是实际并非如此。会计工作不仅要负责记账，还要负责报账、缴税、制作凭证、对账、核算工资、社保、公积金、计提损益、审计等多项内容，所以会计工作并不轻松。这一点通过会计考试难度也可以窥见一斑。会计考试分为初级会计师考试、中级会计师考试、注册会计师考试等，其中注册会计师的考试难度最大，每年通过的学员不足5%。对此，教师在开展会计教学时，要注意降低学生的学习难度，将抽象的会计知识进行较为直观的展现，以提高学生的学习效率。

在以往的教学过程中，教师仅注重会计相关理论知识的有效传授，这样虽然也能够加深学生对会计知识的学习和理解，但是学生对会计知识的学习仅停留在理论层面，到了具体的实践应用时却摸不着头脑，有一种不知如何下手的困窘。这显然不是会计教学想要的最终效果。在大数据时代，教师可以将社会中的诸多会计实际案例应用于会计教学中，从而帮助学生认识会计知识的具体应用方式，并且能够通过实际教学案例引导学生认识在会计知识实际应用中可能存在的一些问题。除了教导学生正确运用会计知识，教师还可以利用大数据的方式将学生容易出错的会计知识进行汇总，并且从中分析出学生犯错的原因，进而开展更有针对性的教学，以降低学生的学习难度，提高学生的学习效率。此外，学生对会计知识的学习也不再局限于课堂，而是延伸到课外，因为学生可以通过教学大数据的方式寻找自己不了解或者学习不够深入的会计知识，进而通过自主学习的方式完成相关课程知识的学习。教师也可以利用网络大数据的方式开展会计教学，而不必拘泥于自己讲学这种单一方式；还可以通过大数据的方式收集一些好的教学素材和好的教学方式，然后为我所用，以降低学生的会计学习难度，保证和提升学生的学习效果。

第五，提高了会计教学效率。知识教学重点关注两方面内容：一是学生对知识的掌握程度，二是学生对知识的掌握效率。教师在开展会计知识教学时，既要保证学生对所学会计知识的效果，又要保证学生对所学知识的效率。在以往的教学过程中，教师主要采取知识讲解外加黑板板书的方式，虽然这种教学模式也能够起到很好的作用，但是教学效率不高。在大数据时代，教师的教学设备以及教学方式均发生了较大的转变，比如，以往的板书教学转变成当今的多媒体教学，以往的课堂教学转变成当今的微课教学，这些教学模式的变换对提高会计课堂教学效率具有重要作用。首先，会计教师在开展会计课堂教学之前，可以将教学知识制作成多媒体课件，这样能够减少课堂板书的时间，进而提高课堂教学效率。其次，通过多媒体课件教学能够将一些课本之外的知识融入其中，这对拓宽学生的知识范围，加深学生对会计知识的理解具有重要作用，自然也就能够提高会计课堂教学效率。最后，教师在开展会计教学时，还可以引入图片或者动画，这相比于教师的直白口述更有说服力，所以自然也就能够很好地提升课堂教学效率。除了通过开展多媒体教学的方式提高课堂教学效率，教师还可以通过翻转课堂的方式提高会计教学效率。所谓翻转课堂，指的是将学生的课堂学习与课下的活动进行翻转，即学生在课下完成课堂知识的学习，而将课堂作为学生与教师之间展开交流与探讨的互动场所。简言之，翻转课堂就是将学生的课下学习作为其开展知识学习的主战场。翻转课堂教学模式主要借助大数据，教师将课堂知识制作成微课发送给学生，学生根据教师制作的短视频开展相关会计知识的学习，这样能够充分利用学生的课下时间。到了课堂教学时间，教师根据学生的学习反馈，对学生存在的知识疑难点进行讲解，从而帮助学生疏通学习思路，提高会计教学效率。其实，通过翻转课堂的方式开展会计教学之所以能够有效提高课堂教学效率，不仅仅得益于对学生课下时间的有效利用，还在于其充分调动了学生的学习自主性。学生在课下进行知识学习时没有教师的引导，这个过程属于学生自主学习知识的过程。尽管学生可以通过微课的方式进行相关理论知识的学习，但是其毕竟不能进行双向互动，对于在学习过程中所产生的疑问也没有办法进行提问。这时，学生的思维自主性便会得到很好的发挥。在学生经过一番自主的探索之后，其所剩余的疑问也就会减少，学习的效果自然得到提升。到了次日的课堂上，教师再针对学生共有的学习问题进行沟通与解答，帮助学生扫除知识盲点。因为学生所剩的知识问题已经很少，所以教师能够在短时间内帮助学生扫清知识障碍，进而提高课堂教学效率。在帮助学生扫清知识障碍的过程中，教师不要直面学生提出的问题，而是先将其转化，比如，转移给其他学生，或者通过启发学生进行共同讨论的方式开展相关知识教学，如此既能够了解学生对所学知识的掌握程度，又能够帮助学生加强对所学知识的应用。在课堂剩余时间，教师要继续拓宽学生的知识范围，这也是提高会计课堂教学效率的重要方式。总而言之，在大数据时代，会计教师通过多媒体课堂教学以及翻转课堂教学等方式，提高了学生对所学会计知识的掌握程度，保证了会计教学的质量和效果，提高了会计教学效率。

第六，提升了学生对会计知识的实践应用能力。学习知识就是为了应用于社会以及生活实践，否则再多的研究成果也将失去其原有的价值与意义。会计教学也是如此，如果学生仅能够掌握会计理论知识，而不懂得会计知识的具体应用方法，那么其对会计知识的获取也就仅能束之高阁，而不能助力社会以及企业发展。所以，如何教导学生将所学会计知识应用于实践，提高学生对会计知识的实践应用能力，是会计教师应当重点思考的问题。在以往的会计教学中，教师总是将课本作为开展教学工作的基础，然后将其中的各项理论知识进行反复解说，以期学生能够对会计知识进行全面的学习。然而，这种教学方式教出来的学生只能够对会计理论知识有所了解，并不懂得具体会计知识的应用方法。虽然教师也是通过理论加实例的方式开展会计教学的，但是理论之后的一个或者几个例子并不能真正帮助学生深入理解和运用该部分理论知识，这使学生不知道如何运用所学会计知识。在大数据时代，教师可以通过网络等诸多形式收集各个相关理论知识点的教学案例，从各个方面对同一理论知识点进行多方位的解读，加深学生对所学会计知识的理解，提高其对知识的实践应用能力。教师还可以通过大数据的方式分析学生对所学会计知识点的理解与应用程度，进而为后续教学工作的有效开展提供指导，这对提高会计教学效果以及提升学生对知识的实践应用能力具有很大的帮助。教师和学生还可以通过“网络爬虫”的方式获取网络上与会计课程相关的海量结构化数据和非结构化数据，并利用大数据技术对其进行清洗，然后将其应用到具体的教学以及知识学习中，从而提高学生对所学会计知识的实践应用能力。此外，会计工作是一项与金钱打交道较多的工作，所以道德与法律规范是每一个会计从业者需要坚守的准则和底线。通过大数据的方式，不仅能够帮助学生深入理解会计知识，还能够帮助学生学会如何正确规避法律风险，如何在错综复杂的会计处理工作中坚守会计人员的法律准则和道德底线，也是通过大数据提升学生对所学会计知识实践应用能力的重要方式。

二、大数据时代会计教学改革的措施

（一）改革课程架构体系，为学生发展夯实基础

会计专业包含的内容广泛，而且社会对会计人才的要求多元化，这就使得学校在开展会计专业知识教学时，需要根据具体的实际需要改革课程架构体系，以适应社会发展。对于社会对会计人才的需求，可以通过大数据的方式进行调查，然后根据调查的结果进行相关理论知识的划分。根据大数据的分析，会计人才培养可以分为知识、能力和素质三个方面，这也表明可以针对会计人才进行这三个方面的改革。具体而言，会计课程的架构需要按照会计知识是基础、会计能力是根本以及会计素质是前提的标准进行建设。只有构建会计知识、会计能力和会计素质三个方面的会计课程，才算是达到会计教学改革的初步要求，才能为学生的未来发展奠定基础。首先，会计知识。知识是开展会计工作的基础，会计人才必须具备一定的专业知识。在大数据时代，教师可以选择一种其认为更合理的方式开展会计基础知识教学，这既是教学方式的转变，也是教学理念的转变。需要注意的是无论教学方式如何转变，只要能够保证学生的学习效果即可，因为这才是学校开展教学工作的初衷与根本。在会计基础知识教学中，教师不仅要保证学生对知识的学习和掌握，还要使学生将知识融会贯通，这一点至关重要。其次，会计能力。会计能力是一种对基础知识的掌握能力，是一种能够成功应对各种会计考试并能够处理各项会计事务的能力。对学生会计能力的培养不是仅通过简单的书本教学就能够实现的，还需要通过具体案例来提高学生的会计技能。教师可通过大数据对会计工作中的各种现实问题进行统计，然后整理给学生，以增加学生的会计处理经验。“纸上得来终觉浅，绝知此事要躬行”，教师要想切实提升学生的会计能力，就需要加强学生实践，让学生在具体的会计工作中历练。最后，会计素质。会计素质是会计行业工作人员需要具

备的一些会计素养。会计素质除了与会计基础知识相关，还与会计工作人员的会计能力相关。因为会计工作人员不仅要保证自己不违反会计职业道德规范，还要保证完成会计工作。因此，教师既要保证学生对会计基础知识的把握，又要注重学生会计能力以及会计素质的提升。

（二）调整教学内容，保证知识的实用性

会计知识教学的目的在于实践应用，所以在进行会计教学内容的设计时，要围绕会计工作实用性的标准进行设计。一般而言，各高等院校多是遵循会计教材的既定顺序开展教学。这种教学方式仅完成了教学内容的有效传输，而忽视了对学生知识运用能力的提升。对此，我们需要根据实际需要对会计教学内容进行相应的调整与变革，以培养学生对会计知识的实际应用能力。具体而言，会计教学内容的调整可以从三个方面进行：第一，调整教学内容的顺序。会计教学内容顺序的调整需要参考学生的意见进行。教师可以通过大数据的方式，统计学生的学习习惯或者学生对教材教学顺序的意见，然后对教学内容进行重新设计与调整，以更加符合学生的学习习惯，并保证学生的学习效果。会计教学内容的调整不能完全依靠学生的意见和偏好而定，尽管学生是会计知识学习的主体，但是因为其对会计知识的应用方式以及应用渠道并不熟悉或者精通，所以会计教学内容的调整还需要参考教师以及会计行业工作者的意见。科学的教学内容设计不仅能保证会计知识的实用性，还能提高课堂教学效率，提高学生学习效率。会计教学内容的具体调整可以各项会计事务的办理流程为标准，也可以相关会计知识的关联性为标准，不同的调整方式决定了不同的学习理念与模式，同时对学生学习会计基础知识的结果也会产生不同的影响。第二，增加教学案例。传统的会计教学一般以理论介绍为主。虽然在理论介绍的后面也会有一定的教学案例，但是教学案例很少，不利于学生对所学会计基础知识的学习和理解。对此，会计教材内容的调整可以增加一定的教学案例，即在介绍一定的会计理论知识之后，安排一定的教学案例，帮助学生对所学理论知识的学习与运用。安排的教学案例不能单一，而是要多元化。因为具体的会计知识内容不会只应用在某一个方面，这就需要通过增加教学案例的方式，对会计教学内容进行延伸，以帮助学生全面地学习知识。此外，还要对教学案例的难度进行适当的调整和安排。因为会计基础知识的实践运用环境是复杂的，这就使得教学案例必须具有一定的深入性或者复杂性，这样才能够促进学生思考，从而使学生掌握相关会计专业知识的具体应用方式。第三，注意合理地设置问题。在一般的会计专业教学内容安排中，以会计知识的正面讲解为主，这种教学内容的设计方式虽然能够直接将会计专业知识完整、准确地告知学生，但是不利于学生对所学会计基础知识的学习和掌握，与会计教学的最终目的相背离。对此，我们需要重新调整会计教学内容，以直接提问或者启发提问的方式促进学

生思考，引导学生更好地学习会计专业知识。由大数据对学生阅读和学习会计专业知识的统计可知，学生通过阅读教学内容的方式开展会计专业知识学习时，其大脑其实处于一种无思考的状态，或者说其只是通过眼睛观察知识，而不是用大脑思考知识。此时，通过在教学内容中提出问题引导或者启发学生思考，学生就会注重对其所“观察”的知识进行深入的思考与学习，这样才能够保证学生对所学会计知识的学习与吸收效果。当今的教学内容设计方式是先阐述内容，然后提问，但是这种内容设计方式存在一些问题。一是问题的设计位置问题。学生阅读完相应的会计理论知识之后阅读会计问题时，大多数学生会重新返回阅读并思考，那么第一遍的阅读就是无价值的，是一种时间成本的浪费。二是问题太少。一个完整的章节内容最后配以若干问题，显然是不能将教学内容完全包含在内的，而且不利于细化教学内容。三是问题的设计多是从知识本身的角度出发，而不是对问题进行生活或者实践应用方面的拓展，这样不利于提升学生对所学会计专业知识的实际应用能力。所以，从设计教学问题的角度出发，教师既要注意问题设计的位置，又要增加问题的数量，还要注重所提问题与实践应用之间的关联，从而更好地保证学生对所学知识的学习效果，提升学生对所学知识的实际应用能力。

（三）变革传统教学模式，让学生乐学并学好

教学模式是会计教学工作开展的具体方式，对提高教学效率、保证学生的学习效果发挥重要作用。然而，在传统的教学过程中，各高等院校以及教师均采用“填鸭式”的教学方式开展教学，即在课堂上，教师往往通过直接传输教学内容的方式开展会计知识教学，这种教学方式虽然能够保证会计教学内容的准确与完整传授，但是不能有效激发学生的学习兴趣，最终的教学效果自然也就难以得到保证。在大数据时代背景下，教师应当明确学生才是课堂教学的主体，所有的教学工作都应当以学生乐学以及学好为中心开展。这就要求教师在开展会计教学时，变革传统教学模式，激发学生的学习兴趣，保证学生的学习效果。具体而言，传统教学模式的变革需要以教学理念的革新为重点，即只有在会计教师转变教学理念的前提下，才能够变革教学模式。对此，教师在以学生为中心、以学生学会为基本点的教学理念指导下，改变教学模式，以提高学生对会计知识的学习兴趣。“兴趣是最好的老师。”在开展具体的教学工作时，教师应当注重对学生学习兴趣的激发，如果教师一味地按照一种教学方式开展教学，即使这种教学方法再好，久而久之，学生也会对其丧失兴趣，或者感到厌烦。所以，变革教学模式的第一步是丰富教学方式。此外，教师在开展教学工作之前，需要先了解学生的兴趣点在哪里，然后转变教学方式，以与学生的学习兴趣相匹配。为了找到学生兴趣点，教师不仅要注意课下对学生进行细致观察，还要注意时下的热点新闻，毕竟热点新闻往往会成为诸多学生的重点新闻话题。教师

以热点新闻的方式进行教学导入，必然能够有效激发学生的讨论兴趣，自然有助于教师后续教学工作的有效开展。需要注意的是，选取的热点新闻要与教学内容相契合。此外，变革教学模式还要注重对学生思维能力的训练。开展会计教学的根本目标是要保证学生的学习效果，即保证学生对所学会计知识的吸收和掌握。所以，在会计教学过程中，教师要注重对学生思维能力的有效训练。其实，与传授学生会计知识相比，培养学生思维能力显得更重要。“授人以鱼，不如授人以渔”，只有传授学生学习方法，才能保证学生学习效果。在锻炼和提升学生的思维能力时，教师可以通过预习教学、问题引导教学等方式开展。所谓预习教学，指的是教师引导学生提前预习。因为学生所预习的内容都是新知识，所以对锻炼和培养学生自身的思维能力具有很大的帮助。在开展具体的预习教学时，教师既可以指明具体的预习内容，又可以指导学生如何预习。一般而言，教师可以在开展预习教学的初期，通过问题引导的方式，帮助学生明确所要思考的具体方向。当学生能够自主掌握预习的方式和方法之后，教师则无须具体指明教学方向以及教学内容，而要将预习全面交到学生手中。其实，预习教学与问题引导教学的教学理念是一致的，即培养学生的自主思维能力。这种思维能力的锻炼既可以通过正面教学进行，也可以通过反面教学进行。所谓反面教学，指的是从学生的作业错题的角度出发，启发学生对自身所犯的错误进行思考，这也是一种锻炼学生思维能力的有效方式。由此可以看出，具体的教学方式是变化无穷的，但是理念始终未脱离其根本。变革教学模式的第二步是降低学生的学习难度。因为会计理论知识相对较为抽象，所以教师可以采用具体案例的方式开展教学，这样能够有效地降低学生的学习难度，由浅入深，逐步加深学生对所学知识的学习和掌握。除了案例教学，教师还可以通过生活化教学、趣味化教学、直观化教学等方式降低学生的学习难度，从而促进学生对所学知识的学习和掌握。以上所阐述的各种变革教学方式的理念、方法以及具体的教学方式并不是一以贯之的，教师可以根据具体的教学需要进行变换与选择，进而保证学生的会计学习效果。

（四）完善评价机制，关注教与学的过程

评价机制是开展教学工作的保障机制，也是审核会计教学过程以及教学结果的有效手段。以往也会对会计教学的过程进行评价，但这种评价总是具有一定的片面性，也就是说，以往的教学评价总是围绕课程教学的内容展开，而不是针对学生的学习能力、领悟能力以及对知识的实践运用能力等方面展开的。这样的教学评价机制是不完善的，是较为片面的。在大数据时代，人们对信息的把握不再拘泥于某一个或者某几个方面，而是全方位的，这就是大数据信息在当今时代的真正意义。这对通过大数据进行信息的预测与评价极为重要。所以，在开展会计教学改革的过程中，可以通过大数据的方式对会计教学过程进

行评价，以保障会计教学评价的全面性。这种评价方式不再局限于某一节课堂教学的过程，而是将其贯穿整个学期乃至整个学年的教学过程。在具体通过大数据的方式开展会计教学评价时，并不是要在完成某一学期或者学年教学之后再运用大数据进行整体性的评价，而是要进行及时评价，及时发现教学过程中存在的各种问题，从而帮助教师及时修正教学方式，保证学生的学习效果。因为大数据分析具有全面性、科学性以及准确性，所以其对教师的教学评价更有针对性，教师仅需要按照大数据的分析完善教学方式和教学内容即可，既方便，又高效。在通过大数据对教师的教学过程进行评价的同时，需要通过大数据对学生的会计学习过程进行评价，这样才能从教师和学生两个方面对会计教学进行变革与改进。就学生的会计学习过程而言，教师主要需要收集以下几个方面的信息：一是要通过加强观察的方式了解学生的学习情况，如学习时间、学习状态、学习内容、学习方式等，这些都是大数据需要统计的具体信息。二是学生的作业情况，包括学生的考试成绩等，这些需要记录在大数据收集的信息数据范围内。三是学生在大型作业以及模拟练习中的表现。虽然大型作业以及模拟练习也可以看作会计教学课后作业的组成部分，但是毕竟不同于日常的课后作业，其更注重的是学生对所学会计知识的应用能力。四是学生在周末以及假期的社会实践情况。这些都可以作为评价学生在会计行业适应能力的重要信息，所以，教师需要从日常学习、作业解答、考试成绩、模拟练习以及社会练习等多个角度对学生的整体学习过程进行全面的评价。

评价机制建设是有效开展大数据信息评价的基础，但这不是开展大数据信息评价的终点。大数据的具体应用更加注重统计信息数据之后的分析与应用，所以，在开展会计教学时，除了做好教与学的大数据信息统计，还需要做好大数据的后续分析与应用工作。具体而言，在对教师的教学过程数据信息以及学生的学习过程数据信息进行统计之后，还需要展开数据分析。其中，数据分析就是对会计教学过程以及学生的学习过程进行反思的过程。以学生的学习过程为例，教师通过收集学生们的学习过程数据，可以挖掘学生在学习过程中具体存在哪些不足，比如，是对基础知识掌握不够牢固，还是对会计知识的具体应用不够娴熟。在确定学生的不足之处之后，教师再探寻学生为什么对基础知识掌握不够牢固，是因为学生上课不注意听讲，还是因为学生的学习方法不当，或者是教师的教学方法存在问题，这些都需要教师进行细致的分析。教师无论是对教学过程进行分析，还是对学生的学习过程进行分析，都需要结合教学过程数据以及学生学习过程数据两方面的信息来看，而不能仅分析一个方面的数据，否则就会使数据分析不全面。在挖掘出具体教学问题之后，教师再“对症下药”，通过转变具体的教学方式等手段完善会计教学过程。这并不代表教师通过分析之后得出的教学改进策略一定有效，具体还需要根据后续的数据统计进行分析与评价。而且，对会计教学过程的数据分析与评价永无止境，教师需要通过不断运用大数据的方式对教学过程以及学生的学习过程进行分析和评价，进而提高教师的会计教学水平，提升会计专业学生对会计知识的学习效果。

三、大数据时代会计教学改革的未来展望

（一）继续创新会计教学理念

教学理念是开展会计教学工作的先导，任何会计教学改革都需要从教学理念的变革开始，这既是有效开展会计教学改革的初始与源头，又是大数据时代会计专业教学改革的必然。在大数据的影响下，会计教学进行了一系列的改革，但所有教学改革无不是萌生新的教学理念之后的结果。未来会计教学的变革与发展同样遵循这样一个发展过程，即先产生新的会计教学理念，然后才会产生新的教学改革。通过大数据的方式，对人们关于会计教学理念的认识以及创新方向进行统计，在整合相关专业人士的意见之后，再对其进行整理与分析，从中挖掘出可行的创新教学理念，然后付诸行动，逐步实现新的会计教学理念的变革。从这里的会计教学理念变革过程可以发现，会计教学理念的变革是与时代的发展紧密结合的，也是与教学行动的变革紧密结合的。在通过大数据的方式分析出新的会计教学理念之后，人们便开始着手开展新的教学理念的实践探索。

创新会计教学理念要着眼当下。所谓着眼当下，指的是在当前会计教学中尚存在诸多问题，这些问题会对未来会计行业的变革与发展产生一定的影响。对当下会计教学中存在的问题进行挖掘，可以通过大数据统计的方式开展。当下会计教学中存在的问题主要包括几个方面：一是会计专业教材内容有待完善。这里的教材内容不合理并不是指会计教材内容存在错误或者疏漏，而是指会计教材中的内容多是若干年以前的资料信息，与当今时代的实际发展相脱节。虽然学生能够通过该类会计教学掌握会计核算的基本方法，但是不利于其与当下时代的发展相结合，自然也就不利于学生对会计专业知识学习效果的提升。二是相对滞后的会计教学方式和手段。传统的教学模式已经不再适应当今时代教学的发展需要，因此必须对其进行变革，否则会计教学的效率和效果将难以得到有效提升。三是课程体系单一，教学内容重复。当下的会计专业教学还是以教材教学为主，忽视了对学生实践能力的锻炼与培养，这也是影响学生会计专业知识学习效果的重要阻碍。四是高等院校教师实践经验不足。虽然能够在高等院校任教的教师普遍具有高学历，对会计专业理论知识的掌握程度必然不会太低，但是多数会计专业教师缺乏社会实践，甚至很少参与社会实践，那么教师对学生所进行的指导也必然多是从理论角度出发，这对锻炼和提升学生的会计专业知识实践应用能力会有所限制。五是校外实习基地教学效果不理想。在开展会计专业教学的过程中，各高等院校也会给予学生一定的校外实习机会，

但是这种机会并没有脱离学校环境的束缚，还是沿用会计理论的方式解决现实问题，或者说，这仅是将教材中的作业问题转化到现实中，而不是以现实生活中的会计实际问题考查学生，教学效果自然不会理想。在对当下会计教学中的问题进行统计之后，我们便可以明确未来会计教学改革的方向。但这同样不能离开大数据的支持，同样需要利用大数据的方式对会计教学问题的解决进行信息的收集与整理，然后形成新的教学理念。

（二）产教融合

所谓产教融合，指的是将教学与生产统一结合的一种教学方式。一般而言，产教融合主要应用于职业高校，但是这并不代表产教融合仅属于职业学校，专业高等学校同样可以应用这一教学模式。通过产教融合的教学方式开展会计专业知识教学是符合当今时代发展需要的，因为知识不仅存在于课本中，也存在于社会生活中。在开展会计专业知识教学时，需要将课本知识教学与现实生活相结合，这样才能够达到最佳的教学效果。通过产教融合的教学方式，学生不仅能够在学校学习到会计专业知识，还能够将该部分知识很快应用于社会实践中。这种不断学习又不断运用的方式不仅能够有效加深学生对所学会计专业知识的学习与理解，还能够有效提升学生对会计专业知识的实践应用能力。产教融合的教学方式是将会计专业知识教学与社会实践相统一的一种教学方式，是一种有助于提高会计专业教学效率和教学质量的方式。其实，产教融合并不简单，因为这涉及高等院校与产业之间的融合性发展，所以实际开展起来会有一定的难度。然而，困难固然存在，但是只要确定方向，就能够获得相应的解决办法。具体而言，解决办法有两种：一种是构建虚拟的产业空间。在大数据时代，高等院校可以构建一个虚拟的产业空间，这样既不需要通过投资找项目，又不需要通过营销搞市场，只需要利用高等院校教师的智慧以及专业知识，就可以构建一个虚拟场景。然而，这个场景不同于校外实习基地。虽然校外实习基地也可以算作一种学校组织的实践教学方式，但是其与现实社会之间的差距太大，而通过虚拟构建的产业完全根据现实社会进行模拟，这样才能给学生一种“身临其境”的感觉。另一种是高等院校根据自身的办学特色，开办真正的实质企业。这样既能够为高等院校的发展建设提供资金，又能够将高等院校的专业知识投入实践，从而实现知识与应用之间的融合。这是一项大工程，而不是仅拘泥于会计一个专业。比如，一所石油高校就可以通过开办石油企业的方式推动产教融合，而会计专业的学生便可以作为学校石油企业的“会计部分”员工，通过对学校财务数据进行核算、对账等方式锻炼和提升对会计专业知识的实践应用能力。如果就会计一个专业开展产教融合，也是可行的，因为当今社会中存在诸多代理记账公司，其主要作用是帮助企业代管记账业务。高等院校的会计系可以申办一家代理记账公司，并与市场营销专业的学生合作，市场营销专业的学生负责跑市场，会计专业的学生负责代理记账业务，如此既能够为学校增加收入，又能够提高学生对所学知识的实践应用水平。此外，各高等院校还可以选用其他合适的方式开展产教融合教学，但是要保证学与用之间的衔接，保证实践环境的社会真实性，要为学生创设真正的社会生活情境，否则难以达到产教融合所需要的效果。高等院校在产教融合教学的过程中，必须要将“产”与“教”之间的流程进行有效的衔接。比如，在学生学完某一方面知识之后，教师可以引导其参与到与该部分知识相关的产业实践中，帮助学生加深对该部分知识的认识。因为产业发展所处的环境是社会环境，而非学校环境，所以学生在实践中也能够了解到社会中会计问题的具体解决办法，这对提升学生的会计实践操作能力至关重要。产教融合其实就是高等院校与社会实际之间的桥梁，通过这座桥梁，学生不仅能够开展会计专业实践，也能够及早了解社会并适应社会，从而缩短学生适应社会的时间，促进学生成长。

（三）软件教学进入课堂

随着大数据时代的发展，各种不同的财务软件层出不穷，这些财务软件分别从不同的方面为会计工作的开展提供便利。高等院校在开展会计教学时，不仅要注重对专业知识的学习，还要注重对财务软件的掌握。当前较为主流的财务软件包括金蝶、税友、用友等，这些财务软件分别从不同的角度给予了会计工作人员相应的便利，对于提高会计工作人员的工作效率具有重要作用。具体而言，高等院校可以通过开设具体课程，让学生学习和使用各种财务软件，帮助学生认识到各种财务软件之间的差别以及优缺点，从而帮助学生正确使用各种财务软件。在针对以上主流财务软件的使用进行讲解时，教师不仅要从以上软件的财务报税等功能角度出发进行讲解，还要对其附属功能进行全面的讲解，以加深学生对财务软件的认识，提升学生的会计专业能力。比如，金蝶软件仅是一款财务软件，但是随着企业规模的不断扩大，金蝶软件逐渐开始朝着企业管理的方向延伸。教师在面向会计专业学生讲解金蝶软件中财务报税等功能的同时，还要讲解金蝶软件中的企业管理功能，以丰富学生的企业管理知识，提升学生在社会中的竞争力。税友软件和用友软件的教学也是如此，教师不仅要讲解这类软件的基础财务报税功能，还要对其附属的其他功能进行详细说明，帮助学生全面学习和掌握这些软件的使用方法和技巧，使其做到精益求精。在大数据时代，会计教学需要特别注重各项计算机技术在会计管理中的应用，特别是在当下这个软件横行的时代，多元化的软件充斥在我们身边，虽然会计专业的学生不一定要对所有的软件进行学习，但是主流的且具有实用价值的会计专业软件还是要学习和掌握的。

教师不能仅从知识角度对各项财务软件进行介绍，还要从使用角度出发，引导学生熟练掌握各种财务软件的使用方法。如果教师在开展财务软件教学的过程中，采用以练习为主、以讲解为辅的方式，那么教学效率就会大大提高。在大数据时代，各种财务软件的使用不再仅遵循既定的财务管理模式进行设计，而是不断地进行调整与更新，目的就是更好地为企业提供财务管理服务。这就说明，尽管各种财务办公软件为企业会计管理工作的开展提供了极大的便利，但是也存在诸多不足之处。对此，教师要将财务软件操作教学与手工记账教学相结合，发挥出财务软件办公和手工记账办公的双重优势，以提升学生的会计办公效率。教师在开展财务软件教学时，还要鼓励学生将所学知识运用到社会实践中，通过社会实践反馈自己对财务软件的应用与操作问题，进而提升对各种财务软件的实际操作能力。需要注意的是，在帮助学生解决其所遇到的财务软件学习问题时，教师不仅需要通过自身讲解和说明的方式开展教学，还需要通过学生之间相互讲解的方式进行讨论式教学，这样既能够促进学生之间展开深入的交流，又能够帮助教师了解学生对各种财务软件的学习和掌握情况。同时，教师可以根据学生对各种财务软件的学习情况，帮助学生建立数据库，从而更好地帮助学生做好数据分析工作，了解学生在会计知识运用中以及财务软件使用中的困惑点，进而开展更有针对性和更为有效的教学活动。

（四）开展“云计算”教学

云计算是大数据时代的产物之一，是一种将网络大数据进行分割计算，再将计算结果合并的一种计算方式。在会计日常工作中，可以通过云计算的方式为用户带来网络、金融以及性能较高的计算服务。一般而言，云计算可以分为公有云、私有云和混合云三种方式，不同的云计算方式分别针对不同类型以及具有不同需求的企业。就普通高等院校而言，建设私有云的成本相对较高，因此可以利用混合云实现云计算中的功能。从目前的教育业发展情况来看，建立云会计平台是高等院校会计专业发展的必然趋势。所以，高等院校应当开发会计教育网络应用程序，在确保信息稳定的前提下，与云计算系统相连接，进而实现数据的共享。基于教学需求，云计算教育平台应含有会计数据系统、会计模拟操作系统、移动终端系统以及会计教学系统。首先，会计数据系统。会计数据是开展会计工作的基础，可以说，会计工作就是一项一直和数据打交道的工作。如果是企业会计，那么其数据主要包括企业内部的数据以及在云会计平台内保存的共享数据。高等院校教学除了存储以上数据，还需要对日常教学过程中出现的数据进行统计。因为高等院校应用的是混合云系统，所以其中必然也会应用到企业数据，对此高等院校应当做好相应的安全保密工作，以免影响到企业的安全运转。其次，会计模拟操作系统。该系统是引导会计专业的学生开展会计学习的重要操作系统，会计专业的学生正是在该系统所模拟的会计情境下进行实践学习，这对提升学生的动手操作实践能力具有很大的帮助。此外，该系统还应当具有一定的打分功能，这样就能够对会计专业学生的操作过程进行评判，从而规范会计专业学生的会计操作，以提升会计专业学生的实际操作能力。再次，移动终端系统。设计该系统的目的主要是方便会计专业学生的实践操作。现在已经进入移动端时代，手机的功能越来越多样化，而且智能化，其在帮助人们打破地域和时间限制的同时，极大地提高了人们的办公效率。未来的会计办公必然也会在移动终端系统实现，这样会计工作人员就能够随时随地开展会计事务处理，方便快捷。最后，会计教学系统。该系统主要是针对课堂会计专业知识教学而开发并设计的，主要由一些小的系统模块组成，不同的系统模块分别负责和管理不同的内容。比如，可以将其设计为课堂教学模块、效果设计模块等，课堂教学模块主要用于了解学生对会计知识的学习情况，效果设计模块主要对学生的学习效果进行分析，并挖掘出学生在会计专业知识学习中存在的不足，进而加以完善。

参考文献

[1] 张文惠，张岩瑾．财务大数据基础 [M]. 上海：立信会计出版社，2022.

[2] 徐炜．大数据与企业财务危机预警 [M]. 厦门：厦门大学出版社，2019.

[3] 王利敏．大数据时代背景下企业财务管理变革 [M]. 北京：中国商业出版社，2021.

[4] 周星秀，连长嵩，潘苗．大数据时代·高校财务数据分析与风险防控之路 [M]. 北京：中国传媒大学出版社，2020.

[5] 潘栋梁，于新茹．大数据时代下的财务管理分析 [M]. 长春：东北师范大学出版社，2017.

[6] 金宏莉，曾红．大数据时代·企业财务管理路径探究 [M]. 北京：中国书籍出版社，2021.

[7] 杨继美，周长伟．玩转财务大数据·金税三期纳税实务 [M]. 北京：机械工业出版社，2017.

[8] 王小沐，高玲．大数据时代我国企业的财务管理发展与变革 [M]. 长春：东北师范大学出版社，2017.

[9] 李艳华．大数据信息时代企业财务风险管理与内部控制研究 [M]. 长春：吉林人民出版社，2019.

[10] 姚树春，周连生，张强．大数据技术与应用 [M]. 成都：西南交通大学出版社，2018.

[11] 陈明灿，王娟，宋瑞．大数据环境下的财务共享 [M]. 天津：天津科学技术出版社，2018.

[12] 姬潮心，王媛．大数据时代下的企业财务管理研究 [M]. 北京:中国水利水电出版社，2018.

[13] 任海峙，安宁．财务管理学 [M]. 上海：上海财经大学出版社，2018.

[14] 储安全．出版财务视域 [M]. 北京：中国农业大学出版社，2018.

[15] 徐炜．大数据与企业财务危机预警 [M]. 厦门：厦门大学出版社，2019.

[16] 吴翔．大数据环境下财务预警机制研究 [M]. 郑州：郑州大学出版社，2019.

[17] 钱静芳．财务管理学 [M]. 上海：上海财经大学出版社，2019.

[18] 王顺金．Excel 财务与会计应用 [M]. 北京：北京理工大学出版社，2019.

[19] 谢冶博．赢面·运用大数据和人工智能技术辅助投资决策 [M]. 北京：中国经济出版社，2019.

[20] 唐德菊，夏志娜，李颖．大数据财务管理与审计信息化研究 [M]. 吉林出版集团股份有限公司，2020.

[21] 孙义，牛力，黄菊英．大数据财务分析 [M]. 北京：中国财政经济出版社，2021.

[22] 魏石勇，林立伟，林政德．财务金融大数据分析 [M]. 北京：中国水利水电出版社，2021.

[23] 王文书．大数据时代下的财务管理研究 [M]. 长春：吉林教育出版社，2021.

[24] 高云进，董牧，施欣美．大数据时代下财务管理研究 [M]. 长春：吉林人民出版社，2021.

[25] 庞晓庆．大数据背景下财务管理转型与应用 [M]. 吉林出版集团股份有限公司，2021.

[26] 张立军，李琼，侯小坤．大数据财务分析 [M]. 北京：人民邮电出版社，2022.

[27] 袁天荣．大数据财务分析 [M]. 北京：中国财政经济出版社，2022.

[28] 张尧洪，单松，王继祥．高等职业教育改革创新教材大数据财务管理 [M]. 北京：高等教育出版社，2022.

[29] 张敏，王宇韬．智能财会丛书・大数据财务分析・基于 Python[M]. 北京：中国人民大学出版社，2022.

[30] 樊斌，周忠宝．高等学校智能会计系列教材・大数据财务与会计应用 [M]. 北京：高等教育出版社，2022.